VPM – Die Seelenfalle

Für Colette und Pascal

Hugo Stamm

VPM
Die Seelenfalle

«Psychologische Menschenkenntnis» als Heilsprogramm

WERDVERLAG

ISBN 3 85932 162 5

Inhaltsverzeichnis

Einleitung

Der Verein zur Förderung der Psychologischen Menschenkenntnis VPM, 1986 aus der «Zürcher Schule» Friedrich Lieblings hervorgegangen, sorgte in der zweiten Hälfte des Jahres 1992 fast täglich für Schlagzeilen. Die Gemeinschaft um Annemarie Buchholz-Kaiser erregte die Gemüter weit über den Raum Zürich hinaus. Ein paar Stichworte zu den markantesten Ereignissen: Der Zürcher Regierungsrat und Erziehungsdirektor Alfred Gilgen erklärte, der VPM stehe teilweise im Widerspruch zum Volksschulgesetz. Die Wahl eines VPM-Lehrers spaltete ein Zürcher Quartier. In Zürich bestreikten Schulkinder eine VPM-Lehrerin und erwirkten eine Umteilung. Personaldossiers über VPM-Lehrer, die aus einem Büro der Erziehungsdirektion gestohlen und manipuliert worden waren, führten zu einem politischen Skandal, über den der Zürcher SVP-Politiker Werner Stoller stolperte. Mit dem Satz: «Der Herrgott ist mein Zeuge!» verliess er den Ratsaal und demissionierte als Gemeinderat und Kantonsrat (Legislative der Stadt, resp. des Kantons Zürich). Unzählige grobschlächtige Aktionen der «Lieblinge» gegen Politiker, Medienleute, Behördenvertreter, Fachleute aus den Bereichen Psychologie, Pädagogik, Drogen- und Aidspolitik rückten den VPM zunehmend ins Zentrum der öffentlichen Diskussion. Aufsehen erregte auch eine Abhöraffäre Ende 1992.

Der «Tages-Anzeiger» hatte die sektiererische Tendenz in der Entwicklung dieser Gemeinschaft erkannt, als der VPM noch kaum ins Bewusstsein der breiten Bevölkerung gedrungen war und in weiten Teilen bürgerlicher Kreise noch in hohem Ansehen stand. Die punktuelle Berichterstattung über aktuelle Ereignisse hatte zur Folge, dass die Leserinnen und Leser zwar über die nach aussen gerichteten Aktivitäten des VPM informiert wurden, jedoch kaum Einsichten in die internen Strukturen, die gruppendynamischen Prozesse und die psychologischen und weltanschaulichen Ideen erhielten. Das Phänomen VPM lässt sich in einer Tageszeitung nicht in seiner ganzen Breite darstellen. Deshalb regte die Chefredaktion des «Tages-Anzeigers» im Mai 1992 an, den VPM in einem Buch zu porträtieren.

Die jüngsten Ereignisse haben dem Buch eine zusätzliche Aktualität und Brisanz verliehen. Spezialisten für Gruppierungen mit vereinnahmender Tendenz sind sich heute einig, dass der VPM und zahlreiche seiner Anhänger ausgeprägt paranoide Züge zeigen. Dies trifft vor allem für die mehreren hundert Mitglieder aus dem inneren Kreis zu, die stark im VPM eingebunden sind. Diese Schrift befasst sich in erster Linie mit ihnen.

Die vorliegende Dokumentation soll dazu beitragen, das schwer erklärbare Phänomen VPM besser zu verstehen und einzuordnen. Das Wissen um die Zusammenhänge und Hintergründe kann irrationale Vorstellungen korrigieren und unbewusste Ängste abbauen – und damit die Diskussionen und Auseinandersetzungen versachlichen helfen. Wer das ideologische Weltbild des VPM kennt, versteht die extremen Reaktionen besser und kann gelassener reagieren. Denn es ist zu befürchten, dass das VPM-Kader durch das Beschwören angeblicher Bedrohungsszenarien den Gruppendruck weiter steigern kann und so die Wahrnehmungsverluste zunehmen werden. Die auf die Aussenwelt gerichteten Ängste und Projektionen fördern eine unheilvolle Gruppendynamik, die sich früher oder später auf ebenso unheilvolle Weise nach aussen hin entladen könnte. Es geht in diesem Buch also nicht in erster Linie um die inhaltliche Auseinandersetzung mit den psychologischen Ideen des VPM. Diese sind hier nur insofern von Interesse, als sie helfen, die gruppendynamischen Prozesse verständlich zu machen. Im Vordergrund stehen die Praktiken und Methoden der Gemeinschaft, ihre Anhänger zu vereinnahmen, sie psychisch zu beeinflussen und an die Gruppe zu binden. Zur Bildung eines eigenen Urteils mögen auch die Selbstdarstellung und die Selbsteinschätzung des VPM beitragen. Einblick in das kollekive Selbstverständnis gibt auch der Umgang mit Kritikern, die sehr oft diffamiert und eingeschüchtert worden sind. Ausdruck davon sind schätzungsweise über hundert Prozesse, die «Lieblinge» gegen Medien, Schulbehörden, Institutionen usw. angestrengt haben.

Die Auseinandersetzung mit dem VPM ist heute aus sozialpolitischen Überlegungen heraus angezeigt. Hunderte von Lehrern und Akademikern, deren Leben sich vollständig um den VPM dreht, erfüllen wichtige Funktionen im öffentlichen Leben und bekleiden verantwortungsvolle Ämter. Dagegen ist grundsätzlich nichts einzuwenden. Vorgesetzte der VPM-Anhänger sowie die betroffenen Kreise tun jedoch gut daran zu beobachten, ob die «Lieblinge» die VPM-Ideologie ins Schulzimmer, in die schulpsychologische Praxis oder in die Beratungsstelle tragen. Denn die psychischen Folgen, vor allem für Schüler und junge Leute, die in den Einflussbereich glühender «Lieblinge» oder des VPM geraten, können fatal sein.

Dies macht unter anderem eine Stellungnahme des Berufsverbandes deutscher Psychologen mit aller Deutlichkeit klar. Darin heisst es wörtlich: «Der VPM vertritt ein in sich geschlossenes Weltbild, das er als die absolute Wahrheit in aggressiver Weise durchzusetzen und gegen jegliche Infragestellung und Kritik zu verteidigen sucht. Im VPM herrscht ein Freund-Feind-Denken vor, das sich zur Verschwörungstheorie steigert, sobald Kritik an Struktur, psychologischer Fachkompetenz oder Ideologie geäussert wird.» Ausserdem regiere im Innern des Vereins ein starker Gruppenzwang. Die therapeutische Betätigung entbehre jeglicher fachlichen Grundlage und sei weder mit der Berufsordnung für Psychologen noch mit allgemein geltenden Gesetzen vereinbar. Es sei nicht verantwortbar, wenn VPM-Anhänger Jugendliche betreuten und soziale Aufgaben übernehmen würden. «Für den Berufsverband deutscher Psychologen steht fest, dass weder der Anspruch noch die Praktiken des VPM mit der Würde des einzelnen, mit der pluralistisch-demokratischen Ordnung unserer Gesellschaft und mit der Psychologie als Wissenschaft und Beruf vereinbar sind», heisst es in der Stellungnahme.

Hugo Stamm

P.S. Der VPM und einzelne seiner Mitglieder haben in Deutschland und der Schweiz mehrere Klagen gegen dieses Buch eingereicht. Bis zur Drucklegung dieser Auflage ist der Therapieverein in der Schweiz mit allen Versuchen, das Buch vorsorglich verbieten zu lassen, gescheitert. Rechtskräftig ist allerdings noch kein Urteil. In Deutschland hingegen hiess das Landesgericht Köln in einem einstweiligen Verfahren 12 von 26 eingeklagten Punkten gut. Das Oberlandesgericht korrigierte das Urteil der Vorinstanz, verbot aber immer noch acht kurze Passagen. Da in absehbarer Zeit kein Entscheid im Hauptsacheverfahren zu erwarten ist, hat der Verlag die acht Aussagen abgedeckt und diese Sonderauflage für Deutschland gedruckt. Auch ohne diese Passagen erhalten die Leser ein recht umfassendes Bild vom VPM. – Ursprünglich war geplant, in der deutschen Ausgabe verschiedene Kapitel zu ergänzen und mit aktuellen Vorkommnissen aus Deutschland anzureichern. Um dem VPM keinen Vorwand für eine neue Klage zu geben, wurde aber darauf verzichtet.

Kapitel 1

Friedrich Liebling: Die «Zürcher Schule» als Krücke für eine unspektakuläre Biographie

Friedrich Liebling baute in den sechziger und siebziger Jahren sein Lebenswerk, die «Psychologische Lehr- und Beratungsstelle» (PLB), auf das schiefe Fundament einer biographischen Klitterei. Der zeitweise von mehreren tausend Ärzten, Psychologen, Lehrern und weiteren Akademikern verehrte Laien-Psychologe legte über seine Herkunft einen geheimnisvollen Schleier und leistete der Legendenbildung und Verklärung Vorschub. Die heute im VPM organisierten Schüler, die früher vor dem Meister ihr Innerstes entblössten und zu seinem Ruhm akademische Titel sammelten, sehen in Liebling immer noch den heilsstiftenden Genius und einzig «wahren» Psychologen. Er liess seine Anhänger im Glauben, er habe jahrelang bei Alfred Adler studiert und vor dem Zweiten Weltkrieg im Kreis bekannter Anarchisten eine bedeutende politische Rolle gespielt. Liebling erlaubte keinem seiner Schüler einen Blick in die Biographie und entzog sich ihnen radikal. Und kein «Zürcher Schüler» wagte, ihn herauszufordern und im Namen einer wissenschaftlichen Redlichkeit nach seinem Werdegang und dem psychologischen Hintergrund zu fragen.

Mit der geheimnisumwobenen Biographie verstärkte der Gründer der «Zürcher Schule» den Mythos um seine Person und förderte die Fixierung seiner Anhänger. Wer das Tabu zu brechen versuchte und Liebling nach seinem Werdegang fragte, entlarvte sich in den Augen der «Lieblinge» als unsensibel und unwürdig, in Gunst und Gnade des Meisters zu stehen. Als gruppenkonform galt, wer die weissen Flecken in der Geschichte der Bewegung als besonderes Merkmal interpretierte und die kollektive Verdrängung verinnerlicht hatte.

Der selektive Umgang mit Fakten beeinträchtigte die Redlichkeit sowie die Fähigkeit zur Selbstkritik des VPM und seiner Anhänger. Dass es den «Lieblingen» mit ihrem hohen wissenschaftlichen Anspruch auch nach dem Tod des geistigen Vaters nicht gelingt, die Vergangenheit Friedrich Lieblings aufzuarbeiten, gibt Hinweise auf das geistige Klima des VPM.

Bezeichnend ist, dass selbst im 1991 erschienenen, 660 Seiten starken Selbstporträt «Der VPM – was er wirklich ist» Lieblings Biographie konsequent ausgeklammert wird. Obwohl Eugen Sorg in seinem Buch «Lieblings-Geschichten» Herkunft und Werdegang anhand von Recherchen Mario Königs 1990 aufgedeckt und entmystifiziert hat, halten die «Lieblinge» an ihrer Biographie-Version fest. Da ihr ganzes Weltbild mit der Person Lieblings verknüpft ist, verdrängen sie die biographischen Fakten weiterhin.

Friedrich Liebling, ein mittelloser Hobby-Psychologe

Liebling schürte mit der Geheimniskrämerei um seine Person die Legenden. Und er bat seine beiden Töchter und die Pflegesöhne, den Schleier auch nach seinem Ableben nicht zu lüften. Obwohl ihm die Anerkennung in Fachkreisen versagt blieb und er keine akademischen Titel vorweisen konnte, schwebte ihm ein Platz in der Galerie berühmter Köpfe vor.

Seine Herkunft und die turbulente Zeitgeschichte verbauten ihm eine wissenschaftliche Karriere, weshalb der willensstarke Mann als Spätberufener sein Lebenswerk erst mit über 60 Jahren aufbauen konnte. Seinen Anhängern hatte er lediglich verraten, dass er vor dem Zweiten Weltkrieg aus politischen Gründen aus Österreich flüchten musste und in die Schweiz emigrierte. Seine Schüler liess er im Glauben, aufgrund seiner anarchistischen Aktivitäten verfolgt worden zu sein.

Friedrich Liebling wird am 25. Oktober 1893 in Galizien geboren. Die Eltern nennen ihn Salomon. Galizien war eine arme Provinz im damaligen Österreich-Ungarn, nahe der russischen Grenze, wie Sorg in seinem Buch gut dokumentiert schreibt. 1913 kommt Liebling nach Wien, angeblich um Medizin zu studieren, wie sein Pflegesohn Josef Rattner nach Lieblings Tod behauptet. In den Archiven der Universität Wien findet sich jedoch keine Meldekarte eines Salomon Liebling. Im Ersten Weltkrieg wird er als Soldat eingezogen und kehrt 1918 nach Wien zurück. Er legt den Namen Salomon ab und nennt sich fortan Friedrich. Ausserdem trägt er sich als konfessionslos in die amtlichen Formulare ein. Als anarchistischer Freidenker ist er überzeugt, dass hauptsächlich Religionen und Kirchen die psychischen Irritationen der Menschen verursachen.

Liebling schlägt sich in kaufmännischen Berufen leidlich durchs Leben und trägt sich, wie Sorg schreibt, als Agent, «Inkassant» und Vertreter in die amtlichen Meldekarten ein. 1923 macht er sich selbständig und gründet zusammen mit seinem Bruder einen Gemischtwarengrosshandel. Sie schaffen den Aufstieg aber nicht und bleiben Kleinkrämer. Nach vier Jahren lassen sie den Eintrag ins Handelsregisteramt löschen.

In einer Würdigung schreibt Lieblings Pflegesohn Josef Rattner vier Jahre nach dem Tod seines Förderers, der Gründer der «Zürcher Schule» sei von 1919 bis 1926 ein begeisterter Schüler des Individualpsychologen Alfred Adler gewesen. Dies ist insofern von Bedeutung, als sich Annemarie Buchholz-Kaiser und ihre «Lieblinge» nach wie vor auf Adler berufen. Heute scheint es zumindest fraglich, ob Liebling je bei Adler lernte. Laut Sorg schrieb er nie für die Zeitschrift des Individualpsychologen, und die Adler-Schüler erinnern sich nicht an den Namen Liebling. Im Buch «Der VPM – was er wirklich ist» weicht der VPM der Frage aus und schreibt lediglich: «Bei Adler ausgebildet, fühlte er sich insbesondere dem Werk und Anliegen der Individualpsychologie verbunden.»

Flucht Friedrich Lieblings vor den Nationalsozialisten

Obwohl sich Friedrich Liebling von seiner religiösen Erziehung befreit hatte, wird er Ende der dreissiger Jahre von den Nazis bedroht. 1938 flieht er in die Schweiz und lebt als Flüchtling in Schaffhausen. Da er nicht arbeiten darf, ist er regelmässiger Gast in der Stadtbibliothek. Hier hat er Zeit, sich in die psychologischen Werke zu vertiefen. Liebling nimmt als anarchistischer Sozialist an Treffen der Schaffhauser Kommunisten teil und schreibt Artikel für die «Schaffhauser Arbeiterzeitung».

Die definitive Aufenthaltsbewilligung erhält er erst 1950. Kurz danach zieht er nach Zürich und versucht sich nach einiger Zeit als freischaffender Psychologe. 1955 gründet er zusammen mit seinem Pflegesohn Josef Rattner die «Psychologische Lehr- und Beratungsstelle». Liebling fördert Rattner nach Kräften, dessen Eltern ebenfalls von Wien nach Schaffhausen geflohen waren, jedoch bald nach Südamerika auswanderten. Was Liebling versagt blieb, will er Rattner ermöglichen: Der Pflegesohn studiert Psychologie und Medizin. Sie arbeiten eng zusammen und ergänzen sich bestens. Rattner übernimmt die Rolle des Intellektuellen, Liebling ist der Ideologe.

Liebling ist überzeugt, mit seinen psychologischen Erkenntnissen einen wichtigen Beitrag zur Entwicklung der Menschheit leisten zu können. Da ihm die Gabe fehlt, sein Lebenswerk in Form von Büchern der Nachwelt zu vermachen, muss er einen andern Weg finden. Er macht aus der Not eine Tugend und wählt die alte Form der mündlichen Überlieferung. Im Laufe der Jahre schart er immer mehr Anhänger um sich, die seine Ideen verinnerlichen und in die Welt hinaustragen. Liebling beschreibt nicht Papier, sondern ritzt seine Botschaften ins Bewusstsein der Menschen: Die Anhänger werden seine lebendigen Bücher.

Friedrich Liebling zog rund 4000 Anhänger in seinen Bann. (Bild: Keystone)

Auch im fortgeschrittenen Alter braucht Liebling bei der Umsetzung seiner Visionen Geduld. Es gelingt ihm erst Anfang der sechziger Jahre, die Zahl der Klienten seiner Beratungsstelle entscheidend zu vergrössern und die Ratsuchenden an seine Person zu binden. Liebling ist bereits 70 Jahre alt, als sich die Konturen seines Lebenswerkes abzuzeichnen beginnen. Seine Beratungsstelle wird mehr und mehr zu einem Auffangbecken für entwurzelte Vertreter der 68er Generation. Vor Hunderten von Zuhörern offenbart der Meister seine phantasiereichen, anarchistischen Visionen. Lieblings Synthese von der individuellen Förderung der psychologischen Menschenkenntnis und den politische Utopien fasziniert viele junge Zürcher. Der zerbrechlich wirkende Mann hat endlich seine Vergangenheit überwunden und abgeschüttelt. In Kreis der wachsenden Gemeinschaft findet er als verehrter Psychologe Wärme und Anerkennung. Dem Alterswerk steht einzig die Ungewissheit im Weg, wieviele Jahre ihm zur Umsetzung seiner ehrgeizigen Ziele noch beschieden sein werden.

Der materielle Erfolg ist bei seinem Tod am 28. Februar 1982 beachtlich. Er hinterlässt ein Vermögen von 3,8 Millionen Franken und eine Stiftung mit fünf Liegenschaften an bester Wohnlage am Zürichberg. Ausserdem versteuert er kurz vor seinem Tod ein Einkommen von 1,2 Millionen Franken.

Liebling tauft sein Werk «Zürcher Schule»

Die Ambitionen offenbarte Liebling bereits 1967, als er seine «therapeutische Lehre» und Bewegung in «Zürcher Schule» umtaufte. Damit wollte er sein Werk in die Reihe anderer bekannter Schulen stellen und seinen Anspruch nach internationaler Anerkennung anmelden. Liebling erklärte zur Umbenennung: «Ich stehe ganz allein da, und ich könnte fast sagen, auf der ganzen Welt. Es ist niemand da, der sich der Sache der Tiefenpsychologie angenommen hat. Um die Frage zu verstehen, wie wir Tiefenpsychologie sehen, müssen wir uns abgrenzen von den andern, sonst laufen wir Gefahr, dass wir als Narren betrachtet werden. Ich denke, wir sollten uns die ‹Zürcher Schule› nennen.» Mit der Einführung von Therapien in Grossgruppen drückte er der «Zürcher Schule» seinen Stempel auf. Was er als neues Therapiekonzept pries, entpuppte sich zunehmend als Kontrollinstrument und Verehrungsritual: Wenn ihm jeweils mehrere hundert Anhänger andächtig zuhörten, hatte er direkten Zugang zum Unterbewusstsein seiner Schüler.

Lieblings Tochter Lillian, die zusammen mit Josef Rattners Bruder, Leo Rattner, in den USA eine psychologische Praxis führte, zeigte nie Interesse an der Beratungsstelle ihres Vaters. Die Fixierung seiner Klienten auf

Liebling und die jahrzehntelangen Therapien in Grossgruppen behagten seiner Tochter nicht, wie ehemalige «Zürcher Schüler» berichten. Auch Josef Rattner emanzipierte sich von seinem Übervater und setzte sich nach Berlin ab, wo er eine eigene Praxis eröffnete. Da Rattner ebenfalls Gruppensitzungen durchführte, begann bald ein reger Therapietourismus zwischen Zürich und Berlin. Fachliche Differenzen und die Angst, Autorität teilen zu müssen, führten zu Spannungen zwischen den beiden Therapeuten. Liebling vermochte einen Teil der Berliner Gruppe auf seine Seite zu ziehen. Dieser bildete den ersten Ableger der «Zürcher Schule» im Ausland.

Der Gründer der «Zürcher Schule» hatte offensichtlich Mühe mit der Vorstellung, einem seiner Anhänger das Werk anzuvertrauen. Schliesslich hatte er selbst seine engsten Mitarbeiter wiederholt vor versammelter Gemeinschaft zurechtgestutzt, wenn ihr Einfluss bedrohlich zu werden begann. Liebling machte ihnen jeweils weis, dass für sie ein Leben nicht ausreichen würde, um sich in der Gruppe zu finden und die Irritationen aus der Erziehung zu therapieren.

Der Versuch, einen neuen Menschentypus zu schaffen

Obwohl die ihn verehrende Anhängerschaft ständig wuchs, konnte sich Liebling nie uneingeschränkt an seinem Lebenswerk erfreuen. Er hatte seine Person zu sehr ins Zentrum der Arbeit gestellt und damit einen fundamentalen und unlösbaren Widerspruch in sein Konzept eingebaut. Einerseits wollte er seine «Zürcher Schüler» zur Elite heranbilden und mit ihnen einen neuen Menschentypus schaffen, auf der andern Seite musste er sie therapeutisch in Abhängigkeit halten, um die Kontrolle nicht zu verlieren. Wären die Therapien «erfolgreich» verlaufen, hätten sich die akademisch gebildeten Anhänger emanzipieren und aus der engen Gruppenbindung fliehen müssen. Gleichzeitig hätten sie den Meister durchschaut und wären ihm gefährlich geworden. Deshalb musste Liebling sie immer wieder zurückbinden. Ausserdem brauchte er sie zur Stützung seines Selbstwertgefühls und behinderte damit die emotionale Entwicklung der «Zürcher Schüler». Dadurch wurde das Ziel verraten, ihnen uneingeschränkt die «psychologische Menschenkenntnis» angedeihen zu lassen. Liebling muss auf sein Lebensende hin realisiert haben, dass die Anhänger unter diesen Voraussetzungen nicht fähig sein würden, die von ihm angestrebte geistige Revolution in die Welt hinauszutragen.

Der Tod seiner Frau Maria im Jahre 1971 löste bei Liebling eine schwere Krise aus. Er wurde krank und liess die «Zürcher Schule» schlittern. Bald entstand unter den Therapeuten ein Gerangel um die Macht. Als eine Spaltung drohte, meldete sich Liebling zurück und stürzte jene Anhänger vom Sockel, die nach seiner Krone gegriffen hatten. Obwohl ihm die «Zürcher Schüler» demonstriert hatten, was nach seinem Tod passieren könnte, gestand er der wachsenden Gilde von Ärzten, Psychologen und Lehrern eher noch weniger Autonomie als bisher zu.

Liebling berauschte sich nicht am kurzfristigen Erfolg. Er brauchte die «Zürcher Schule», um in ihr sein Lebensziel zu erfüllen und seine Utopie umzusetzen. Es ging ihm durchaus auch um das Heil der Menschen, doch benötigte er die Anhänger gleichzeitig für seine persönlichen Interessen. Sein Bestreben zielte in starkem Masse darauf ab, als Heilsstifter in die Geschichte einzugehen. Die Gruppe musste ihm auch helfen, die traumatischen Erfahrungen aus seinen ersten 50 Lebensjahren zu verdrängen und eine neue Identität aufzubauen. Offenbar realisierte Liebling nicht, dass es ihm auch mit aller Ehrerbietung seiner Anhänger nicht gelingen konnte, die seelischen Verletzungen zu kurieren. Deshalb erhöhte er laufend die Dosis an Zuwendung und Anerkennung, die er von seinen Anhängern abverlangte.

Wohl aus Angst, seine Anhänger könnten ihm eines Tages die Finger auf die Wunden halten und ihn zur Rechenschaft ziehen, band er sie immer enger an sich. Daraus erklärt sich auch die umstrittene Praktik, die Therapien zeitlich nicht zu begrenzen.

Mit der Veröffentlichung von Mario Königs fundierten Recherchen hatte Eugen Sorg die «Lieblinge» und den VPM im Mark getroffen: Der Meister war entzaubert. Als Antwort widmete der VPM dem Autor der «Lieblings-Geschichten» fast 50 Seiten in seinem Buch «Der VPM – was er wirklich ist». Ehemalige Wohnpartnerinnen, Gruppenteilnehmer und Arbeitskollegen zeichnen darin das komplett verzerrte Bild eines skrupellosen Egoisten mit psychopathischen Zügen. Die «Lieblinge» schreckten auch nicht davor zurück, sein Intimleben breitzuschlagen. Die Autoren des Sorg-Porträts erwecken den Eindruck, als hätten sie Informationen aus den Therapiesitzungen verwendet und kolportiert, an denen Sorg als einstiger Liebling-Anhänger in der PLB teilgenommen hatte. Das Kapitel über Sorg wurde mit einem gerichtlichen Publikationsverbot belegt. Der VPM nahm die inkriminierten 50 Seiten aus dem Buch und legte es neu auf.

Die VPM-Autoren schreiben über die Liebling-Biographie Sorgs, die allermeisten Angaben seien «historisches Füllmaterial, das – neben Peinlichkeiten und Geschmacklosigkeiten – eine ungeheure Ignoranz gegenüber dem Schicksal der Familie Friedrich Lieblings offenbart». Alles, was Sorg schreibe, sei erlogen. Weiter heisst es wörtlich: «Es ist nicht zu fassen, dass ein solcher Menschenverachter mit seinen perfiden und dreckigen Zielen und Absichten Eltern berät. Dies grenzt an ein Verbrechen. Sorg hat nicht nur kein Einfühlungsvermögen – aus möglichem Unwissen heraus – für

Familien, sondern er verfolgt bewusst linksradikale Ziele. Hinter seiner Haltung verbirgt sich Hass, Aversion und Verachtung dem Menschen gegenüber.»

Doch nicht nur Sorg kam rückblickend zu einer kritischen Einschätzung der Person Lieblings. Ein anderer «Zürcher Schüler» charakterisiert ihn ebenfalls als machthungrig: «Er war ein Fanatiker, umgeben von seiner Gefolgschaft. Der Machtrausch und die Verzückung vor der eigenen Ideologie umnachteten seinen Geist, er wurde zum ‹Rattenfänger› im Gewand des Seelenheilers. (...) Das Schreckliche waren der extreme Gruppendruck und die massiven Auswirkungen einer fanatisch vertretenen Ideologie.»

Kapitel 2

Erbitterter Kampf um die Macht und die Nachfolge Lieblings

Obwohl sich Friedrich Liebling sehnlichst wünschte, dass die «Psychologische Lehr- und Beratungsstelle» nach seinem Tod weitergeführt wird, hinterliess er kein Testament. Er liess die Anhänger selbst in der Frage im unklaren, wer sein Lebenswerk fortschreiben sollte. Sogar das Kader war ratlos, als der Meister am 28. Februar 1982 verstarb. Die Verwirrung war so gross, dass es den Jüngern die schicksalsschwere Botschaft erst nach ein paar Tagen mitteilte. Zum Teil mussten die «Lieblinge» den Hinschied des Gründers der «Zürcher Schule» aus der Zeitung erfahren.

Die Vorgänge und Auseinandersetzungen im Kader der Beratungsstelle kurz vor und nach dem Tod Lieblings sind schwer rekonstruierbar. Sicher ist hingegen, dass der Gründer der «Zürcher Schule» etwa zwei Jahre vor seinem Tod die Beratungsstelle den fünf Mitarbeitern Leo König, Heinz Hug, Thomas Marthaler, Annemarie Kaiser und Margrit Beringer zum symbolischen Betrag von je 50'000 Franken verkaufen wollte, wie ehemalige «Zürcher Schüler» erklären. Die Verträge waren bereits aufgesetzt, Liebling setzte sie jedoch aus ungeklärten Gründen nicht in Kraft.

Mit der Übergabe der «Psychologischen Lehr- und Beratungsstelle» (PLB) an fünf seiner engsten Mitarbeiter wollte Liebling sicherstellen, dass sein Lebenswerk in seinem Sinn weitergeführt wird. Das Geld spielte beim geplanten Verkauf der PLB kaum eine Rolle, denn Liebling trug sich offenbar mit dem Gedanken, den fünf Mitarbeitern den Kaufbetrag vorgängig zu schenken.

Den Willen des verstorbenen Vaters respektiert

Da die beiden Töchter Lieblings kein Interesse an der Beratungsstelle ihres Vaters zeigten, kamen sie als Nachfolgerinnen nicht in Frage. Ob sie gegen den vorgesehenen Verkauf der PLB opponiert hatten, ist unklar. Als sich herausstellte, dass Liebling kein Testament hinterlassen hatte, stand das Kader vor einer heiklen Situation.

Lieblings Töchter Erna Grob und Lillian Rattner hätten die Therapiegemeinschaft nach dem Tod ihres Vaters möglicherweise platzen lassen können, fiel ihnen doch ein Grossteil des umfangreichen Vermögens erbrechtlich zu. Doch die beiden Töchter kamen dem Willen ihres Vaters nach, die «Zürcher Schule» in seinem Geist zu fördern. Sie suchten neue Strukturen, um die hoch verschuldete Beratungsstelle mit dem Vermögen Lieblings zu sanieren und auf eine rechtlich tragfähige Basis zu stellen.

Lieblings Töchter beanspruchen die Kontrolle über die Beratungsstelle

Erna Grob und Lillian Rattner sahen das Hauptproblem darin, das Vermögen Lieblings gegen den Fiskus abzusichern. Ihr Vater hatte nämlich aus ähnlichen Gründen am 11. Juni 1974 seine Beratungsstelle in eine Stiftung umgewandelt und ihr im Laufe der Jahre seine fünf Häuser am Zürichberg überschrieben. Daran wollten die in den USA lebenden Töchter nichts ändern. Hingegen wiesen sie das Kader der «Zürcher Schule» an, eine Aktiengesellschaft unter der Bezeichnung «Psychologische Lehr- und Beratungsstelle Friedrich Liebling AG» zu gründen, die für den Betrieb der Beratungsstelle verantwortlich sein sollte.

Zur grossen Überraschung vieler enger Mitarbeiter Lieblings beauftragten Lieblings Töchter nicht etwa die von ihrem Vater vorgesehenen fünf Mitarbeiter mit der Führung der Beratungsstelle, sondern Erna Grobs Freundin Annemarie Kaiser sowie Antonio Cho und Ernst Frei. Von den von Liebling favorisierten Therapeuten war also einzig Annemarie Kaiser im Leitungsteam vertreten. Allerdings hatten die beiden Erbinnen ausdrücklich betont, dass das dreiköpfige Team nur provisorisch mit der Leitung der Beratungs-stelle betraut werde. Immerhin schlossen die Töchter Lieblings mit ihnen einen Sacheinlagevertrag ab. Darin ist festgehalten, dass die Erbinnen «einen Teil des Geschäftes» der 1982 gegründeten AG übertragen.

Der Übernahmepreis von 200'000 Franken wurde in 200 Aktien à 1000 Franken aufgeteilt, von denen 99 an Erna Grob, 98 an Lillian Rattner und je eine an Annemarie Kaiser, Antonio Cho und Ernst Frei gingen. Damit machten die Töchter Lieblings klar, dass sie die Kontrolle über die Beratungsstelle und letztlich über das Werk ihres Vaters behalten, sich aber nicht um die Alltagsgeschäfte kümmern wollten. Die Häuser blieben in der Stiftung, die AG erhielt das Nutzungsrecht. Um den Steuerbehörden den Zugriff zu verwehren, wurden Stiftung und AG rechtlich strikte getrennt. Für die Töchter Lieblings sollte es sich als verhängnisvoller Fehler erweisen, dass sie sich keine Sonderrechte in der Stiftung ausbedungen hatten. Sie hatten somit auch keine direkte Kontrolle über die Liegenschaften ihres Vaters.

Kampf um die Führungsrolle beginnt nach Lieblings Tod

Der Verlust des verehrten Meisters rief bei vielen «Lieblingen» ein Gefühl der Verlorenheit und Einsamkeit hervor. Geistige Heimat bot nun vor allem das Kollektiv. Beseelt von der Idee, Lieblings Werk nicht zu gefährden und weiterzuführen, stürzten sie sich in die Arbeit und verdrängten Schmerz und Trauer. Für die grosse Mehrheit der Klienten schien die «Zürcher Schule» wie eh und je zu funktionieren.

Dass die Führung der Beratungsstelle ohne Liebling als Integrationsfigur ein kaum lösbares Unterfangen sein sollte, zeichnete sich schon kurz nach seinem Tod ab. Die vier, einst von Liebling für die Leitung der PLB auserkorenen, von seinen Töchtern jedoch übergangenen Mitarbeiterinnen und Mitarbeiter, konnten sich mit dem Entscheid der Erbinnen nur schwer abfinden. Es gab bald Spannungen zwischen ihnen und dem Führungsteam der AG.

Drei Wochen nach Lieblings Tod kam es bereits zu einem ersten Kräftemessen zwischen den beiden Gruppen. Anlass bildete der von Liebling angestrengte Prozess gegen den Artikel «Lebenshilfe vom Zürichberg» im «Tages-Anzeiger-Magazin», das am 20. September 1980 als erstes Publikationsorgan die «Zürcher Schule» ausführlich und kritisch durchleuchtet hatte. Die Töchter Lieblings beantragten dem Stiftungsrat, die Klage zurückzuziehen, «damit der Name von Herrn Liebling nicht noch mehr durch die Spalten der Zeitungen gezogen wird».

Das neue Leitungsteam, das in der Gunst der beiden Erbinnen stand, war damit einverstanden; die übergangene Gruppe um den Stiftungsratspräsidenten Leo König wehrte sich allerdings gegen den Vorstoss. Sie war überzeugt, mit der Fortsetzung des Prozesses dem Willen Lieblings Nachachtung zu verschaffen. Das Führungsgremium fand eine Mehrheit im Stiftungsrat, der am 19. März 1982 beschloss, den Prozess abzubrechen. Somit war das Kader bereits wenige Wochen nach Lieblings Tod in zwei Lager gespalten: Auf der einen Seite standen die Töchter Lieblings und die Spitze der Beratungsstelle, auf der andern Seite die engsten Vertrauten Lieblings und die «Fundamentalisten», die den Willen des Gründers durchsetzen wollten.

Der Machtkampf zwischen den beiden Lagern eskalierte, als die Gruppe um Leo König ihre Ansprüche anmeldete und den Vorschlag einbrachte, das Leitungsteam auf fünf Personen zu erweitern. Bald brach der Konflikt im Kader der Beratungsstelle offen aus. Die Auseinandersetzung spielte sich jedoch weitgehend hinter den Kulissen ab, und die wenigsten der gegen 4000 Teilnehmer hatten eine Ahnung, dass Lieblings Lebenswerk bereits zu wanken begann.

Persönliche Diffamierungen auf dem Korrespondenzweg

Einblick in die Richtungskämpfe geben besonders die Briefwechsel zwischen den Exponenten der beiden Fraktionen. Anfang 1983 schrieb beispielsweise ein Psychiater, der nach wie vor Mitglied des VPM ist: «Ihr tut mir leid, Ihr habt den Schaden, wenn Ihr eine andere Sicht nicht anhören wollt. Eure Agitation ist infam, dreckig und inhuman.» Ein Arzt, der inzwischen ausgetreten ist, formulierte es mit folgenden Worten: «Seid Ihr des Wahnsinns, uns nach wie vor mit so widerlichem Schmutz zu belästigen? Eurem Terror an unserer Beratungsstelle werden wir ein Ende setzen. (...) In respekt- und würdeloser Art übergeht Ihr unsere Leitung und schädigt mutwillig das Werk von Friedrich Liebling.» Ein Psychologe und eine Lehrerin, die heute noch im VPM aktiv sind, schrieben: «Ihr stürzt Menschen ins Unglück, hinterlässt einen Berg von Irritierten, die für die Wohltat der Psychologie nicht mehr zugänglich sein werden. Das können und wollen wir nicht mehr weiter zulassen. Wir würden sonst aus unserem Herzen eine Mördergrube machen.»

Ebenfalls Anfang 1983 schrieben zwei in Ungnade gefallene «Lieblinge», die Anhänger von Annemarie Kaiser würden sie als Mörder bezeichnen, die über Leichen gingen: «Jeder, der es wagt, die Vorfälle zu untersuchen, sich eine eigene Meinung zu bilden, den Ansichten und Handlungen der provisorischen Leitung nicht vorbehaltlos zuzustimmen, wird in eine schwierige, ja sogar lebensgefährliche Situation geraten.» Verschiedene Opponenten wurden bereits im Februar 1983 ausgeschlossen und mit einem Hausverbot belegt. An Kongressen sorgten jeweils Angestellte einer Bewachungsfirma dafür, dass keine Dissidenten den Saal betreten konnten. Die Richtungskämpfe erweckten teilweise den Anschein einer radikalen Säuberungsaktion. Wer nicht auf die Linie des Führungsteams einschwenkte, hatte keinen Platz mehr in der Gemeinschaft und schied zum Teil unter existentiellen Ängsten aus. Den ersten Machtkampf hatte Annemarie Kaiser an der Seite von Antonio Cho und Ernst Frei und mit dem Segen der Erbinnen gewonnen.

Annemarie Kaiser pokert mit hohem Einsatz

Was die Gründung des VPM betrifft, war der zweite Machtkampf entscheidender, der noch erbitterter geführt wurde, und bis 1988 dauern sollte. Annemarie Kaiser, die im Leitungsteam bald eine dominante Rolle spielte und die Supervision beanspruchte, stand diesmal eine ungleich heiklere Herausforderung bevor. Sie legte sich gleich mit der gesamten Prominenz der Stiftung und der Beratunsstelle an und setzte alles auf eine Karte. Zeitweise stand die Partie für sie auf Messers Schneide. Mit einem taktischen Meisterstück überrumpelte sie schliesslich sogar die beiden Töchter Lieblings, die einst ihre Freundinnen waren. In der Radikalität ihrer Aktionen deutete sich damals schon ihr unbeugsamer Wille zur Macht und ihr Führungsanspruch an.

Ausgelöst wurde die Spaltung durch Meinungsdifferenzen zwischen den beiden Männern der dreiköpfigen Führungsspitze und Annemarie Kaiser in bezug auf den neu eingerichteten Lehrgang für Therapeuten in der Beratungsstelle. Zwar wollte auch Annemarie Kaiser eine von den Krankenkassen anerkannte Ausbildung für ihre Psychologen durchführen, doch bereitete ihr das erforderliche Engagement externer Dozenten einige Mühe. Dadurch wären die bisher auf Liebling fixierten «Zürcher Schüler» mit anerkannten Kapazitäten aus dem Bereich der Psychologie konfrontiert worden, und die Dozenten hätten Einblick in die Therapiepraxis und die Arbeitsweise der Beratungsstelle erhalten. Als Antonio Cho und Ernst Frei von Annemarie Kaiser verlangten, die Supervision der Lehrgangkandidaten an eine externe Fachkraft abzutreten – in jeder anderen Institution eine Selbstverständlichkeit –, befürchtete sie einen Angriff auf ihre Vorrangstellung und ging in die Offensive. Durch die Supervision hatte sie das Ohr direkt am Puls der Gruppe und offene Kanäle zur Basis, und sie verfügte über psychologisch tiefgreifende Einflussmöglichkeiten bei den sogenannten Therapeuten, die ihrerseits das Scharnier zu den Klienten und Teilnehmern bildeten. Pikant ist, dass Antonio Cho und Ernst Frei – im Gegensatz zu Annemarie Kaiser – eine externe Lehranalyse absolviert hatten und für die Supervision eher legitimiert gewesen wären.

Annemarie Kaiser zieht die Fäden im Hintergrund

Annemarie Kaiser mied die offene Konfrontation und operierte aus dem Hintergrund. Sie versuchte vor allem, die Therapeuten für sich zu gewinnen und machte ihnen glaubhaft, die beiden Männer im Leitungsteam und die Erbinnen würden das Werk Lieblings verraten. Sie stellten deshalb eine Bedrohung für die Beratungsstelle dar. Im Buch «Der VPM – was er wirklich ist» heisst es, Cho und Frei hätten Annemarie Buchholz-Kaiser, die inzwischen Michael Buchholz geheiratet hatte, ausbooten wollen: «Hinter diesen Machenschaften standen – damals für uns nicht durchschaubar – die Erbinnen Friedrich Lieblings, die bei der Durchsetzung ihres Planes keine menschlichen Rücksichten kannten. Sie verfügten in der damaligen Aktiengesellschaft über die Mehrheit der Stimmen, so dass Frau Dr. Buchholz-Kaiser immer mehr die Hände gebunden waren.»

Obwohl Lieblings Töchter der Beratungsstelle unter die Arme gegriffen und neue Strukturen ermöglicht hatten, warf ihnen der VPM später Geldgier und die finanzielle Aushöhlung der Beratungsstelle vor. Neben dem Vermögen hätten sie auch jenes Geld abgezogen, das für den Bau eines Saales vorgesehen gewesen sei. Mit dieser Unterstellung wurde den Anhängern von Annemarie Buchholz-Kaiser signalisiert, dass auch die Töchter Lieblings die Idee ihres Vaters verraten würden. «Sie hatten wirklich keinen Funken Ahnung vom Werk und der Ethik ihres Vaters. Damit, dass sie dennoch weiterhin den Namen Friedrich Lieblings im Munde führten, um ihre Machenschaften zu vertuschen, und vorgaben, sein Werk im Rahmen der PLB AG (Psychologische Lehr- und Beratungsstelle AG) weiterführen zu wollen, trieben sie ihre Pietätlosigkeit und Hinterhäl-tigkeit auf die Spitze», schrieben später die Anhänger von Annemarie Buchholz-Kaiser im Buch «Der VPM – was er wirklich ist».

Die Koalition von Annemarie Buchholz-Kaiser attackierte auch Antonio Cho und Ernst Frei und warf ihnen vor, sie wollten ihre Machtgelüste befriedigen. Die Frau im Leitungsteam wehrte sich vehement gegen die Bestrebungen der beiden Männer, die «Zürcher Schule» nach aussen wie nach innen zu öffnen. Bedrohlich erschien ihr in erster Linie aber, dass ihre beiden Kollegen sie in ihrer Funktion als Supervisorin beschneiden wollten. Diese argumentierten zwar mit fachlichen Gründen, doch wollte Annemarie Buchholz-Kaiser ihre Sonderstellung nicht preisgeben. Anfänglich versuchte sie, die reformerischen Kräfte an den Rand zu drängen. Als sie realisierte, dass die Kaderleute um Antonio Cho und Ernst Frei auf ihren Vorschlägen und Ideen beharrten, ergriff sie die Flucht nach vorn und löste die Konfrontation aus. Der Konflikt im Kader stürzte die «Lieblinge» in ein neues Dilemma. Nach dem Tod des Gründers der «Zürcher Schule» und der harten Auseinandersetzung mit der Gruppe Leo Königs drohte nun das Zerwürfnis mit Lieblings Töchtern.

Für viele «Lieblinge» standen existentielle Fragen auf dem Spiel. Sie hatten Angst, im falschen Boot zu sitzen und die Gruppe zu verlieren, die ihnen im Lauf der Jahre zum zentralen Lebensinhalt geworden war. Der Glaube, die «Zürcher Schule» sei ein Hort der aggressionsfreien Elite, begann zu bröckeln, das Gefühl der Geborgenheit und der geistigen Heimat drohte verlorenzugehen. Ausserdem schien Annemarie Buchholz-Kaiser die emotionalen Defizite der «Zürcher Schüler» nach dem Hinschied des Meisters besser kompensieren zu können als ihre beiden Gegenspieler. Eine Mehrheit schien zu befürchten, dass durch die fachliche Öffnung das «Gemeinschaftsgefühl» geschwächt würde und die Geborgenheit im Kollektiv leiden könnte. Die dominante Stellung Annemarie Buchholz-Kaisers stand in ihrer Fraktion nie ernsthaft zur Diskussion. Bald stand sie im Ruf, die Retterin des geistigen Erbes Friedrich Lieblings zu sein. Ihre Anhänger konnten die einst auf Liebling konzentrierte Fixierung auf sie übertragen und die Verlustgefühle kompensieren.

Frühe Verehrung von Annemarie Kaiser

Aus einem «Offenen Brief» an die Adresse von Lillian Rattner, der einen Tochter von Friedrich Liebling, geht die Verehrung für Annemarie Buchholz-Kaiser schon vor der VPM-Gründung hervor. Acht ihrer Anhängerinnen und Anhänger schrieben darin: «Sie bemerken zu Recht, dass wir Frau Buchholz-Kaiser Respekt, Hochachtung und Dankbarkeit entgegenbringen. Aber darin so etwas wie einen ‹Loyalitätseid› oder den Ursprung ‹unselbständigen Denkens und Handelns› sehen zu wollen, ist mehr als oberflächlich. Geradezu absurd ist es aber, wenn Sie Frau Buchholz-Kaiser als Drahtzieher der Ereignisse an der PLB und uns als Mitläufer hinzustellen versuchen.»

Die Gruppe um Antonio Cho und Ernst Frei wurde förmlich überrumpelt. Sie realisierte lange Zeit nicht, dass Annemarie Buchholz-Kaiser den Machtkampf vorbereitete und auf subtile Weise viele «Lieblinge» für ihre Ideen zu gewinnen und auf ihre Seite zu ziehen begann. Als gefährlichstes Hindernis auf dem Weg zur Machtübernahme erwies sich für Annemarie Buchholz-Kaiser der Umstand, dass sich die beiden Töchter Lieblings auf die Seite von Antonio Cho und Ernst Frei gestellt hatten. Die Fraktion um Annemarie Buchholz-Kaiser verfügte nur über eine Minderheit der 200 Aktien der Beratungsstelle. Sie griff deshalb die Erbinnen frontal an und unterstellte ihnen, heimlich Geld in die USA transferiert zu haben. Die Anhänger von Annemarie Buchholz-Kaiser äusserten zudem die Vermutung, die beiden Frauen hätten das Testament gestohlen und verschwinden lassen. Liebling habe nämlich bei der Zürcher Kantonalbank ein Bankfach gemietet gehabt, dessen Schlüssel nach seinem Tod unauffindbar war. Als das Fach später aufgebrochen worden sei, sei es bereits leer gewesen. Der VPM behauptet im nachhinein, der Rechtsanwalt der beiden Erbinnen habe Annemarie Buchholz-Kaiser anvertraut, Lieblings Töchter hätten zwischen dem Tod ihres Vaters und der amtlichen Inventaraufnahme unberechtigterweise das Bankfach mit dem von ihnen als verschollen erklärten Schlüssel geöffnet. «Was fanden sie darin vor? Warum reisten sie schon wenige Tage nach dem Tode ihres Vaters und noch vor der amtlichen Inventaraufnahme vom 10. März 1982 wieder in die USA zurück? Die Nachwelt wird es wohl nie erfahren», heisst es im Buch «Der VPM – was er wirklich ist».

Exodus der Anhänger Annemarie Buchholz-Kaisers

Die Auseinandersetzung nahm immer härtere Formen an und vergiftete das Klima in der Beratungsstelle weiter. Da es Annemarie Buchholz-Kaiser gelungen war, die Mehrheit der «Zürcher Schüler» hinter sich zu scharen, zog sie Mitte 1986 mit ihren Anhängern aus den Häusern der Stiftung aus. Der Exodus war gewaltig, verliessen doch rund 90 Prozent der «Lieblinge» die Therapieräume und mieteten sich in anderen Gebäuden ein. Am 24. August 1986 gründeten sie quasi als Nachfolgeorganisation der «Zürcher Schule» den «Verein zur Förderung der Psychologischen Menschenkenntnis» (VPM) und dokumentierten damit den definitiven Bruch mit der Beratungsstelle.

Bei den monatelangen Richtungskämpfen hatte Annemarie Buchholz-Kaiser geschickt im Hintergrund gewirkt und sich weder im Kreis des Kaders noch in den Grossgruppen exponiert. Deshalb blieb sie schwer fassbar. Zeitweise zog sie sich ganz zurück und erweckte den Eindruck, die Konflikte nicht zu ertragen. Ehemalige «Lieblinge» berichten in diesem Zusammenhang von denkwürdigen Szenen mit einer aufgelösten, hilflos wirkenden Annemarie Buchholz-Kaiser, die auf diese Weise das Mitleid der meisten Anhänger erweckt und sich die Solidarität gesichert habe.

Der Auszug aus den Häusern Lieblings fiel den nun im VPM zusammengeschlossenen Anhängern von Annemarie Buchholz-Kaiser schwer, doch schworen sie sich, im Triumphzug zurückzukommen. Sie hatten erkannt, dass sie über starke rechtliche Trümpfe verfügten und die Töchter Lieblings verdrängen konnten: Die VPM-Vertreter dominierten die Stiftung, die Besitzerin der Liegenschaften war. Ende 1986 probten sie den Aufstand und siegten im ersten Anlauf. Es gelang ihnen, die den Liebling-Töchtern nahestehenden Stiftungsräte auszubooten, unter ihnen Antonio Cho und Ernst Frei. Selbst die Erbin Erna Grob musste den Hut nehmen. Im Selbstporträt «Der VPM – was er wirklich ist» heisst es dazu, aufgrund verschiedener Vorgänge seien die sechs Vertreter der «Psychologischen Lehr- und Beratungsstelle» «anlässlich der gemäss Statuten alle drei Jahre fälligen Bestätigungswahlen am 25. November 1986 nicht mehr als Stiftungsräte wiedergewählt» worden.

Die Stiftung wirft Lieblings Töchter aus den Häusern ihres Vaters

Dass die AG bei ihrer Gründung keine Einflussmöglichkeiten in der Stiftung geltend gemacht hatte, wirkte sich besonders für die Töchter Lieblings fatal aus: Bereits drei Wochen nach der Machtübernahme durch die VPM-Leute kündigte der neue Stiftungsrat den Liegenschaftsvertrag mit den Erbinnen, respektive der AG. Annemarie Buchholz-Kaiser und die VPM-Anhänger warfen faktisch Lieblings Töchter aus den ehemaligen Häusern ihres Vaters. Das Eidgenössische Departement des Innern wies im März 1988 eine Aufsichtsbeschwerde der AG gegen die Kündigung vom 30. Juni 1987 ab. Die Beratungsstelle hatte verlangt, die Liegenschaften exklusiv beanspruchen zu dürfen und die Wahl des Stiftungsrates zu annullieren. Am 23. Dezember 1988 lehnte das Bundesgericht den Rekurs der AG ab, da es keine juristischen Interventionsmöglichkeiten gegen den Stiftungsrat sah.

Ausserdem wies das Mietgericht Zürich ein Mieterstreckungsgesuch im Oktober 1987 mit dem Argument ab, es handle sich um eine Gebrauchsleihe und kein Mietverhältnis. Die Teilnehmer der Beratungsstelle um Antonio Cho und Ernst Frei rekurrierten bis zum Bundesgericht, das im August 1988 die vorinstanzlichen Urteile bestätigte. Der VPM konnte ausserdem glaubhaft machen, in Zukunft am besten im Sinne von Liebling zu wirken. «Die Stiftung konnte somit erst im August 1988, mehr als zwei Jahre nach dem Weggang des grössten Teils der ehemaligen Schüler und Mitarbeiter Friedrich Lieblings von der PLB AG, wieder über die Liegenschaften verfügen. Dr. Buchholz-Kaiser hat im VPM das Lebenswerk Friedrich Lieblings dank ihrer enormen Tatkraft und wissenschaftlichen Kompetenz erhalten und erfolgreich weiterentwickelt», heisst es dazu im Buch «Der VPM – was er wirklich ist».

Die Rechnung von Annemarie Buchholz-Kaiser war damit restlos aufgegangen. Sie hatte nicht nur die beiden Kollegen aus dem Führungsteam ausgebootet, sondern gar die beiden Töchter Lieblings völlig ausgeschaltet. Nun stand Annemarie Buchholz-Kaiser unangefochten an der Spitze der Therapiegemeinschaft, ihr Führungsanspruch war unbestritten. Es war ein Sieg auf der ganzen Linie.

Missliebige «Lieblinge» werden kaltgestellt

Wer von den Teilnehmern beim jahrelangen Spaltungsprozess nicht treu die Linie von Annemarie Buchholz-Kaiser verfolgte, wurde an den Rand gedrängt, entmachtet oder musste sich mit einem Selbstbezichtigungsakt rehabilitieren. Missliebigen Therapeuten wurden die Gruppen entzogen, oder sie erhielten keine Klienten mehr zugeteilt, wie Betroffene übereinstimmend berichten.

Ein ehemaliger VPM-Anhänger empfindet rückblickend die Vorgänge bei der Spaltung als Gesinnungsprüfung: «Die Betroffenen hatten die Wahl, entweder den Therapeuten zu wechseln oder von den Gruppengesprächen des Vereins ausgeschlossen zu werden. Wer nicht einlenkte, verlor alle sozialen

Kontakte. Auch in den Wohngemeinschaften wurden die Leute unter Druck gesetzt, den Therapeuten zu wechseln oder die WG zu verlassen.»

Eine in Ungnade gefallene Therapeutin berichtete, sie habe nach der Gründung des VPM einen grossen Teil der Patienten verloren. Diese begründeten ihren Schritt unter anderem mit dem Argument, sie sei nicht mehr in Supervision von Annemarie Buchholz-Kaiser, und ihr Ehemann wolle die Arbeit von Friedrich Liebling zerstören. «Eine andere Patientin ging, weil, wie sie sagte, die ganze Familie hinter Annemarie Buchholz-Kaiser stehe. Sie habe gar keine Wahl, wenn sie weiterhin mit ihrem Mann und den Kindern in gutem Einvernehmen leben wolle.»

Die Ausgrenzung jener «Lieblinge», die eine Öffnung der Gruppe anstrebten, führte zu persönlichen Dramen. Die Spaltungsmechanismen übertrugen sich auf persönliche Beziehungen und entzweiten Familien, wie ehemalige VPM-Anhänger übereinstimmend berichten. «Lieblinge», die sich nicht mit der Politik von Annemarie Buchholz-Kaiser und ihren Anhängern anfreunden konnten, wurden von ihren Geschwistern und Eltern zum Widerruf gedrängt oder moralisch unter Druck gesetzt.

Familienmitglieder, die sich jahrelang gemeinsam in der «Lehr- und Beratungsstelle» Lieblings engagiert und an die gleichen Erlösungsideen geglaubt hatten, standen sich plötzlich verfeindet gegenüber. Die Konflikte waren häufig unüberwindbar und endeten mit dem Kontaktabbruch. Besonders tragisch war die Situation, wenn sich der Graben zwischen Ehepartnern auftat und zu Ehekrisen oder Trennungen führte.

Freunde treffen sich nur noch heimlich

Die Methoden zur Ausgrenzung öffneten in der zweiten Hälfte der achtziger Jahre zahlreichen «Lieblingen» die Augen über den Gruppendruck und den Geist, die im VPM herrschten. Ein Mitglied, das die Widersprüche zwischen Anspruch und Realität nicht akzeptieren konnte, schrieb Annemarie Buchholz-Kaiser in einem Brief: «Ich selber erfuhr in den letzten Monaten von unzähligen Beispielen, die zeigen, wie über Jahre bestehende Lesegruppen, Wohngemeinschaften, Partnerschaften, sogenannte Freundschaften und Kontakte einfach aufgelöst oder abgebrochen wurden. Es genügte oftmals bereits die blosse Vermutung, jemand könnte mit Ihnen oder mit dem Verein nicht einverstanden sein. Ein riesiges Beziehungsnetz wird so laufend gestört, ja zerstört. Mit kaum einschätzbaren Auswirkungen auf die Psyche des Einzelnen (...) Sagen, beziehungsweise denken Sie nicht, Sie wüssten nichts davon! Denn für mich sind Sie Psychologin genug, um das grosse Elend zu sehen.»

Ein anderer VPM-Anhänger teilte Annemarie Buchholz-Kaiser mit: «Dass ich in den letzten Monaten in die Lage gekommen bin, einen alten Freund nur noch heimlich zu treffen – und selbst das mit grossen Ängsten –, illustriert für mich unsere heutige Lage.»

Dieses Klima des Misstrauens herrscht auch heute noch im VPM. Annemarie Buchholz-Kaiser wendet nach wie vor ähnliche Methoden an, um ihre Gemeinschaft zu kontrollieren und vermeintliche Rivalen aus dem Kader zurückzustutzen. Sie fördert damit den Anpassungsdruck und die freiwillige Disziplinierung. Denn die Hürde, den eigenen Willen durchzusetzen und allenfalls in Opposition zur VPM-Leiterin zu treten, ist sehr hoch: Da die Bindung an den VPM beträchtlich ist, würde ein Ausschluss als existentielle Bedrohung empfunden.

Ausgrenzung nach dem Muster «stalinistischer Schauprozesse»?

Die spektakulärste Säuberungsaktion führten Annemarie Buchholz-Kaiser und ein Teil ihrer engsten Mitarbeiter anfangs 1990 durch. Rund zehn VPM-Anhänger aus dem innersten Kaderzirkel waren aus schwer erfindlichen Gründen in Ungnade gefallen. Ein damaliges Vorstandsmitglied schildert die Vorgänge folgendermassen: «Ich hatte den Vorschlag gemacht, dass wir uns gegenüber den Medien offener geben und das Gespräch suchen sollten. An dieser Sitzung wurden keine Einwände gegen diese Idee vorgebracht. Ein paar Tage später spürte ich, dass meine Kolleginnen und Kollegen vom Leitungsteam zunehmend auf Distanz zu mir gingen und mich wiederholt auf meine Äusserungen hin ansprachen. Später wurde ich im kleinen Kreis aufgefordert, meine Meinung zu revidieren, was intern als ‹Klärungsgespräch› bezeichnet wird. Da ich nicht widerrief, wurde mir bedeutet, ich habe eine falsche Meinung und gefährde damit die Arbeit des VPM. Ich spürte rasch die wachsende soziale Isolation. Eine inhaltliche Auseinandersetzung fand nie statt. Allmählich sickerte auch an der Basis durch, dass ich im Führungskreis angezweifelt wurde. Von diesem Zeitpunkt an interessierte die VPM-Leute nur noch, ob ich schon revidiert hätte. Bald mieden mich die Gruppenteilnehmer. Sie hatten Angst, in meiner Umgebung gesehen zu werden. Nach den Ursachen des Konfliktes fragte mich niemand.»

Ein anderes ehemaliges Kadermitglied bezeichnet die systematische Ausgrenzung Anfang 1990 rückblickend als inquisitorisches Verhör vor mehreren Dutzend Zuhörern, dem sie während Monaten ausgesetzt gewesen seien. In aggressiver Weise wurden sie abwechselnd mit Fragen bombardiert, erzählt der betroffene Akademiker. Ihnen wurde vorgeworfen, sie hätten Annemarie Buchholz-Kaiser zur Seite schaffen oder gar umbringen wollen. Als sie empört versuchten, die Unterstellungen zurückzuweisen, seien sie unterbrochen worden, und wenn sie geschwiegen hätten, sei dies als Eingeständnis gewertet worden. Anschliessend haben die «Lieblinge» sie aufgefordert, die angeblichen Umsturzpläne schriftlich festzuhalten. [redacted] Ein anderer erklärte, er habe die Arbeit des VPM zerstören wollen. Er sei dankbar, dass die Kolleginnen und Kollegen ihm «das rostige Messer aus der Hand genommen» hätten, mit dem er jahrelang «operiert» habe.

Auch mit diesen individuellen Geständnissen gab sich die Gruppe noch nicht zufrieden. Den Angeklagten wurde vorgeworfen, ihre Geschichten seien unwirklich und erfunden, sie sollten endlich mit der Wahrheit herausrücken. Anschliessend wurden sie laut Aussagen eines Betroffenen charakterlich analysiert. Dabei hiess es, sie hätten falsche Ansichten, weshalb ein gravierendes Charakterproblem vorliegen müsse.

Den Stil der Selbstbezichtigung verdeutlicht ein Schriftenwechsel zwischen sieben linientreuen VPM-Anhängern und neun angeblichen Abweichlern. Am 13. März 1990 schrieben die erstgenannten in einem Brief: «Wir können nicht länger zuschauen, wie menschliche Tragödien, seelisches Leid und Not verursacht wird dadurch, dass Ihr unter solchen Umständen weiterhin versucht, Eure Aktivitäten und Pläne bewusst zu verharmlosen und zu vertuschen. Wie kann man in so einer Zeit noch damit beschäftigt sein, sein Prestige aufrecht halten zu wollen! (...) Wisst Ihr eigentlich, was das für die Menschen bedeutet, dass Ihr vorgegeben habt, bei Frau Kaiser in Supervision zu sein? Seid Ihr Euch eigentlich bewusst, was das für uns alle bedeutet, dass Ihr das Vertrauen zu Frau Kaiser untergraben habt? Wisst Ihr eigentlich, was das bedeutet, dass Ihr Frau Kaiser pathologisiert habt? Frau Kaiser hat Euch vertraut, hat Euch Menschen, die sich bei ihr angemeldet haben, vertrauensvoll ins Gespräch gegeben. Dadurch, dass Ihr aber über Frau Kaiser hinweggegangen seid und sie abgewertet habt, habt Ihr sie mundtot gemacht. Es ist empörend, dass Ihr weiterhin die Meinung verbreitet, dass Frau Kaiser nicht deutlich genug Stellung genommen hat. (...) Ihr habt jegliche menschliche Würde mit Füssen getreten.» Einer der angeblichen Abweichler und Empfänger dieses Briefes war der Arzt Ralph Kaiser, Präsident des VPM und Cousin von Annemarie Buchholz-Kaiser. Geschrieben hatten ihn ein Gymnasiallehrer mit Doktorwürden, eine Psychologin, ein Sekundarlehrer, ein Ingenieur, ein Psychologe und zwei Studentinnen.

Ein weiterer Adressat, ein Dr. jur. und lic. phil, schrieb einen Tag später einen Bekennerbrief: «Ich bedanke mich sehr für Euren engagierten und aufrüttelnden Brief von gestern. Ihr habt recht: es ist absolut unmöglich, in so einer Zeit weiterhin zu versuchen, die Aktivitäten und Pläne, die dazu geführt haben, dass unsere Arbeit beinahe zerstört worden ist, zu verharmlosen und zu vertuschen. (...) Dass darin ein ungeheurer Betrug gegenüber den Menschen liegt, die sich mir anvertraut haben, habe ich zwar immer wieder einmal geahnt, mir aber nicht wirklich eingestanden, denn dann hätte ich meinen Plan ändern müssen, und dazu war ich nicht bereit. Ein solches Verhalten ist nicht nur mit der Arbeit von Herrn Liebling und Frau Kaiser völlig unvereinbar, sondern es stimmt auch, was Ihr schreibt: dadurch habe ich jegliche menschliche Würde mit Füssen getreten. (...) Vielmehr habe ich vor allem im letzten Jahr, als unsere Arbeit von aussen so infam angegriffen wurde, immer wieder die Analyse von Frau Kaiser zur Situation abgetan und verwässert, ihre Person pathologisiert und mich sogar über ihre schweren Sorgen lustig gemacht. Meine Inhumanität und mein Machtstreben gingen so weit, dass ich in der Frage der Einschätzung der Lage massiv mit ihr konkurrierte; ich wollte es besser wissen als sie. (...) Gegipfelt hat das in der Vorstellung, Frau Kaiser sei unter den nachhaltigen Einfluss einiger Kollegen geraten, die ich ebenfalls schwer pathologisiert habe. Mein Wahn ist so weit gegangen, dass ich die Meinung geteilt habe, Frau Kaiser müsse vor diesem als negativ vorgestellten Einfluss geschützt und von uns anderen in Behandlung genommen werden. In diesem Sinne habe ich mich sogar daran beteiligt, Pläne zu schmieden, wie wir mit Frau Kaiser sprechen müssten und was geschehen solle, wenn sie nicht darauf eingehen werde und sich der Einfluss der anderen als zu stark erweisen sollte. (...) Dadurch, dass ich mitgeholfen habe, diese Wahnvorstellungen in unsere Gemeinschaft hineinzutragen und in die Tat umzusetzen, habe ich seit langem die Arbeitsgrundlage von Frau Kaiser unterminiert, demontiert und zerstört und damit die ganze Arbeit, die Herr Liebling uns hinterlassen hat, zersetzt. (...) Dass das möglich war, ohne dass ich gefühlsmässig davor zurückgeschreckt wäre, zeigt einen Zustand von seelischer Verrohung, vor dem ich heute fassungslos stehe. So viel Inhumanität, Ignoranz und Gewalt ist darin enthalten, dass ich fast nicht hinsehen kann. (...) Immer wieder habe ich trotz zunehmender Erschütterung durch das Echo der vielen von mir betrogenen Menschen innerlich die Augen vor den schrecklichen Dingen und dem unsäglichen Unglück, das ich angerichtet habe, zu schliessen versucht. (...) Soweit mir das auf meinem heutigen Gefühlsboden schon möglich ist, bin ich daher fest entschlossen, alles was in meinen Möglichkeiten steht zu tun, um unsere kostbare Arbeit in die Hände von Frau Kaiser zu legen. (...) Ich weiss aber, dass ich mir bis heute nicht trauen kann. (...) Was ich vorhabe ist daher, diese Charakteranteile mit Hilfe von Frau Kaiser und der Supervisionsgruppe weiter abzuklären und zu versuchen, mir selber gegenüber sehr wachsam zu sein. Ich bin mir bewusst, dass ich dabei einen langen Weg vor mir habe, auf dem ich viel Kontrolle und Überwachung brauche.» Wer auf diese Weise revidierte, fand Gnade...

Als VPM-Kritiker den Briefwechsel als Beweismittel für die Unterwürfigkeit und Gruppenabhängigkeit bei Prozessen verwendeten, schrieb der Verfasser der Selbstbezichtigung am 14. September 1991 eine Eidesstattliche Erklärung. Darin heisst es unter anderem: «Es gehört zu einer individualpsychologischen Lebensstilanalyse (Analyse des ‹Lebensplanes›), bei der Klärung solcher Übertragungen die Stellung in der Geschwisterreihe und die spezielle Beziehung zu den Eltern zu reflektieren. Wenn in diesem Zusammenhang Begriffe wie ‹Wahn›, ‹Inhumanität›, ‹Ignoranz›, ‹seelische Verrohung›, ‹Machtstreben› und ‹Gewalt› fallen, so hat das mit einem Schuldbekenntnis, einer Selbstbezichtigung oder gar einer Selbstanklage rein gar nichts zu tun. Auch handelt es sich dabei in keiner Weise um eine an die menschliche Substanz gehende Form von Selbstkritik oder gar um ein Sichunterwerfen unter die Überwachung durch irgend jemanden. Im Gegenteil sind dies nicht als wertend sondern als beschreibend zu verstehende psychologische Kategorien, die vielleicht am ehesten mit den diagnostischen Kategorien der Medizin zu vergleichen wären. Andererseits ist es selbstverständlich, dass diese Begriffe dem psychologischen Laien, der den Zusammenhang ihres Gebrauchs nicht kennt und der sich damit begnügt, einen oberflächlichen ‹äusseren Eindruck› zur Kenntnis zu nehmen, einen völlig anderen Sinngehalt vermitteln. Dies ist einer der Gründe, warum das Verhalten derjenigen Personen, die die Briefe mit diesen Äusserungen in böswilliger Täuschungs- und Schädigungsabsicht und unter völliger Verdrehung der Gesamtumstände verbreiten, nur als hinterhältig und rufmörderisch bezeichnet werden kann: Sie wissen um die wahren Zusammenhänge und führen ahnungslose Dritte bewusst und gezielt in die Irre. (...) Von der Ausübung irgendwelchen Druckes im Zusammenhang mit den erwähnten Schreiben kann überhaupt keine Rede sein. Sie sind aus völlig freien Stücken in einer deutlich aber unter strikter Wahrung der gegenseitigen Würde und Autonomie geführten Auseinandersetzung geschrieben worden. (...) Den Brief vom 14. 3. 1990 hatt ich nur an ganz wenige Freunde und Kollegen geschrieben. Er enthält intime Darlegungen meiner Gefühle, eine Art von Selbstreflexion, die dem Zweck diente, mir mit Hilfe der Freunde und Kollegen mehr Klarheit über meine eigene psychologische Entwicklung zu verschaffen. Diese Reflexionen können nur im Kontext diverser vorangegangener Gespräche verstanden werden. Sie sind, wie bereits erwähnt, in der Fachsprache der Individualpsychologie formuliert, die unbedingt missverstanden werden muss, wenn man sie laienhaft in der normalen Alltagssprache deutet. Eine aus dem Zusammenhang gerissene Verwendung muss notwendigerweise zu Missverständnissen führen – vor allem, wenn sie von Personen, die dem VPM feindlich gegenüberstehen, mala fide geschieht.»

Angst und Misstrauen gegen innen

Wie mit den internen Abweichlern im VPM umzugehen ist – selbst wenn sie «revidiert» hatten –, hielten 14 «Lieblinge» aus dem Kader in einem als «Erklärung» deklarierten Schreiben fest: «Die seit zwei Jahren in Zürich laufende Diffamierungskampagne gegen unsere Arbeit hat immer schärfere Züge angenommen. (...) Wir wissen auch seit langem, dass sich dieser Zerstörungswille schwerpunktmässig gegen Frau Dr. Annemarie Buchholz-Kaiser wendet. (...) Tendenzen von Zweckoptimismus, Besserwissen, persönlichem Geltungsdrang, Mittelpunktbestrebungen, Rivalität und Machtkampf haben dazu geführt, dass diese Kollegen begonnen haben, einen untergründigen Machtkampf zu führen und damit schwerst gegen die unserer Arbeit zugrundeliegende Ethik zu verstossen. (...) So wurde mit scharfen, gezielten psychiatrischen und psychopathologischen Formulierungen auch von innen Rufmord begangen und damit die von aussen geführte Kampagne unterstützt.»

Die Hartnäckigkeit, mit der die Offenlegung bisher verhindert worden sei, bedeute möglicherweise, dass die Drahtzieher nicht wirklich aufgegeben hätten, heisst es in der Erklärung. Deshalb werde sich nur allmählich beurteilen lassen, wieweit sich in den Offenlegungen ein ehrliches Anliegen kundtue. Zur Massnahme gegen die internen Abweichler im VPM liessen die Verfasser der Erklärung verlauten: «Wir bitten jeden Teilnehmer, dem daran gelegen ist, den Ruf von Frau Dr. Buchholz-Kaiser wiederherzustellen, dazu beizutragen, dass eine vollständige Richtigstellung möglich wird, um damit den angerichteten Schaden einzudämmen. Wer in irgendeiner Weise weiterhin diesem Rufmord Vorschub leistet, gegen den wird rechtlich vorgegangen werden.»

Solche Aktionen verunsicherten die VPM-Anhänger und lösten bei vielen Angst aus. Niemand war in Zukunft sicher, ob er nicht mit einer ungeschickten Äusserung oder einer falschen Reaktion in Misskredit fallen und auf ähnliche Weise gebrandmarkt würde. Im Gegensatz zu Liebling, der das Gemeinschaftsgefühl in der «Zürcher Schule» gefördert und die Therapiegruppe als eine Art grosse Familie verstanden hatte, kam im VPM unter Annemarie Buchholz-Kaiser zur Bedrohung von aussen die Verunsicherung und Angst aus der engen Gruppe selbst, wie ehemalige «Lieblinge» betonen. Das gegenseitige Misstrauen wuchs, und alle VPM-Anhänger mussten auf der Hut sein, um nicht in den Einflussbereich eines potentiellen «Aufwieglers» zu geraten. Die vermeintliche Bedrohung von aussen hatte eine Entsprechung im Innern der Therapiegruppe gefunden.

[redacted] doch habe sie sich kaum je zu Wort gemeldet. Die Betroffenen sind überzeugt, dass die VPM-Leiterin Sündenböcke für die Misswirtschaft im VPM und den schlechten Ruf in der Öffentlichkeit gebraucht habe, um von sich selbst abzulenken. Eines der damaligen Kadermitglieder bezeichnete die Aktionen als «stalinistischen Schauprozess». Sie seien allmählich ausgegrenzt worden und hätten den VPM teilweise gegen ihren Willen verlassen müssen.

Solche Praktiken kontrastieren zum Bild, das Annemarie Buchholz-Kaiser nach aussen hin zeichnet. In einem Aufsatz über das Gemeinschaftsgefühl, der im Buch «Der VPM – was er wirklich ist» zitiert wird, schrieb die fachliche Leiterin des VPM: «Übereinstimmung besteht zum Beispiel auch darin, dass das Nacherleben der emotionalen Verletzung aus der Vergangenheit nur in einer von den ursprünglichen Bedrohungen sowie angsteinflössenden Bewertungen und Reaktionen freien Atmosphäre möglich ist und dass demnach eine Gruppe nur therapeutisch sein und bleiben kann in einem Klima der Gleichwertigkeit und des freien Spielraumes für die freie und spontane Entwicklung jedes einzelnen Teilnehmers; ferner darin, dass eine Neuorientierung und Gesundung der Persönlichkeit nur in der Verpflichtung auf die Realität möglich ist.»

Radikaler politischer Kurswechsel

Nach der Spaltung und der Gründung des VPM begann für Annemarie Buchholz-Kaiser etwa ab 1988 eine Gratwanderung. Einerseits wollte sie die Hypotheken der «Zürcher Schule» abschütteln und nicht für den Vorwurf der Propagierung der Vasektomie und die Auswüchse in den Grossgruppen verantwortlich gemacht werden, auf der andern Seite musste sie der Fixierung der «Lieblinge» auf den verstorbenen Meister Rechnung tragen. So markierte das VPM-Kader gegen aussen eine gewisse Distanz zu Friedrich Liebling und der «Zürcher Schule», nach innen war die VPM-Leiterin allerdings auf den geistigen Vater der Bewegung als Integrations- und Identifikationsfigur angewiesen. Ihre dominante Rolle konnte sie mit dem

Hinweis auf die Bedrohung durch die Abtrünnigen legitimieren. Ausserdem gelte es, das Lebenswerk Lieblings zu retten. Sie konnte ihren Anhängern klarmachen, dass sie als ehemalige Mitarbeiterin des Meisters die Voraussetzungen erfüllte, um die grosse Gemeinschaft im Sinne Lieblings weiterzuführen.

So lebte Liebling in den Köpfen seiner Anhänger weiter, und Annemarie Buchholz-Kaiser konnte gleichzeitig ihre Autorität und Führungsrolle stetig ausbauen und festigen. Die «Lieblinge» lenkten ihre Projektionen allmählich auf Annemarie Buchholz-Kaiser um. Im Laufe der Jahre erhielt Liebling als Gründer und geistiger Vater einen Glorienschein, und Annemarie Buchholz-Kaiser konnte sich als unangefochtene Führungsfigur durchsetzen, ohne sich des «Vatermordes» schuldig zu machen.

Der Geist Lieblings prägt auch heute noch Lehre und therapeutische Praxis des VPM. Von den Ideen bis zu den Veranstaltungen gleichen sich die ehemalige «Zürcher Schule» und der heutige VPM über weite Strecken. Doch in der politischen Positionierung liegen Welten zwischen den beiden Organisationen. Gab sich Liebling als sozialistisch-anarchistischer Utopist, der die revolutionäre Kraft der «wahren Psychologie» predigte, schwenkten Annemarie Buchholz-Kaiser und der VPM im Laufe der Jahre radikal nach rechts. Zur Verblüffung der Beobachter vollzogen die politisch sonst sensiblen «Lieblinge» die Wende ohne Einspruch.

Einer der Gründe dafür ist zweifellos in der Person von Annemarie Buchholz-Kaiser zu suchen. Die in einer ländlich-konservativen Umgebung und in einer bürgerlichen Familie aufgewachsene, zurückhaltende Frau hat von ihrer Persönlichkeit her eher den Hang zum Bewahren. Sie ist wohl zu sehr auf Sicherheit bedacht und zu pragmatisch, als dass sie aus innerer Überzeugung heraus von revolutionären Träumen erfüllt wäre. Zwar hat sie zu Zeiten Lieblings wie alle seine Anhänger Schriften linker Ideologen und Anarchisten gelesen und Arbeiten an der Universität über staatskritische Autoren geschrieben (vgl. Kapitel 3), doch entsprach das anarchistische Gedankengut vermutlich nie ihrem Naturell.

Der VPM verleugnet die Kehrtwende

Obwohl sich die radikale Kehrtwende in den Schriften von Annemarie Buchholz-Kaiser und des VPM nachweisen lässt, streitet sie den Kurswechsel ab. In ihrer Lizentiatsarbeit schwärmte sie über Joseph Proudhon, den sie als «den Vater des Anarchismus» empfand: «Es ist das (anarchistische) Konzept eines Zusammenlebens, das auf Zwang und Gewalt verzichtet und dem einzelnen ein Höchstmass an Freiheit, Selbständigkeit und Verantwortung zuspricht. Man könnte den Anarchismus auch als konsequenteste Ausprägung des Humanismus be-zeichnen, dessen Grundanliegen es ist, die Würde eines jeden Menschen zu wahren.»

In einem Leserbrief vom 24. Juli 1990 im «Volksrecht» verkündete Annemarie Buchholz-Kaiser hingegen: «VPM-Leute haben sich nicht ‹ehemals autoritätskritisch› gegeben. Die Verleumder bringen auch hier ihre eigene Denkweise ein.» Und in einer Stellungnahme des VPM vom 2. Dezember 1990 heisst es: «Der VPM ist politisch und konfessionell unabhängig. Seine Mitglieder orientieren sich aber an den Werten, die einer bürgerlichen Mitte entsprechen und treten für eine aktive Erhaltung des Bewährten und deren Anpassung an den Fortschritt unserer Gesellschaft mit legalen Mitteln ein.»

In der Praxis suchte Annemarie Buchholz-Kaiser nach den öffentlichen Kontroversen und Angriffen Verbündete mit einem möglichst grossen politischen Einfluss. Diese Bedingung konnte nur das bürgerliche Lager bieten. Die Anlehnung an den linken Block verbot sich ohnehin, da der VPM die schlimmsten Kritiker in diesen Kreisen geortet hatte.

Die Wende nach rechts, verbunden mit dem Versuch einer Selbstdarstellung in der Öffentlichkeit, erscheint heute als Flucht aus der Isolation. Konfrontiert mit wachsender Kritik in einem breiten Rahmen, suchten Annemarie Buchholz-Kaiser und ihr Kader Schützenhilfe in etablierten politischen Kreisen, um den Imageverlust zu bremsen und den Kritikern ein Gewicht entgegenzusetzen. Die Auseinandersetzung um das Drogenproblem schien dem VPM ein geeigneter Anlass zu sein, den Elfenbeinturm zu verlassen und sich in die Diskussion einzuschalten. Da die Schweizerische Volkspartei (SVP) als einzige Bundesratspartei konsequent gegen die Drogenliberalisierung kämpfte, hatten die «Lieblinge» den möglichen Bündnispartner bald gefunden. (vgl. Kapitel 8)

Erleichtert wurde die radikale politische Kehrtwende durch die jahrelange Unterordnung der individuellen Bedürfnisse der «Lieblinge» unter die kollektiven Erwartungen und Anforderungen. Den ideologischen Widerspruch hatte nämlich schon Liebling institutionalisiert: Er predigte die Anarchie und forderte den Gruppengehorsam. Auf diese angelernte Anpassungsbereitschaft konnte auch Annemarie Buchholz-Kaiser bauen, als sie im Zusammenhang mit der Drogenpolitik und dem Marsch nach rechts die Anlehnung an die SVP vollzog.

Kapitel 3

Annemarie Buchholz-Kaiser: Mit eisernem Besen an die Macht

Dass mit Annemarie Buchholz-Kaiser eine unscheinbare, zurückgezogene Frau ohne charismatische Ausstrahlung den internen Machtkampf nach dem Tod Lieblings auf der ganzen Linie für sich entscheiden konnte, erscheint als kaum erklärbares Phänomen. Noch weniger ins Bild passt die Verehrung, die Hunderte von VPM-Akademikern der Leiterin der Therapiegruppe heute entgegenbringen. In dieser Beziehung steht sie dem Gründervater Friedrich Liebling kaum mehr nach. Und mit all seiner «psychologischen Menschenkenntnis» hätte dieser kaum zu prophezeien vermocht, dass ausgerechnet eine der unauffälligsten seiner Schülerinnen aus dem inneren Kreis dereinst seinen Thron besteigen würde.

Auch von Annemarie Buchholz-Kaiser sind nur wenige biographische Angaben bekannt. Im Gegensatz zu ihrem Meister ging es ihr allerdings nicht darum, die Herkunft zu verleugnen: Ihr Werdegang verlief geradlinig und unspektakulär. Die Leiterin des VPM fiel auch nie durch besondere Taten auf. Ausserdem hielt sie sich stets diskret im Hintergrund.

Annemarie Buchholz-Kaiser ist am 12. Oktober 1939 geboren und in Dussnang, einem Bauerndorf im Kanton Thurgau, aufgewachsen. Ihr Vater war Bankverwalter und wurde von den Dorfbewohnern in einer Mischung von Angst und Respekt «Kässeli-Kaiser» genannt. Näheren Einblick in die Familienverhältnisse hatte Walter Brülisauer, Herausgeber der «Luzerner Zeitung». In der Ausgabe vom 26. November 1992 schrieb er in einem Kommentar zum VPM, die familiären Verhältnisse könnten als Schlüssel zur Erhellung der Hintergründe des autoritären Führungsstils von Annemarie Buchholz-Kaiser dienen: «Ihr Vater, Verwalter der Dorfbank, galt als äusserst autoritär, nicht nur im Hause, sondern auch draussen in der Gemeinde und darüber hinaus. Er war der Dorfkönig, der still und unauffällig, gemäss seiner Lebensauffassung, zum Rechten sah, und danach hatte sich zu richten, wer nicht mit Abweisung bestraft werden wollte. Im jugendlichen Alter lehnten sich seine drei Kinder A., Annemarie und W. gegen ihn auf und wandten sich sogar von ihm ab. Der alles dominierende Vater verhinderte offensichtlich das freie Atmen. Annemarie litt unter der Strenge und Härte ihres Vaters, und nach dem Wegzug aus dem für sie engen Dussnang ins offene Zürich fand sie in Liebling eine Art Vaterersatz.» Es scheine, schreibt Brülisauer weiter, «dass sie heute in den autoritären Fussstapfen ihres Vaters von Dussnang steckt. Das heisst, sie hat sich von ihrem autoritären Vater nicht lösen können, obwohl sie ihn einmal abgelehnt hatte. Sie ist geprägt von dem übermächtigen Vater und versucht heute auf ihre Weise, Macht und Einfluss auszuüben.»

Nach der Schulzeit absolvierte Annemarie Kaiser die kaufmännische Lehre und begann 1961 am Juventus-Institut in Zürich das Abendgymnasium. Tagsüber arbeitete sie als Sekretärin. In dieser Zeit lernte sie Friedrich Liebling kennen und war bald eine rege Teilnehmerin in dessen Beratungsstelle.

Die VPM-Chefin Annemarie Buchholz-Kaiser ist die dominante Figur in der Therapiegmeinschaft.

Keine anerkannte Ausbildung als Therapeutin

1964 nahm Annemarie Kaiser das Geschichtsstudium an der Universität Zürich auf, das sie 1972 mit dem Lizentiat abschloss. Obwohl sie lediglich im zweiten Nebenfach Psychologie studierte, ist sie heute als fachliche Leiterin des VPM und Supervisorin die dominante Figur der Therapiegemeinschaft. 1976 schrieb sie eine Dissertation über das Gemeinschaftsgefühl bei Alfred Adler. Damit verschaffte sie sich in der Gruppe zusätzliche Achtung, denn Liebling stützte seine psychologischen Theorien auf die Individualpsychologie Adlers ab. Im Buch «Der VPM – was er wirklich ist» heisst es über die Doktorarbeit von Annemarie Kaiser: «Es wird sich kaum eine vergleichbare Publikation finden lassen, in der die vielfältigen Aspekte der Neurosen- und Psychosentherapie so sorgfältig dargestellt und in ihrer praktischen Relevanz herausgearbeitet wurden.»

Eine Ausbildung als Therapeutin ausserhalb der Beratungsstelle Lieblings absolvierte sie nicht, und die «Zürcher Schule» bot keinen Lehrgang an. Annemarie Kaiser konzentrierte sich in ihrer psychologischen und therapeutischen Arbeit vollständig auf Liebling und seine Beratungsstelle. Sie heiratete den Arzt Michael Buchholz, der zwei Töchter und einen Sohn aus erster Ehe in die Partnerschaft mit Annemarie Kaiser brachte. Der Ehemann der VPM-Leiterin bewegt sich nur am Rand der Gemeinschaft, eine der beiden Töchter spielt hingegen eine führende Rolle.

Als anpassungswillige, eilfertige Schülerin, die Liebling grosse Verehrung entgegenbrachte, stand Annemarie Kaiser bald in der Gunst des Meisters. Viele «Lieblinge» beneideten sie um ihre Nähe zum Gründer der Beratungsstelle und dessen Frau. Damals war die Gruppe überschaubar, und die therapeutischen Gespräche fanden oft in der Wohnung der Familie Liebling statt. Annemarie Kaiser ging bei den Lieblings bald ein und aus, als wäre es ihr zweites Zuhause. In der Gruppe hielt sie sich diskret im Hintergrund und exponierte sich in den Gruppengesprächen selten, wie ehemalige «Lieblinge» übereinstimmend berichten. VPM-intern wird sie heute als die engste Mitarbeiterin Friedrich Lieblings und hervorragende Therapeutin bezeichnet. Im Buch «Der VPM – was er wirklich ist» werden ihre therapeutischen Fähigkeiten folgendermassen beschrieben: «Dr. Buchholz-Kaiser besitzt in hohem Masse die Fähigkeit jeder grossen Therapeutenpersönlichkeit, sich als Mitmensch in echter Anteilnahme in individuelle Lebensläufe, Problemstellungen und Situationen einzufühlen.»

Dass mit Annemarie Buchholz-Kaiser wieder eine Einzelperson die grosse Therapiegemeinschaft mit straffen Zügeln führt, dürfte in erster Linie der von Liebling stark geförderten Fixierung auf seine Person zuzuschreiben sein. Die Bindung an eine Führungsfigur gewohnt, rebellierten die wenigsten «Zürcher Schüler», als Annemarie Buchholz-Kaiser nach der Spaltung die Macht an sich riss. Sie füllte allmählich das emotionale Vakuum aus, das Liebling nach seinem Tod bei seinen Anhängern hinterlassen hatte. Annemarie Buchholz-Kaiser zog geschickt die Projektionen der orientierungslos gewordenen Trauergemeinde auf sich.

Die VPM-Leiterin bestimmt den Kurs...

Über die Zeit nach dem Tod von Liebling heisst es im Buch, die Tätigkeit der Beratungsstelle sei nur dank Annemarie Buchholz-Kaiser möglich gewesen: «So sehr sich einige der Tragweite der gestellten Aufgabe bewusst waren, so war uns auch klar, dass die dafür erforderliche Sachkenntnis und die Persönlichkeit nur sie besass. (...) Gewissermassen genoss sie natürlicherweise das Vertrauen der Teilnehmer: An ihr orientierten wir uns, bei ihr holten wir uns Rat. Wieviel Umsicht und Einsatz jedoch in der Zukunft erforderlich sein würden, hat damals von uns sicher niemand erahnt.» Und an anderer Stelle heisst es: «Es war eine einzigartige Tat von Herrn Liebling und seiner Mitarbeiterin Frau Dr. Buchholz-Kaiser, uns aus dieser Unwissenheit im Fühlen, Denken und Handeln im menschlichen Zusammenleben herauszuholen. Es wird niemals gelingen, diese Arbeit zu zerstören...»

Annemarie Buchholz-Kaiser konnte ihren Führungsanspruch zwar mit harter Hand verwirklichen, allerdings fehlt ihr die charismatische Ausstrahlung, mit der Friedrich Liebling seine Anhänger in den Bann ziehen konnte. Viele «Lieblinge» vermissten bald die Gruppengespräche mit ihrem Lehrer, der unbekümmert philosophierte, tröstete und strafte und mit seinen utopischen Exkursen über die heilsstiftende Wirkung seiner psychologischen Erkenntnisse Hoffnungen auf sozialpolitische Veränderungen weckte. Die Gabe, als Integrationsfigur die Gruppenatmosphäre zu prägen, geht Annemarie Buchholz-Kaiser weitgehend ab. Sie scheut auch heute noch das Rampenlicht und regiert aus dem Hintergrund. Zwar ist sie in den Gruppentherapien und Supervisionen oft anwesend, doch hält sie sich zurück und äussert sich relativ selten. Trotzdem bestimmt sie den Kurs in den Gruppen massgebend. Ihren Willen bekundet sie oft mit Andeutungen und Gesten, wie ehemalige VPM-Anhänger berichten. In heiklen Situationen oder bei offenen Fragen richten sich jeweils alle Augen auf sie. Mit der Mimik bringt sie unmissverständlich zum Ausdruck, was sie über eine Person denkt oder von einem Vorschlag hält.

...begnügt sich jedoch mit dem Amt der Vizepräsidentin

Auch in Kadersitzungen, die häufig in der Küche im Zentrum an der Susenbergstrasse stattfinden, lässt sie gern Probleme und Lösungsvarianten diskutieren, ohne sich selbst einzubringen. Allen Mitarbeitern ist jedoch klar, dass sie den Entscheid letztlich eigenmächtig fällt. Trotz ihrer unbestrittenen Führungsposition bekleidet sie nicht das Amt der Präsidentin, sondern tritt lediglich als «fachliche Leiterin» in Erscheinung. Diese Tatsache deutet auf die Angst hin, sich nach aussen zu exponieren und die Verantwortung zu tragen. So nimmt sie seit der Säuberungsaktion von Ende 1989 zusammen mit zwei Kollegen die Funktion einer Vizepräsidentin wahr, doch dürfte es ihr dabei vor allem um den vereinsrechtlichen Einfluss gehen. In den an Behörden oder an die Öffentlichkeit gerichteten Flugblättern und Stellungnahmen unterschreibt Annemarie Buchholz-Kaiser praktisch durchwegs als «fachliche Leiterin».

Trotz der Zurückhaltung ist ihre Machtfülle beinahe unbegrenzt. Ehemalige VPM-Anhänger erklären, dass alle Geschäfte der Therapiegemeinschaft von ihr entschieden würden. Sie dokumentiere durch absolute Kontrolle ihren hohen Führungsanspruch.

Dass sich die VPM-Leiterin abschirmt und aus dem Hintergrund agiert, bekommen ihre Anhänger auch im direkten Umgang zu spüren. Für die VPM-Mitglieder erscheint sie unnahbar, und wer zu ihr vorzudringen vermag und eine Audienz erhält, gewinnt in der Gruppe an Prestige. Die geheimnisvolle Aura um die VPM-Leiterin begünstigt die Mythenbildung und öffnet viel Raum für Projektionen. Im Lauftext des 660seitigen Buches «Der VPM – was er wirklich ist» wird sie als einzige VPM-Exponentin namentlich erwähnt, und zwar dutzendfach. Alle übrigen sind nur mit den Initialen angeführt. Auch der Name des Vereinspräsidenten erscheint nicht. Solche Ehrerbietungen fördern die Legendenbildung.

Selbst in der breiten Öffentlichkeit demonstrieren die VPM-Anhänger ihre Huldigung. In einem von rund 1500 «Lieblingen» unterschriebenen ganzseitigen Zeitungsinserat mit dem Titel «Gegen den organisierten Schreibtischmord» heisst es: «Ihr steter Einsatz, ihr grosses Engagement für jeden Ratsuchenden sowie ihr Anliegen, unsere drängenden Zeitfragen im Sinne humaner und sachbezogener Lösungen aufzugreifen, sind für uns beispielhaft. Ihrer fachlichen Kompetenz und überragenden Persönlichkeit haben wir die kontinuierliche Weiterführung des Lebenswerks von Friedrich Liebling zu verdanken. In ihr haben wir genau die fachliche Leiterin, die wir wollen.»

VPM-Leiterin besiegelt Eigenlob mit ihrer Unterschrift

Annemarie Buchholz-Kaiser fördert zudem eigenhändig die Mythenbildung um ihre Person. In einem Verteidigungsbrief an die evangelisch-reformierten Pfarrämter und Kirchengremien steht: «Frau Dr. Buchholz-Kaiser führt kein autoritäres Regime, sondern hat sich durch Qualitäten, wie sie Friedrich Liebling eigen waren, die Achtung derer erworben, die ihre fachliche Beratung in Anspruch nehmen, freiwillig und selbstbestimmt.» Unterschrieben haben den Brief sie selbst sowie VPM-Präsident Ralph Kaiser.

Der vehement verfochtene Führungsanspruch von Annemarie Buchholz-Kaiser hat verschiedene «Lieblinge» aufgerüttelt. Einer von ihnen versuchte in einem Brief, die VPM-Leiterin auf die Entwicklung aufmerksam zu machen. Unter anderem schrieb er: «Sie erscheinen unfehlbar und allmächtig. Jede Entscheidung wird doch von Ihnen getroffen!» Zur Frage der Verantwortung meinte er: «Wollen Sie wirklich das Schicksal von vielleicht 2000 und mehr Menschen in den Händen halten? (...) Ich stelle Sie mir sehr einsam vor, gehetzt, stets auf der Hut und belauert.» Und zum Gruppendruck gab er der fachlichen Leiterin zu bedenken: «Einheit und nicht Gemeinschaft ist das Motto Ihrer Arbeit. Alles Andersdenkende wird ausgemerzt. Dies geschieht zum Teil sehr subtil, zum Teil aber krass offensichtlich. Und all dies für einen ‹höheren Zweck›. (...) Wir hängen an Ihren Worten, an Ihren Lippen, ja sogar an Ihrem Verhalten. Kurz: Wir saugen alles in uns auf und lernen fleissig. Nur vergessen wir dabei zu denken!»

«Therapie» als Machtinstrument

Ein ehemaliges Vorstandsmitglied ist überzeugt, dass Annemarie Buchholz-Kaiser die Therapie als Machtinstrument benützt. Da sie sich gruppenintern den Nimbus geschaffen habe, die einzige wirklich fähige Psychotherapeutin zu sein, wenden sich die meisten VPM-Anhänger bis hin zu den Therapeuten bei persönlichen oder beruflichen Problemen an sie. Ausserdem verweisen selbst die Gesprächspartner bei grösseren Schwierigkeiten ihre Klienten an die fachliche Leiterin, erklärt einer ihrer früheren Mitarbeiter. Wer ihre Entscheide anzweifelt, wird beschuldigt, das Vertrauen in die fachliche Leiterin verloren zu haben. Dies sei Ausdruck einer charakterlichen Schwäche, die nur oft mit Hilfe der psychologischen Beratung durch Annemarie Buchholz-Kaiser behoben werden könne, berichtet das ehemalige Vorstandsmitglied.

Die ausgeprägte Verehrung durch ihre Anhänger dient zweifellos der Förderung des Selbstwertgefühls. Im Buch «Der VPM – was er wirklich ist» schreiben die «Lieblinge»: «Es fehlen uns die Worte, das unermüdliche persönliche Engagement und die Bedeutung der Persönlichkeit von Dr. Annemarie Buchholz-Kaiser angemessen zu würdigen. Sicher sind wir uns darin, dass ihr Wirken die Conditio sine qua non für den Bestand der auswärtigen Gruppen ist. Wir werden alles uns Mögliche daran setzen zu verhindern, dass ihrer Person weiterhin Schaden zugefügt und ihre Arbeit zerstört wird.»

Macht als Mittel zur Stabilisierung der Persönlichkeit

Im Gegensatz zu Liebling scheint sich Annemarie Buchholz-Kaiser nicht so recht an ihrer Machtfülle freuen zu können. Dass sie sich abschottet und die Aktivitäten im VPM kontrolliert, deutet eher auf Unsicherheit und Angst hin. Als Beobachter erhält man den Eindruck, sie brauche die Gruppe zur Stabilisierung ihrer Persönlichkeit. In einer vermeintlich von vielfältigen Bedrohungen geprägten Welt bieten treu ergebene Anhänger ein Gefühl der Sicherheit. Ehemalige Mitarbeiter bestätigen, dass sie oft an die Grenze der psychischen Belastbarkeit gestossen sei und in solchen Momenten hilflos gewirkt habe.

Mitte 1989 erschien die Leiterin plötzlich nicht mehr an den Gruppengesprächen. Auch das Büro an der Susenbergstrasse blieb verwaist. Während mehrerer Monate war sie verschwunden, ohne dass die VPM-Anhänger informiert wurden. Selbst Vorstandsmitglieder und Mitarbeiter aus dem inneren Kreis hatten keine Ahnung, weshalb die fachliche Leiterin abwesend war und wo sie sich aufhielt. Wie schon zu Zeiten Lieblings herrscht auch im VPM kaum Transparenz. Ehemalige enge Mitarbeiter erklären, die wachsende Kritik am VPM und die öffentlichen Auseinandersetzungen hätten ihr psychisch stark zugesetzt. Auch heute noch kursieren verschiedene Versionen über die damaligen Ereignisse. Was sich wirklich zugetragen hat, ist nach wie vor unklar.

Verhörartige Disziplinierung von Kadermitgliedern

Die Abwesenheit von Annemarie Buchholz-Kaiser nutzten verschiedene Therapeutinnen und Therapeuten sowie enge Mitarbeiter, sich ein wenig Freiraum zu verschaffen. Einzelne wagten auch, Fragen zum Führungsstil der fachlichen Leiterin aufzuwerfen. Als sie nach etwa einem halben Jahr wieder auftauchte, erstatteten ihr die Vertrauensleute Rapport. Sie nahm die Mitarbeiter, die während ihrer Abwesenheit Führungsaufgaben übernommen hatten, ins Gebet und veranstaltete eine Art Gesinnungsprüfung. Ehemalige Kadermitglieder bezeichnen die verhörartigen Aktionen rückblickend als Tribunal, das mit den stalinistischen Schauprozessen vergleichbar sei. Wer nicht demütig «revidierte» und Reue zeigte, wurde gemieden und an den Rand gedrängt. (vgl. Kapitel 2)

Ab Ende der achtziger Jahre rutschte der VPM zunehmend in die Schlagzeilen. Von 1989 bis 1991 erschienen rund 900 Zeitungsartikel, die sich fast ausschliesslich kritisch mit Annemarie Buchholz-Kaiser und dem VPM auseinandersetzten. Die nach Anerkennung und Einfluss strebende Leiterin des VPM geriet unter Druck. In der Überzeugung, ihre therapeutischen Konzepte sowie die Drogen- und Aids-Präventionsmodelle wissenschaftlich unumstösslich abgestützt zu haben, interpretierte sie die Konflikte als Verschwörungskampagne. Für sie war klar: Wer eine Organisation, die sich mit totaler Hingabe für das Wohl der Menschheit einsetzt, bekämpft, muss verwerfliche Absichten hegen. Deshalb ergriff der VPM die Flucht nach vorn und nahm den Kampf gegen die angeblichen Zerstörer der humanistischen Tradition und kulturellen Werte auf. Die «Lieblinge» fühlten sich moralisch legitimiert, auf der juristischen Ebene gegen Kritiker vorzugehen und Dutzende von Institutionen und Personen einzuklagen. (vgl. Kapitel 15)

Ein Leibwächter für Annemarie Buchholz-Kaiser

Die «Lieblinge» schilderten ihre Bedrohungslage in immer grelleren Farben. Vor allem das Buch «Lieblings-Geschichten» von Eugen Sorg und die Aufklärungsarbeit von «Psychostroika», einem Zusammenschluss Ehemaliger und Betroffener, machten Annemarie Buchholz-Kaiser und ihren Anhängern zu schaffen. Die Angst vor Kritikern wird auch im Buch «Der VPM – was er wirklich ist» thematisiert: «Aus der Kantonalen Maturitätsschule für Erwachsene (KME) schildert die Schülerin S.L.: ‹Ich sitze hinten in der Mitte. Zwei Mitschüler beginnen mich während der Stunde von rechts und von links zu fixieren, bis ich nervös werde und nicht mehr weiss, wo ich hinschauen soll. Eine Mitschülerin zielt gar mit zwei Fingern auf mich und ahmt Schussgeräusche nach, als ob sie mich erschiessen wollte.› Erneute Drohbriefe gegen Leib und Leben einiger Exponenten des VPM, insbesondere gegen die fachliche Leiterin, Dr. Buchholz-Kaiser, bestätigen diese aufgezeigten Tendenzen.»

Und an anderer Stelle des Buches steht: «Was Sorg hier mit unverhohlenem Sadismus beschreibt und beschwört, ist die physische Vernichtung von Dr. Buchholz-Kaiser. Das Bild, das Sorg von ihr zeichnet, zeigt sein durch keine Skrupellosigkeit mehr zu überbietendes politisches Machtkalkül und seine eigenen Gefühlsstrukturen. Für jeden, der Dr. Buchholz-Kaiser kennt und weiss, was sie für die Menschen bedeutet und wie sie ihnen hilft, ist es kaum ertragbar, Sorgs Buch zu lesen.» Es diene dazu, «Rufmord an Dr. Buchholz-Kaiser zu betreiben und diese zu vernichten», schrieben die VPM-Autoren weiter. Um sich vor den befürchteten Angriffen zu schützen, engagierte die VPM-Leiterin Leibwächter, die sie begleiten und bewachen.

«Lieblinge» bewachen ihre Häuser Tag und Nacht

Der VPM hat in Flugblättern, Stellungnahmen, Broschüren und Büchern die vermeintliche Bedrohung durch die «Neue Linke», durch Schulreformer, Homosexuelle, ehemalige «Zürcher Schüler» und Kritiker hundertfach heraufbeschworen. Die in apodiktischen Bildern beschriebenen Szenarien sind aber nicht eine strategische Waffe im Propagandafeldzug gegen die genannten Kreise, sondern entsprechen durchaus dem realen Wahrnehmungsbild der «Lieblinge». Ihre Verfolgungsängste basieren auf der Überzeugung, physisch bedroht zu sein. Die Bodyguards der fachlichen Leiterin sind also keine Attrappen, sondern Ausdruck einer real empfundenen Gefahr.

Inzwischen fühlt sich nicht nur Annemarie Buchholz-Kaiser bedroht, sondern auch eine Vielzahl von «Lieblingen». Die ständigen Aktionen gegen Kritiker, Medien, Schulbehörden und Elternvereine sowie die Beschäftigung mit den Dutzenden Prozessen haben intern ein paranoides Klima geschaffen. Die angebliche Bedrohung und die Aktionen zur Abwehr der Gefahr sind zu einem abendfüllenden Gesprächsthema in den Gruppentherapien, Wohngemeinschaften, Kadersitzungen und Berufsgruppen geworden und haben die Wahrnehmung getrübt.

Um die befürchteten Angriffe abwehren zu können, sollen die «Lieblinge» Anfang 1991 begonnen haben, ihre Häuser am Zürichberg rund um die Uhr zu bewachen, wie ehemalige VPM-Anhänger berichten. Anlass dazu war eine eingeschlagene Fensterscheibe im VPM-Zentrum an der Stäblistrasse während den Frühlingsferien. Obwohl die Umstände des Vorfalls nicht geklärt werden konnten, bestand für Annemarie Buchholz-Kaiser und das VPM-Kader kein Zweifel, dass jene Kreise dafür verantwortlich waren, die die Hetzkampagne gegen den VPM schürten.

Nun baute der VPM das Sicherheitskonzept Schritt um Schritt aus. Bald bewachten je vier «Lieblinge» die VPM-Häuser sowie die eigene Buchhandlung Kopernikus teilweise die ganze Nacht hindurch, wie abgesprungene VPM-Anhänger berichten. Für jedes Haus sei ein Verantwortlicher bestimmt worden, der die Sicherheitsmassnahmen organisieren und kontrollieren müsse. Die Bewachungsteams arbeiten eng zusammen und sollen laut Angaben von ehemaligen «Lieblingen» mit Funkgeräten und Kameras ausgerüstet sein. Patrouillen, die zu Fuss und per Auto zirkulieren, melden den Kolleginnen und Kollegen in den Häusern Beobachtungen aus dem Quartier. Rund um die VPM-Häuser werden Passanten und parkierte Autos beobachtet.

Anfang März 1991 konnte die fachliche Leiterin ihren Anhängern beweisen, dass die Entlöhnung eines Bodyguards und die Bewachung der Häuser durchaus sinnvoll waren. Zwei Frauen belauschten in einem Café im Zürcher Kreis 6 zwei Männer, die sich über den VPM unterhielten. Der jüngere der beiden ist allen «Lieblingen» als ehemaliger Exponent des Vereins Psychostroika bekannt, der Aufklärungsarbeit über den VPM leistet. Im Gespräch soll der ältere, ein 62jähriger Architekt und Historiker, gesagt haben, er mache «die Annemarie kalt», falls den Psychostroika-Leuten etwas passieren sollte. Die beiden Lauscherinnen überbrachten Annemarie Buchholz-Kaiser diese Botschaft. Nachzutragen bleibt, dass sich die ganze Familie des Architekten im VPM engagierte und seine Frau sich von ihm scheiden liess.

Zehn Tage später, am 15. März, begab sich Annemarie Buchholz-Kaiser auf die Kreiswache 6 und erstattete Anzeige gegen den Architekten wegen Drohung. Er und sein Gesprächspartner wurden vorgeladen und einvernommen. Anschliessend nahm sich die Bezirksanwaltschaft des Falles an. Die zuständige Untersuchungsrichterin stellte das Verfahren allerdings ein. Selbst wenn der Architekt in der Unterhaltung allfällige Massnahmen gegenüber Annemarie Buchholz-Kaiser erwogen haben sollte, so könnten diese niemals als Drohung im Sinne des Gesetzes gelten, argumentierte sie.

Kapitel 4

Die Psychologie als Wundermittel für alle Fälle

Die VPM-Anhänger haben ein gebrochenes Verhältnis zu ihrer Vergangenheit in der «Zürcher Schule», obwohl diese Bewegung vom heute noch verehrten Friedrich Liebling gegründet und geprägt wurde. Die erbitterten Machtkämpfe nach dem Tod des Meisters verunsicherten viele seiner Anhänger. Ihnen brannte die Frage unter den Nägeln, weshalb die zum Kader gehörenden «Lieblinge» nach jahrzehntelanger Therapie und Ausbildung beim angeblich kompetentesten Psychologen mit derart massivem Geschütz aufeinander losgingen und nicht friedlichere Mittel zur Konfliktbewältigung fanden. Hatte ihnen Liebling nicht immer wieder zu verstehen gegeben, dass seine «Psychologische Lehr- und Beratungsstelle» der humane Ort schlechthin sei?

Als schwere Hypothek für Annemarie Buchholz-Kaiser und ihre Anhänger erwies sich der Umstand, dass der VPM nicht aus einer Vision heraus gegründet wurde, sondern als Reaktion auf die internen Machtkämpfe. Doch die wenigsten wagten, all diesen widersprüchlichen Erfahrungen auf den Grund zu gehen, denn ihr ganzes Selbstverständnis und Weltbild waren eng verknüpft mit der Therapiegemeinde. Wer dem Konflikt nicht auswich und die Kluft zwischen Anspruch und Realität wahrnahm, schaffte nach der Spaltung unter schmerzlichen Verlustängsten den Absprung oder wurde an den Rand gedrängt.

Der VPM will nicht die Nachfolgeorganisation der «Zürcher Schule» sein

Die neue Leiterin musste vor allem darauf achten, dass sie von den Kritikern nicht für die Sünden ihres Meisters haftbar gemacht wurde. Speziell im Rahmen von Prozessen verwahrt sich der VPM, in Verbindung mit der Beratungsstelle von Friedrich Liebling gebracht zu werden. In einer an zahlreiche Chefredaktionen der deutschen Schweiz versandten Stellungnahme vom Juli 1989 heisst es, der VPM sei keine «Nachfolgeorganisation» der

«Zürcher Schule», der «Psychologischen Lehr- und Beratungsstelle» oder der Einzelpraxis Friedrich Lieblings. Der VPM sei ein auf eigenen Grundlagen arbeitender Zusammenschluss von Psychologen, Ärzten, Pädagogen und psychologisch interessierten Personen. Doch das Gründungsprotokoll vom 10. August 1986 trägt den Titel «Zürcher Schule Friedrich Liebling», und erst im Untertitel taucht der Name des VPM auf.

Dieser fundamentale Widerspruch zeigt auf, dass der VPM seine Wurzeln mindestens nach aussen hin verleugnet. Denn im Eintrag des Handelsregisters vom 22. September 1987 heisst es gar, der VPM bezwecke «die Weiterführung der von Friedrich Liebling in der Psychologischen Lehr- und Beratungsstelle aufgebauten und geführten Lehr-, Forschungs- und Beratungstätigkeit». Die nach aussen hin proklamierte Abgrenzung scheint ein taktisches Manöver des VPM-Kaders zu sein, um nicht mit den Auswüchsen der «Zürcher Schule» (Therapie in Grossgruppen, Vasektomie usw.) konfrontiert zu werden. Innerhalb des VPM durfte sich Annemarie Buchholz-Kaiser allerdings nicht allzu sehr von Liebling distanzieren, weil ihre Anhänger nach wie vor auf den Gründer fixiert waren. Die VPM-Leiterin musste auch auf die Verlustängste und Identifikationsprobleme ihrer Anhänger Rücksicht nehmen.

Die Arbeitsweise des VPM zeigt, dass er als Nachfolgeorganisation der «Zürcher Schule» betrachtet werden muss. Das Kader und viele Mitglieder sind in der riesigen Therapie-Familie von Liebling sozialisiert worden und haben sich durch und durch mit ihm und seiner psychologischen Weltanschauung identifiziert. Ein Indiz für die emotionale Bindung an die «Zürcher Schule» ist auch der Umstand, dass der VPM in seinem Vereinsnamen den stark von Liebling geprägten Begriff der «Psychologischen Menschenkenntnis» verwendet. Ausserdem hat der VPM die Grundlagen der Psychologie, die Therapieformen und Gruppenstrukturen bis hin zu den jährlichen Veranstaltungen weitgehend übernommen. In der Selbstdarstellung «Der VPM – was er wirklich ist» heisst es denn auch, Friedrich Lieblings Werk «wird heute im VPM unter Leitung von Dr. Buchholz-Kaiser weitergeführt». Ausserdem ist vom grossen, «von Friedrich Liebling und Dr. Annemarie Buchholz-Kaiser aufgebauten Gemeinschaftswerk» die Rede. Um also Lehre, Methoden und Vorgänge im VPM zu verstehen, müssen Menschenbild und Weltanschauung von Friedrich Liebling ausgeleuchtet werden.

Liebling lehrt ein holzschnittartiges Welt- und Menschenbild

Nach Auffassung von Liebling kommt der Mensch als «unbeschriebenes Blatt» auf die Welt, frei von Prägungen oder Aggressionen. Somit wird er weitgehend zum Produkt seiner Erziehung, Umgebung und der kulturellen Tradition mit all ihren Normen und Wertvorstellungen. Der Gründer der «Zürcher Schule» vertrat eine ausgeprägte Milieutheorie. «Der Mensch wird in der Erziehung», ist einer der Kernsätze Friedrich Lieblings, der auch im VPM seine Gültigkeit hat. Ausserdem war er überzeugt, dass der Mensch unbegrenzt lernfähig ist und eine breite Bildung benötigt, um die Bedeutung der «psychologischen Menschenkenntnis» zu erkennen und somit die Charakterbildung zu fördern. Deshalb schlugen die meisten seiner Anhänger akademische Laufbahnen ein. Heute sind schätzungsweise 90 Prozent der VPM-Anhänger Lehrer oder Akademiker. Im VPM ist das Sozialprestige zu einem grossen Teil vom Grad der Ausbildung abhängig. Der psychologische Druck auf die Nichtakademiker ist so gross, dass viele auf dem zweiten Bildungsweg die Matura absolvieren.

Durch die Betonung der Milieutheorie wird die Verantwortung für die Charakterbildung den Erziehern, Schulen und Kirchen zugeschoben. Da Friedrich Liebling mit seiner Sympathie für den Anarchismus vor allem die Religionen für die geistige und soziale Misere verantwortlich machte, hatten die meisten seiner Anhänger keine nähere Beziehung zur Kirche. Religiöse Institutionen waren nach Ansicht des libertären Anarchisten ein wichtiger Ursprung «menschlicher Irritationen», wie der Gründer der «Zürcher Schule» psychische Probleme pauschal bezeichnete. (vgl. Kapitel 13)

Liebling mass der Erziehung die entscheidende Rolle in der Entwicklung des Menschen zu. Gleichzeitig machte er seinen Anhängern weis, sie seien erziehungsgeschädigt. Mit dieser gewagten Lehrmeinung konnte er selbst jene Anhänger für eine Therapie motivieren, die kaum eine psychologische Betreuung nötig gehabt hätten. Liebling stellte denn auch den Eltern pauschal ein schlechtes Zeugnis aus: «So wie wir das heute führen, richten wir unsere Kinder zugrunde. Wir erziehen sie zu Idioten, wir verursachen alles Mögliche, unter Umständen den Tod, das Irrenhaus und die Kriminalität», sagte er und warf den Erziehern mangelnde Kenntnisse vor: «Weil die eigentliche Ursache des psychischen Elends beim Kinde auf fehlerhafte Erziehung zurückzuführen ist, pflanzen sich Ängste und Schwächegefühl und Wahnvorstellungen des Menschen von Generation zu Generation fort, und zwar auf allen Gebieten des Lebens. Diese unermessliche seelische Not war Anlass zu einem Wagnis, aus dem sich die ‹Zürcher Schule› für Psychotherapie entwickelt hat», heisst es in einer vereinseigenen Publikation.

Eltern werden Schuldgefühle eingeimpft

Angesichts des vernichtenden Urteils über ihre Erziehung entwickelten viele Eltern in der «Zürcher Schule» Schuldgefühle den Kindern gegenüber und verloren Selbstvertrauen und Selbstwertgefühl. Eine Mutter fasste ihre damaligen Erlebnisse folgendermassen zusammen: «Ich fühlte mich unfähig und machte mir Vorwürfe, dass ich trotz Fleiss und Bemühungen keine tragfähige Beziehung zu meiner Tochter aufbauen konnte. Ich fühlte mich schwach und unsicher, und mein grösster Wunsch war, dass sich unsere Tochter dem Psychologen Liebling anschliessen sollte, um all das zu erfahren, was ich ihr nicht zu geben imstande war. Später fasste unsere Tochter grosses Vertrauen zu ihm, und ich war glücklich darüber. Ich war ja eine unfähige Mutter, eine Versagerin. Heute bin ich jedoch der Meinung, dass wir Eltern von Liebling im Stich gelassen worden sind, denn präzise Hilfe bekamen wir nicht.»

In den Jugendgruppen untergrub Liebling die Autorität der Eltern, indem er die Erzieher kritisierte und ihnen Unfähigkeit vorwarf. Laut Aussagen betroffener Liebling-Anhänger erklärte der Meister der Jungmannschaft, ihre Eltern hätten ein miese Haltung und seien durch ihre eigene Kindheit verunstaltet. Gleichzeitig forderte er die Kinder und Jugendlichen auf, Mitleid mit den Eltern zu haben. Damit setzte Liebling seine jungen Anhänger in ein Psychokarussell: Einerseits impfte er ihnen Komplexe ein, andererseits förderte er ihre Überheblichkeit gegenüber den Erziehern.

Mit Therapien gegen die angeblichen Erziehungssünden

Diese eindimensionale Theorie hatte für die Jugendlichen fatale Konsequenzen: Sie fühlten sich durch die falsche Erziehung im Elternhaus und in der Schule psychisch verkümmert oder blockiert. Die Angst vor den Folgen dieses seelischen Defizites entpuppte sich als wirkungsvolles Disziplinierungsinstrument. Die Anhänger Lieblings waren überzeugt, dass sie – im Gegensatz zur uneinsichtigen Aussenwelt – eine Chance hatten, ihre «Irritationen» in der «Zürcher Schule» teilweise korrigieren zu können. Diese «Heilstheorie» schürte die Arroganz gegenüber den Angehörigen und nährte in ihnen die Vorstellung, einer Elite anzugehören.

Um die psychischen Deformationen angehen zu können, besuchten die «Lieblinge» möglichst täglich die Therapien, Gruppengespräche, Supervisionen oder Seminarien. Da ihnen Liebling klarmachte, dass sich die «Irritationen» einer 20jährigen schlechten Erziehung nicht in einer dreijährigen Therapie korrigieren lassen, verschrieben sie sich faktisch einer zeitlich unbegrenzten Therapie in der «Zürcher Schule» und später im VPM. Statt die versprochene Autonomie zu erreichen, verstrickten sie sich in psychische Abhängigkeiten. Laut Aussagen ehemaliger Anhänger erklärte ihnen Liebling unumwunden, sie würden sich trotz aller Anstrengungen in diesem Leben nicht mehr vollständig emanzipieren können. Somit war ihnen klar, dass sie nie ganz «irritationsfrei» werden konnten und ein Leben lang auf dem Pfad der «psychologischen Menschenkenntnis» zu wandeln hatten. Gleichzeitig sicherte sich Liebling mit diesem psychologischen Kniff ein kontinuierliches Wachstum seiner Therapiegemeinde und eine immer üppiger sprudelnde Einnahmequelle.

Falsch erzogen wie der KZ-Kommandant

Auf der Grundlage dieser psychologischen Weltanschauung entwickelten VPM-Anhänger abenteuerliche Vorstellungen. Die VPM-Zeitschrift «Menschenkenntnis» veranschaulichte 1987 das Erziehungsproblem am Beispiel des KZ-Kommandanten Höss. Im Artikel wird behauptet, «dass wir alle Opfer einer falschen Erziehung sind», und dass jeder, der «falsch» erzogen worden sei, ein Höss werden könne. Aus tiefenpsychologischer Sicht habe Höss die gleiche Erziehung genossen «wie ich und mein Nachbar». Das, was Höss zum Lagerleiter von Auschwitz gemacht habe, sei das gleiche Prinzip, das unsere Eltern hervorgebracht habe. Ein Mensch komme erst dann weiter, wenn er das lieblingsche Gemeinschaftsgefühl erworben habe, heisst es in der Zeitschrift der «Lieblinge».

Diese Lehre, die die Erzieher für fast alle Probleme der Kinder verantwortlich macht, führte zwangsläufig zu familiären Dramen. «Lieblinge» stempelten ihre Eltern zu unwissenden, naiven Personen, die alles falsch machten. Die Überheblichkeit mündete oft in Verachtung. Friedrich Liebling trieb die Entfremdung von Eltern auf die Spitze, wenn er sie demütigte und ihre Kinder in die Obhut eines andern Paares gab. Verbrämt hat er die Versetzung in andere Familien mit dem Hinweis, fremde Leute hätten mehr Geduld als die leiblichen Eltern, und die therapeutisch begründete Umplazierung diene dem Wohl des Kindes. Selbstverständlich war, dass nur Anhänger der «Zürcher Schule» als Ersatzeltern in Frage kamen.

So spielten sich in der Beratungsstelle unter dem Deckmantel der «psychologischen Menschenkenntnis» tragische Szenen ab: Weigerte sich beispielsweise eine Mutter, ihre Kinder wegzugeben, musste sie damit rechnen, als egoistisch blossgestellt zu werden. Friedrich Liebling konnte in solchen Situationen argumentieren, die Eltern hätten sich noch nicht gefunden und stünden dem Wohl ihrer Kinder im Weg.

Der Meister schreckte auch nicht davor zurück, Eltern zu erniedrigen und gleichzeitig in die «Zürcher Schule» zu locken. In einer Sitzung sagte er wörtlich: «Tatsache ist, dass Sie so viele Fehler begangen haben, dass sich Ihr Bub heute schon nicht mehr im Leben zurechtfindet. Der Weg zum Beispiel ins

Verbrechen ist bereits vorgezeichnet. Das Erziehungsproblem ist ein Unglück. Diese Kinder gehen dann in die Kriminalität, in die Irrenhäuser. (...) Sie haben aber den Mut gehabt, ein Kind in die Welt zu setzen. (...) Wir haben Gruppen für Eltern, und Sie sollten sich dafür interessieren. Dann haben Sie einen glücklichen Menschen als Buben. Dann findet er sich im Leben zurecht. (...) Er wird sich sein Leben in ein paar Jahren gut und schön einrichten.»

Liebling stürzt Eltern in fatales Dilemma

Eltern, denen Liebling zur Versetzung ihrer Kinder in Pflegefamilien riet, gerieten zwangsläufig in ein Dilemma. Stimmten sie zu, gestanden sie ihr Versagen ein und wurden von Gewissensbissen verfolgt. Widersetzten sie sich, drohte ihnen der Liebesentzug von Liebling und seinen Anhängern und das Stigma, Lieblings «Menschenkenntnis» nicht begriffen zu haben.

Die einseitige Schuldzuweisung an die Adresse der Eltern ging nicht spurlos an den jungen «Zürcher Schülern» vorbei. Häufig entwickelten Liebling-Anhänger gegenüber ihren «uneinsichtigen» Eltern ein überhebliches Verhalten und schürten damit den Konflikt. Sie machten die Erzieher für ihre psychischen Probleme verantwortlich und verschärften damit die familiären Spannungen.

Liebling und seine Mitarbeiter gaben sich teilweise versöhnlich: «Alle Eltern machen in der Erziehung ihrer Kinder deshalb grosse Fehler, weil sie es nicht besser wissen und können. Und nicht nur die Eltern, sondern die ganze Menschheit lebt im Irrtum. Indem wir das erkennen und verstehen, beginnen wir, den Eltern zu verzeihen, uns mit ihnen zu versöhnen», heisst es in einer 1982 erschienenen Publikation. In dieser Geste wird auch ein elitärer Anspruch spürbar: Liebling hat den Schlüssel zum Heil und zur Erlösung gefunden, um die mit Unwissenheit geschlagene Menscheit zu erlösen.

Kinder als Hindernis auf dem Pfad zur «psychologischen Menschenkenntnis»

Friedrich Liebling propagierte die Kinderlosigkeit mit dem Argument, Kinder lenkten ihre Mütter vom Engagement in der «Zürcher Schule» ab: «Viele Frauen, die ein Kind haben, können hier nicht mehr teilnehmen. (...) Sie sind verhindert, sich weiterzubilden. (...) Dass sich Eltern gezwungen sehen, Kinder zu haben, ist nicht recht.» Liebling spricht sogar von der «Gefahr des Kinderkriegens».

Laut Aussage einer ehemaligen VPM-Anhängerin herrscht auch im VPM die Überzeugung vor, dass ein fremdes Paar ein Kind besser erziehen könne als leibliche Eltern. Diese würden ihre eigenen erzieherischen Defizite in die Kinder projizieren sowie alte Wertvorstellungen und eigene Prägungen übertragen. Auch in diesem Bereich haben beim VPM «wissenschaftliche» Kriterien Vorrang vor gefühlsmässigen Werten. Die emotionale Bindung an die leiblichen Eltern spielt eine untergeordnete Rolle. Liebe war in der «Zürcher Schule» keine verlässliche Grösse, Gefühle mussten sich der «Psychologie» unterordnen. Die Kopflastigkeit blieb nicht nur in der Lehre haften, sondern schlug auch in der Umsetzung durch.

Psychologie als Heilstheorie

Liebling mass der Psychologie als Wissenschaft eine heilsstiftende Bedeutung zu. Mit der Integration der «psychologischen Menschenkenntnis» in alle zwischenmenschlichen und weltanschaulichen Bereiche sollten die grossen Menschheitsprobleme lösbar werden. Selbst politische Auseinandersetzungen bis hin zu kriegerischen Konflikten erklärte Liebling mit der «Abwesenheit» oder Nichtanwendung der «richtigen Psychologie». Er war überzeugt, der erste «Psychologe» und Wissenschaftler zu sein, der die epochale Bedeutung dieser angeblichen Erkenntnis erfasst hatte. «Es gibt auf der ganzen Welt keinen Psychologen, der sich mit uns messen könnte, keinen, der die Weltanschauung in die Arbeit einbezieht», meinte Liebling dazu in einem Gruppengespräch.

Die Ausdehnung seiner Psychologie auf alle Lebensbereiche pries Liebling als die bahnbrechende Erkenntnis und das besondere Merkmal seiner Ideen. Er glaubte, mit seiner «psychologischen Menschenkenntnis» die letzten Winkel der menschlichen Seele ausgeleuchtet zu haben. Seinen Anhängern machte er glaubhaft, zu den Privilegierten zu gehören, die an der Spitze der Forschung stünden. So entwarf er eine als wissenschaftliche Lehre verbrämte Ideologie, die in ihrer Reduktion teilweise die Qualität einer Heilstheorie annahm. Die Therapie wurde zur Lehre und die Lehre zur Therapie. Er verkörperte die Lehre in seiner Person. Deshalb fand er es nicht für notwendig, ein wissenschaftlich abgerundetes Konzept zu entwickeln. Als Produkt seiner «psychologischen Menschenkenntnis» sah er einen neuen Menschentypus heranwachsen.

Eine Anhängerin Lieblings schrieb dazu begeistert, dass dieser Menschentypus erst erzogen werden müsse. Wer den Mut habe, sich der Psychologie zuzuwenden, helfe mit, dass der alte Menschheitstraum von Friede und Freiheit Wirklichkeit werde. «Heute wissen wir es, die Psychologie ist das Werkzeug zur Veränderung.»

Von der «wissenschaftlichen Wahrheit» des VPM

Der VPM erhebt in ähnlicher Weise einen Absolutheitsanspruch an seine Lehre wie Liebling in der «Zürcher Schule». Die «Lieblinge» haben denn auch vier Jahre nach dem Tod des Meisters die Überzeugung nahtlos in den VPM hinübergerettet, am entscheidenden Punkt der Forschung zu stehen. Allerdings ist Annemarie Buchholz-Kaiser vorsichtiger in ihrer Wortwahl und verpackt ihre Selbsteinschätzung in ein wissenschaftliches Vokabular.

Im Aufsatz «Zu Theorie und Tätigkeit des VPM» heisst es beispielsweise: «Die Richtigkeit psychologischer Befunde lässt ebensowenig Vieldeutigkeit zu wie die Richtigkeit des Fallgesetzes.» An anderer Stelle schreiben die «Lieblinge» zu einer entwicklungspsychologischen Frage: «Über die ‹objektiv bestimmbare Wahrheit› dieser Erkenntnisse gibt es für denjenigen, der sich in der Materie auskennt, ebensowenig zu diskutieren, wie für einen Physiker über die ‹Wahrheit› der Existenz der Jupitermonde.» In der Broschüre «Psychologie und Religion» schreibt der VPM über den Stand seiner wissenschaftlichen Forschung: «Friedrich Liebling ging es stets darum, die Psychologie als Wissenschaft zu erklären. Seine Aussagen diesbezüglich sind nur unter Berücksichtigung des kulturgeschichtlichen Hintergrunds der letzten 400 bis 500 Jahre zu verstehen.»

Wie Liebling betont auch der VPM die Milieutheorie, weshalb Kindheitserfahrungen zum entscheidenden Faktor in der Therapie werden. Die Psychologen des VPM suchen die Ursache der meisten psychischen Probleme in der Vergangenheit. Über viele Jahre sezieren sie ihre Erziehungserlebnisse und die Beziehungen zu den Eltern und Geschwistern.

Die heilende Kraft des Kollektivs...

Ein weiteres Merkmal der im VPM weitergeführten lieblingschen Psychologie ist das «Gemeinschaftsgefühl». Die Idee von der heilenden Kraft des Kollektivs hat Liebling bei Alfred Adlers Individualpsychologie entliehen, die das Gemeinschaftsgefühl als Massstab für die seelische Entwicklung wertete. Der VPM verschweigt allerdings, dass Adler seine Vorstellungen vom Gemeinschaftsgefühl ausdrücklich nicht auf eine strukturierte Gruppe bezog.

Mit der Einführung der Gruppentherapie erhob Liebling das Gemeinschaftsgefühl zum tragenden Prinzip seiner Beratungsstelle, und im VPM führte die Betonung des Kollektivs zur weiteren Unterordnung der Bedürfnisse des einzelnen unter die Interessen der Gruppe. Statt in der Therapie Autonomie zu erlangen, laufen die «Lieblinge» Gefahr, durch die starke Bindung an den VPM und die Gruppengespräche die Mündigkeit zu verlieren.

...und ihre Pervertierung

Mit seinen Gruppentherapien hat Friedrich Liebling gegen Ende seines Wirkens das Gemeinschaftsgefühl pervertiert. Er therapierte seine Klienten regelmässig vor mehreren hundert Zuhörern. Die Sitzungen wurden per Mikrophon in Nebenräume und andere Häuser übertragen, wo bis zu 1000 «Lieblinge» den Worten des Meisters und seines Klienten lauschten. Um den Zuhörerinnen und Zuhörern in den andern Räumen auch einen optischen Eindruck vom Therapiegespräch vermitteln zu können, hat ein Aufnahmeteam Anfang der 80er Jahre die Therapiesitzungen per Video übertragen. Gleichzeitig lief ein Tonband, mit dem das Gespräch aufgezeichnet wurde. Diese Mustertherapien wurden später zu Schulungszwecken verwendet. Es ist wohl einzigartig in der Geschichte der Psychologie, dass mehrere hundert Klienten Zeuge von Patientengesprächen wurden und Intimkenntnisse der Probanden erhielten. Besonders krass verstiess Liebling gegen die therapeutische Ethik, wenn sogar bei Erstgesprächen ganze Heerscharen seiner Jünger mithörten und sich Notizen zum Therapiegespräch machten. Häufig zeichneten die Zuhörer die Sitzungen mit eigenen Tonbandgeräten auf.

Angehörige als Betroffene der therapeutischen Massenbeichte

Am stärksten traf der therapeutische Missbrauch die Angehörigen der «Lieblinge». Ungefragt mussten sie dulden, dass ihre Intimsphäre, ihre Charaktereigenschaften und die familiären Probleme vor Hunderten von Anhängern der «Zürcher Schule» ausgebreitet und verhandelt wurden. Ein betroffener Vater ist überzeugt, dass die Gespräche auch die intimen Gedanken der Teilnehmer offenbarten und die totale Kontrolle ermöglichten. Ausserdem seien in den Gruppentherapien persönliche Informationen über Eltern, Geschwister und Partner verbreitet worden, obwohl die Gesprächsteilnehmer nicht wie bei seriösen Psychoanalysen der ärztlichen Geheimhaltung unterstellt waren. Als der Vater sich im Gespräch mit drei hochrangigen «Lieblingen» weigerte, einem seiner Kinder einen Lehrgang in der «Zürcher Schule» zu zahlen, sei ihm mit peinlichen Enthüllungen gedroht worden. Er schloss daraus, dass die Anhänger von Liebling sich nicht scheuten, gegebenenfalls die Tonbandaufnahmen als Druckmittel einzusetzen.

Annemarie Buchholz-Kaiser hält an der Gruppentherapie fest

Mit den Gruppentherapien bot die «Zürcher Schule» eine breite Angriffsfläche. Annemarie Buchholz-Kaiser hielt trotzdem daran fest, reduzierte jedoch im VPM die Gruppengrösse, nachdem die Übertragung der therapeutischen Gespräche in andere Räume und Häuser bekannt geworden war. Da die Gruppensitzungen auch im VPM Kernpunkt des therapeutischen Konzeptes sind, wäre die Abkehr von den Massenveranstaltungen ein Verrat am Gemeinschaftsgefühl gewesen.

[redacted] Um der Kritik an der Gruppentherapie zu begegnen, verkündete der VPM, in den Gruppen bestehe keine Verpflichtung, sich mitteilen zu müssen. «Darüber hinaus steht es dem Teilnehmer jederzeit offen, für etwas Intim-betroffen-Machendes oder besonders Schmerzliches Einzelgespräche einzuschalten», schrieb Annemarie Buchholz-Kaiser. Heute bestreitet der VPM allerdings, Therapien in Grossgruppen zu veranstalten.

Ein ehemaliger Vertrauter von Friedrich Liebling bezeichnet die Gruppentherapie rückblickend als rationelle Methode zur «Massenbehandlung», mit der die charakterliche Umformung und weltanschaulich-psychische Neuorientierung rascher bewerkstelligt werden könne als mit Einzelgesprächen bei den zahlreichen Therapeuten.

Trotz des autoritären Führungsstils und der dominanten Rolle der Therapeutinnen und Therapeuten ist beim VPM ist die Betonung des Gemeinschaftsgefühls eng mit dem Postulat der Gleichwertigkeit verknüpft. Laut Annemarie Buchholz-Kaiser kann eine Gruppe nur «in einem Klima der Gleichwertigkeit und des freien Spielraumes für die freie und spontane Entwicklung jedes einzelnen Teilnehmers» therapeutisch sein. In diesem Punkt scheinen Theorie und Praxis stark auseinanderzuklaffen.

Mit interner Sprachregelung den «Therapeuten» verbannt

Das Ideal der Gleichheit wird im VPM mindestens formal bis zur letzten Konsequenz umgesetzt. Die grosse Therapiegemeinschaft vermeidet strikt, intern die Begriffe Therapeut oder Therapeutin zu verwenden. Die «Lieblinge» haben eine «Gesprächspartnerin» oder einen «Gesprächspartner», die die Therapeutenfunktion ausüben. Diese Sprachregelung soll Gleichheit signalisieren. Der Begriff «Gesprächspartner» lenkt von der Tatsache ab, dass im VPM mehrheitlich Psychologen die Klienten «therapieren», die über keine anerkannte therapeutische Ausbildung verfügen. Ausserdem nehmen im VPM auch die «Therapeuten» an Gruppentherapien teil.

Dass im VPM die «Therapeuten» quasi auch Patienten oder Klienten sind, hat zur Folge, dass die Macht der therapeutisch tätigen VPM-Psychologen nicht in den Himmel wächst. Annemarie Buchholz-Kaiser hatte nämlich in der «Zürcher Schule» und vor allem nach dem Tod Lieblings mehrmals erlebt, dass von den «Therapeuten» am ehesten Widerstand und neue Ideen zu erwarten sind. Gesprächsteilnehmer, die vom Glauben an die Gleichheit beseelt sind, lassen sich leichter kontrollieren und in Abhängigkeit halten. Die Teilnahme der Therapeuten an Gruppengesprächen hat ausserdem den Nebeneffekt, dass sich die Vereinskasse schneller füllt.

Hinter dem sprachlichen Kniff mit dem «Gesprächspartner» stecken auch praktische Überlegungen, löst doch der Begriff der Psychotherapie bei vielen «Lieblingen» schlechte Erinnerungen aus. Denn ihr Meister wurde am 23. Juli 1981, also wenige Monate vor seinem Tod, vom Bezirksgericht Zürich mit der höchstmöglichen Busse bestraft, weil er Teilnehmer seiner Beratungsstelle psychotherapeutisch behandelt und damit wiederholt gegen das Gesundheitsgesetz verstossen hatte. Liebling habe eindeutig Krankheiten und sonstige gesundheitliche Störungen behandelt, ohne über die notwendige Bewilligung verfügt zu haben, heisst es im Urteil. Seine Psychotherapie habe den herkömmlichen Rahmen gesprengt. Bei einer als Gespräch deklarierten Therapie mit einem Gesprächspartner dürfte es für die Gesundheitsbehörden schwierig sein, allfällige Verstösse gegen das Gesundheitsgesetz nachzuweisen.

Trotz des Gleichheitspostulats sind die Rollen zwischen dem therapeutisch tätigen Gesprächspartner und dem Klient klar verteilt. In der Regel müssen neue VPM-Anhänger mit einem schriftlichen Gesuch an Annemarie Buchholz-Kaiser persönlich um die Zuteilung eines Gesprächspartners bitten.

Ein Blick in die Statuten zeigt, dass es mit der Idee der Gleichheit im VPM nicht weit her ist. Zur Aufnahme neuer Mitglieder ist allein der Vorstand durch einstimmigen Beschluss befugt, was einem faktischen Vetorecht entspricht. Die Kandidaten haben zwar das Recht, innerhalb von 30 Tagen Einspruch gegen eine allfällige Ablehnung zu erheben, und mit dem einfachen Mehr der Generalversammlung kann der Entscheid zur Neuüberprüfung an den Vorstand zurückgewiesen werden. Doch auch die zweite Lesung nimmt der Vorstand allein vor, und sein neuerlicher Beschluss ist endgültig. So überrascht es nicht, dass schätzungsweise nur etwa 20 bis 30 Prozent der VPM-Anhänger die Vereinsmitgliedschaft besitzen.

Kapitel 5

VPM – ein Leben für die «psychologische Menschenkenntnis»

Das Leben im VPM wird bestimmt durch den theoretischen Überbau und entspricht der konsequenten Umsetzung der psychologischen Vorstellung und Ideologie. Für die meisten «Lieblinge» ist das Engagement im Verein um Annemarie Buchholz-Kaiser keine Freizeitbeschäftigung, sondern der Lebensinhalt schlechthin. Das absolutistische Streben nach der «psychologischen Menschenkenntnis» empfinden ehemalige Mitglieder rückblickend als sektiererisch: Das Programm des VPM hat für sie die Qualität einer Erlösungsidee angenommen. Selbstverwirklichung und ein Engagement in der und für die Therapiegemeinde waren ihnen damals wichtiger als eine Partnerschaft. Dies ist mit ein Grund, weshalb von den schätzungsweise über 1000 VPM-Anhängerinnen im gebärfähigen Alter höchstens einzelne während ihrer Zeit im Verein ein Kind auf die Welt gebracht haben.

Wer die VPM-Lehre vorbehaltlos verinnerlicht, ist bestrebt und fühlt sich von der Gruppendynamik her verpflichtet, sich vollständig im VPM zu engagieren. Ein verantwortungsbewusstes VPM-Mitglied setzt seine ganze Schaffenskraft ein, um aus der angeblichen geistigen und psychischen Finsternis herauszukommen.

Laut VPM-Lehre ist die seelische Gesundung unabdingbar an die Entwicklung des Gemeinschaftsgefühls geknüpft. Die «Lieblinge» sind überzeugt, dass sich das psychische Heil am besten im VPM verwirklichen lässt. Für sie ist der VPM der Ort, der die Menschwerdung in vollkommener Weise garantiert. Klare Hinweise darauf gibt beispielsweise ein Aufsatz aus der Monatszeitschrift «Menschenkenntnis» des VPM. In der Nummer 1/87 heisst es: «Erst das Instrument der Psychologie, die grösste Errungenschaft des zwanzigsten Jahrhunderts, bietet uns die Möglichkeit, mit Hilfe von Psychotherapie einen gefühlsmässigen Wandel im Gemüt des Menschen zu bewirken, und nur so können langfristig soziale und gesellschaftliche Veränderungen, Veränderungen im menschlichen Zusammenleben, erreicht werden.»

Im gleichen Aufsatz steht: «Der Mensch kommt mit einem Ballast von falschen Meinungen und Vorurteilen über sich und die Welt, und hier bekommt er die Gelegenheit, sich ein grundlegend neues und wissenschaftliches Welt- und Menschenbild zu erarbeiten.» Mit «hier» ist der VPM gemeint.

Dass sich der VPM als eine Art Gegenmodell zur bestehenden Gesellschaft versteht, geht aus einem andern Zitat aus der gleichen Schrift hervor: «In den Sommerferien in Verbier haben wir jedes Jahr die Möglichkeit, ein Gesellschaftsmodell zu leben, das bis heute für viele Menschen eine Utopie, für viele Theoretiker eine Theorie geblieben ist. (...) Vierzehn Tage Verbier sind konkrete Utopie, ein Beitrag zur Gesellschaftsveränderung, denn jeder kommt gestärkter und gemeinschaftsfähiger nach Hause. Jeder wird wirken, wo er sich bewegt, und einen Beitrag zur Veränderung der Welt leisten.»

Der VPM bietet seinen Anhängern eine ganze Palette an Therapien und Veranstaltungen zur Weiterbildung, Charakterschulung und Förderung der «psychologischen Menschenkenntnis». Täglich finden Kurse, Seminarien, Therapien und Gruppengespräche statt. Insgesamt haben sich gegen 100 Interessengruppen im VPM gefunden, die Veranstaltungen durchführen, sich psychologisch weiterbilden, Berufsprobleme besprechen oder gemeinsam Schulstunden vorbereiten.

Therapie als Lebensform

Neben der eigentlichen therapeutischen Arbeit in Gruppen und der psychologischen Weiterbildung befasst sich der VPM mit Beziehungsfragen, Erziehungsproblemen sowie der Kinder- und Jugendarbeit. Thematisch im Zentrum stehen Schul- und Bildungsfragen, Aids- und Drogenprobleme sowie Hygienefragen. Ausserdem führt der VPM Winter- und Sommerkongresse mit über 1000 Teilnehmern zu verschiedenen psychologischen Themen durch sowie Drogensymposien mit bis zu 2000 ähnlich denkenden Besuchern. Dazu werden auch aussenstehende Meinungsträger und Behördenmitglieder eingeladen. Die Sommer- und Winterferien mit oft über 1000 «Lieblingen» dienen dazu, sich über eine längere Zeitspanne mit aktuellen und fachlichen Fragen auseinanderzusetzen und das Zusammengehörigkeitsgefühl zu fördern. Parallel dazu werden oft Ferienlager für Kinder durchgeführt.

Da der VPM die Erziehung und frühkindliche Prägung als zentrale Ursache fast aller psychischen «Irritationen» und seelischen Leiden betrachtet, befassen sich die «Lieblinge» meist jahrzehntelang mit der Familiengeschichte und der Kindheit. Die Betonung der Milieuprägung entbindet die Gesprächspartner in vielen therapeutischen Situationen, sich mit den momentanen Lebensumständen der Klienten auseinanderzusetzen. Da sich diese in einer psychologisch vermeintlich optimalen Umgebung bewegen und in den Genuss des heilenden Gemeinschaftsgefühls kommen, wäre es irritierend, die Ursachen des Leidens allzu häufig in der Gegenwart zu suchen.

Die Einzeltherapien, die der VPM-Anhänger direkt dem Gesprächspartner oder der Praxisgemeinschaft bezahlt, dienen häufig auch als Ausbildungsforum für angehende Therapeuten. Da der VPM keine anerkannte Therapeutenausbildung durchführen darf, wohnen den Einzelgesprächen oft angehende Gesprächspartner als stille Beobachter bei.

In den Gruppengesprächen oder Gruppentherapien lautet das Schlüsselwort «vorlegen». Je nach Zusammensetzung oder thematischer Ausrichtung der Gruppe ergreift ein Anwesender das Mikrophon und legt zum Teil vor Dutzenden von Zuhörern ein persönliches oder berufliches Problem vor. Anschliessend können sich alle Gesprächsteilnehmer zu Wort melden, die Situation psychologisch analysieren, Ratschläge ableiten und allenfalls eigene Erfahrungen zu diesem Thema in die Diskussion einbringen. Spontane Wortmeldungen sind nicht möglich. Handelt es sich um eine Supervisionsgruppe, ist normalerweise Annemarie Buchholz-Kaiser anwesend. Häufig enthält sie sich eines Kommentars, lernt dabei aber die Klienten bis in die intimen Bereiche hinein kennen, wie ehemalige VPM-Anhänger berichten. Sie wird aber von den Gesprächsteilnehmern genau beobachtet, um ihre Reaktion anhand der Gestik ablesen zu können. Ein wohlwollendes Nicken nach einem Votum bringt dem Betroffenen Anerkennung in der Gruppe. Verdüstert sich allerdings ihr Gesicht oder senkt sie den Kopf, dann wissen alle Anwesenden und der Klient, dass er sich noch nicht «gefunden» hat und noch weit von der Umsetzung der «psychologischen Menschenkenntnis» entfernt ist.

Liebling lebt in der Gestik seiner Anhänger weiter

Zustimmung und Anerkennung ernten laut Aussagen von Ehemaligen vor allem jene «Lieblinge», die nach einem bestimmten Schema «vorlegen». Sie bringen zu Beginn ihres Votums ihr psychisches Problem zur Sprache, versuchen, die Ursache in der Kindheit auszumachen und betonen gleichzeitig, dass sich das seelische Leiden dank der Hilfe der Gesprächspartner und der Gemeinschaft bereits verringert habe. Am Schluss folgt eine thematische Verknüpfung mit der angeblichen Hetzkampagne gegen den VPM. Besondere Anteilnahme erfährt, wer sich selbst als Opfer einer Aktion der «Neuen Linken» darstellen kann und seinen Fall mit Empörung zu schildern vermag.

Ein spezielles Merkmal der «Lieblinge» ist die Art und Weise, sich auszudrücken. Die älteren unter ihnen, die noch bei Friedrich Liebling die Gruppengespräche besuchten, ahmen die Sprechweise des Meisters nach.

Er sprach langsam und monoton. Viele seiner Anhänger kopierten ihn bald präzis bis hin zur Gestik. Die VPM-Anhänger, die Liebling nicht mehr persönlich erlebt haben, kopieren teilweise die ehemaligen «Zürcher Schüler». So lebt der Meister auch heute noch in der Gestik seiner Jünger weiter.

Da der Mensch laut VPM an sich gut und frei von Aggressionen ist, versuchen die «Lieblinge», jeden Ausdruck negativer Gefühle aus ihrer Stimme zu verbannen. Seit sie sich durch die angeblichen Hetzkampagnen verfolgt fühlen wie die Juden im Dritten Reich und sich entsprechend verteidigen, geraten sie häufig in ein Dilemma: Äussern sie sich in aggressiver Weise, signalisieren sie Defizite in der «psychologischen Menschenkenntnis». Deshalb tragen sie selbst Beschimpfungen möglichst in ruhigem Ton vor und unterdrücken ihre Wut. Dabei kontrastieren Mimik und Tonfall zwangsläufig stark. Die innere Erregung unterstreichen sie oft mit kräftigen Ausdrücken. Ausserdem ist ihre Empörung im Gesichtsausdruck sichtbar.

Geheimnisvolle Informationskanäle

Obwohl der VPM in der Schweiz und in Deutschland schätzungsweise gegen 3000 Anhänger zählt, gibt es neben den vereinsrechtlichen vor allem informelle interne Informations- und Kommunikationskanäle. Durch die vielen Therapien in Einzel- und Gruppengesprächen sowie die Veranstaltungen entsteht ein sehr enges soziales Netz. Die für die Anhänger wichtige Kommunikation erfolgt weitgehend auf dem mündlichen Weg über die Gruppen, die Gesprächspartner und die Wohngemeinschaften. Wer nicht regelmässig an den Aktivitäten teilnimmt, hat keine Informationen mehr aus erster Hand und läuft Gefahr, sich mit einer in der Zwischenzeit revidierten Meinung in die Nesseln zu setzen.

Diese Gruppen- und Kommunikationsstrukturen erwiesen sich als wirksames Kontrollinstrument, wie ehemalige VPM-Anhänger übereinstimmend bestätigen. Alle Fäden laufen bei Annemarie Buchholz-Kaiser und ihren engsten Mitarbeitern zusammen. Die fachliche Leiterin führt die Supervision der Ärzte und Therapeuten und teilt die Klienten zu. Auffälligkeiten in Gruppengesprächen oder bei Einzeltherapien bringen die Teilnehmer in diesen Sitzungen normalerweise zur Sprache.

Die Bezeichnung Supervision ist irreführend. Die unter diesem Begriff durchgeführten Gruppengespräche werden im VPM nicht wie bei anderen Therapierichtungen von aussenstehenden Fachleuten geleitet, sondern praktisch immer von Annemarie Buchholz-Kaiser selbst. Eine unabhängige Überprüfung der internen Arbeitsweise ist dadurch ausgeschlossen, die Kontrolle der therapeutischen Tätigkeit durch externe Berater wird verunmöglicht. Ein ehemaliger Therapeut empfindet die Supervision von Annemarie Buchholz-Kaiser als Instrument, mit dem sie die Ärzte, Psychologen und Gesprächsteilnehmer kontrollieren könne.

Die Therapeuten bilden das Scharnier zwischen dem Kader und der Basis und knüpfen das enge soziale Netz. Ausserdem üben sie eine wichtige Funktion bei der Einbindung der Anhänger in die Gruppe aus. Gleichzeitig beobachten sich die VPM-Anhänger – begünstigt durch die Verfolgungsängste und vermeintlichen Ansteckungsgefahren mit dem HIV-Virus – gegenseitig. Wer ein Verhalten ausserhalb des Gruppenkonsenses zeigt, muss damit rechnen, dass die Kolleginnen und Kollegen ihn ins Gebet nehmen und seinen Gesprächspartner informieren. Die VPM-Anhänger empfinden dies nicht als Kontrollinstrument, sondern als psychologische Kameradenhilfe.

Als wirksame «Kontrollinstanz» fungieren auch die mehreren Dutzend Wohngemeinschaften der VPM-Anhänger. Oft registrieren die Mitbewohner am schnellsten gewisse Auffälligkeiten. Erlahmendes Engagement in den Diskussionen, Vernachlässigung der WG-Pflichten oder Schwänzen von Veranstaltungen können dazu führen, dass die Mitbewohner einen Termin mit dem Gesprächspartner des betroffenen Kollegen vereinbaren. Auch dies wird als Hilfe verstanden.

Führt die Therapie in die Abhängigkeit?

Die jahrelange bis jahrzehntelange Einbindung durch die Gruppengespräche birgt die Gefahr einer starken Abhängigkeit vom Therapeuten. In den Psychoanalysen oder Gesprächstherapien anderer psychologischer Richtungen ist der Ablösungsprozess vom Psychologen oder Psychoanalytiker ein wichtiger Aspekt der Therapie. Denn es ist unbestritten, dass die Verarbeitung tiefenpsychologischer Probleme zur Bindung oder gar Abhängigkeit vom Therapeuten führt. Die Autonomie oder Emanzipation ist nur über die Entflechtung dieser engen Beziehung möglich. Deshalb kritisieren aussenstehende Psychologen den VPM auch in rein fachlicher Hinsicht, und viele Fachverbände und psychologische Gesellschaften grenzen sich vom VPM ab. (vgl. Kapitel 16)

Tatsächlich erweist sich die enge Bindung an den Gesprächspartner für viele «Lieblinge» als verhängnisvoll. Da das Engagment in der Psychogruppe nicht nur die psychologische, sondern auch die weltanschauliche Ebene umfasst, wird die Bindung zusätzlich gefördert. Dass sich die Fixierung auf den Gesprächspartner zur ausgeprägten Abhängigkeit und Entmündigung entwickeln kann, ist aus dem Wesen der unabdingbaren Übertragung und Gegenübertragung und der emotionalen Nähe erklärbar. Ausserhalb des VPM sind sich psychologisch und therapeutisch geschulte Fachleute weitgehend einig, dass zeitlich nicht begrenzte Therapien zu unerwünschten Fixierungen führen.

Ehemalige VPM-Anhänger bestätigen, dass viele «Lieblinge» persönliche Entscheide delegieren und damit einen Teil der Eigenverantwortung an den «Therapeuten» oder die Gruppe abtreten. Gewohnt, alle Probleme und psychischen Unpässlichkeiten dem Gesprächspartner oder einer Therapiegruppe vorzulegen, laufen die VPM-Anhänger Gefahr, die Entscheidungskraft zu verlieren. Aus der Befürchtung heraus, einen Fehler zu begehen, haben manche selbst bei kleinen Schwierigkeiten Angst, eigenständig Lösungen zu suchen. Sie werden auch ermuntert, zur Förderung des Gemeinschaftsgefühls Anleitung und Hilfe bei den Psychologen und Gruppen zu suchen. Statt die Persönlichkeit zu fördern, droht beim Engagement im VPM die psychische Regression.

Diese umstrittene Art der Förderung der «psychologischen Menschenkenntnis» führt dazu, dass viele «Lieblinge» zwischenmenschliche Vorgänge und individuelle Reaktionen psychologisieren. Eine ehemalige VPM-Anhängerin erzählte, sie sei gerügt worden, weil sie ein persönliches Problem, das ihr nachts den Schlaf geraubt hatte, nicht sofort ihrer Therapeutin vorgelegt habe. Sie hätte auch morgens um ein Uhr noch anrufen und das Problem mit ihr besprechen sollen, sagte ihr die Gesprächspartnerin bei der nächsten Sitzung. «Mit der Zeit war ich nicht mehr fähig, auch kleine Schwierigkeiten auszuhalten und selbst zu lösen. Plötzlich wurde mir bewusst, dass ich keine Entscheide mehr fällen konnte ohne Rücksprache mit meiner Gesprächspartnerin. Ich war damals von ihr abhängig», berichtete sie.

Diese Praxis führt fast zwangsläufig zum Verlust des Selbstwertgefühls und der Unabhängigkeit und wirkt sich bei VPM-Anhängern teilweise auch im Berufsleben aus. Dies trifft vor allem für Lehrerinnen und Lehrer zu, die selbst wichtige Entscheide aufschieben, um sich vorgängig mit dem VPM-Mentor oder der Lehrergruppe absprechen zu können. Eine ehemalige VPM-Lehrerin bestätigt dieses Verhalten. Eine ihrer Kolleginnen sei manchmal ins Lehrerzimmer geeilt und habe ihrer Gesprächspartnerin oder dem VPM-Mentor telefoniert, um einen Rat einzuholen.

Die «Lieblinge» machen den Gruppenkodex und die Verhaltensnormen der «psychologischen Menschenkenntnis» zu ihrem Gewissen. Sie laufen Gefahr, die Intimsphäre zu verlieren. Geheimnisse vor dem Gesprächspartner oder der Gruppe kennen die «Lieblinge» kaum. Damit ist die Möglichkeit zur Gesinnungskontrolle weitgehend gegeben. Ehemalige sind überzeugt, dass dieses Instrument intensiv genutzt wird. Oft reicht auch das Bewusstsein, dass eine enge Kontrolle möglich ist, damit sich die Betroffenen freiwillig anpassen und disziplinieren.

Gruppentherapien

[redacted] Die von Friedrich Liebling ersonnene Praxis, die therapeutischen Gespräche routinemässig aufzunehmen, führte nach der Enthüllung durch die Medien intern zu Kontroversen, weshalb die Ausleihung der Bänder an die Schar der «Lieblinge» nach dem Tod des Meisters vorübergehend eingestellt wurde.

Das Hauptquartier an der Susenbergstrasse in Zürich. (Bild: Keystone)

Annemarie Buchholz-Kaiser und ein weiteres Kadermitglied haben das Benützungsverbot am 15. Juni 1982 aber wieder aufgehoben. «Unserer bisherigen Praxis entsprechend können alle Gruppengespräche auch weiterhin an Teilnehmer der Psychologischen Lehr- und Beratungsstelle ausgeliehen werden mit Ausnahme derjenigen, die auf ausdrückliches Verlangen hin nicht ausgegeben werden dürfen. Die Aufnahmen werden nur zur persönlichen Aus- und Weiterbildung benutzt; die ausleihenden Teilnehmer werden darauf aufmerksam gemacht, dass sie deren Inhalt nicht an aussenstehende Personen weitergeben dürfen. Für eventuelle Missbräuche von Teilnehmern kann die Psychologische Lehr- und Beratungsstelle nicht haftbar gemacht werden.»

Mit ihrer Unterschrift gaben die «Lieblinge» damals ihr Einverständnis für die Ausleihung «auch bezüglich ihrer eigenen Gespräche». Auf dem Formular wurden die Teilnehmer gebeten, allfällige wörtliche Abschriften solcher Gespräche an den «Verlag Psychologische Menschenkenntnis» zu schicken. «Sie leisten damit einen schönen Beitrag zur Erleichterung der Verlagsarbeit», heisst es dazu.

Laut Aussagen eines engen Mitarbeiters von Friedrich Liebling führte die Unsitte dazu, dass viele «Lieblinge» zur Zeit der «Zürcher Schule» ihre eigenen Tonbandgeräte aufstellten und Aufnahmen von den Gruppengesprächen machten. Auf diese Weise seien zahlreiche Privatarchive entstanden. Wollte ein Patient verhindern, dass seine «psychischen Irritationen» dutzendfach auf Magnetband gebannt wurden, musste er energisch dafür plädieren. Ein solcher Schritt kostete allerdings einige Überwindung, denn er konnte als Misstrauen gegenüber den andern Teilnehmern und der Gruppe ausgelegt werden. Der ehemalige Mitarbeiter erklärte, Liebling habe auch die Einzelgespräche in seiner Praxis meistens über ein verstecktes Mikrophon aufgenommen.

[redacted]

[redacted]

[redacted]

[redacted]

Alle «Lieblinge» unterziehen sich der psychologischen Beratung

Das Hauptanliegen des VPM ist die psychologische Beratung, der sich jeder ernsthafte Wanderer auf dem Pfad der «psychologischen Menschenkenntnis» unterziehen muss. Letztlich sind alle VPM-Mitglieder, ausser Annemarie Buchholz-Kaiser, Therapie-Patienten. Auch die Therapeuten, die bei der fachlichen Leiterin die Supervision besuchen müssen, werden nach dem gleichen Konzept «therapiert» wie die Gesprächsteilnehmer oder Klienten. Der VPM bestätigt diesen Sachverhalt in seinem Aufsatz «Zu Theorie und Tätigkeit des VPM»: «Damit besteht nach Ansicht des VPM zwischen der therapeutischen Arbeit – in welcher der Ratsuchende seine störenden Anteile in den zwischenmenschlichen Beziehungen bearbeitet – und der Supervision – in welcher der Psychologe seine, die psychotherapeutische Situation störenden Persönlichkeitsanteile bearbeitet – kein wesentlicher Unterschied.»

Im VPM bedeutet Supervision nicht nur berufliche Begleitung. Im gleichen Aufsatz heisst es dazu: «Ständige Supervision bei Frau Dr. Annemarie Buchholz-Kaiser, der fachlichen Leiterin des VPM, ist für jeden Psychologen des VPM eine Selbstverständlichkeit. Supervision bedeutet mehr als nur Fallbesprechung. Neben der fachlichen Kontrolle umfasst sie ein stetiges Reflektieren der eigenen Gefühlsanteile. Charakteranalyse und Supervision werden ergänzt durch Arbeit im Team und Austausch unter Kollegen.»

Die Therapeuten oder Gesprächspartner üben eine Doppelfunktion aus. Einerseits therapieren sie die VPM-Anhänger und betreuen sie psychologisch, anderseits führen sie sie näher an die Gruppe heran und begleiten sie weitgehend im Alltag. Keimen bei einem Mitglied trotz intensiver Betreuung Zweifel über Methoden und Praktiken des VPM auf oder will es sich absetzen, wird der «Fall» in der Supervisionsgruppe und in Gruppengesprächen psychologisiert. Um die eigenen Unsicherheiten zu überdecken und sich zu beruhigen, suchen die VPM-Anhänger nach den seelischen und psychischen Ursachen beim Abtrünnigen. Er sei zu irritiert und nicht offen genug für das Prinzip der «wahren Psychologie» gewesen, heisst es dann etwa. Oder er habe sich in der Gruppe nicht gefunden und die seelischen Verletzungen aus der Kindheit nicht akzeptieren können. Damit verdrängen die Therapeuten teilweise die Suche nach den Ursachen, die oft mit dem Gruppendruck oder mit der Abhängigkeit vom Gesprächspartner zusammenhängen dürften.

Vielfältige Aktivitäten in 100 Gruppen

Neben der eigentlichen psychologischen Beratung bietet der VPM ein breites Programm an. Im Aufsatz «Zu Theorie und Tätigkeit des VPM» heisst es: «Der VPM stellt allen Interessierten ein vielfältiges Fortbildungsangebot bereit: Arbeitstagungen, pädagogische Schulungswochen und jährliche Kongresse. Wöchentlich werden Seminare zu pädagogischen und psychologischen Fragestellungen, Jugend-, Lehrer- und Elterngruppen durchgeführt. (...) Kleine Kinder haben die Möglichkeit, einen Kindergarten zu besuchen, der von einer psychologisch geschulten Kindergärtnerin geführt wird.»

Ein paar Beispiele sollen die Gruppenarbeit verdeutlichen. An der sogenannten Ausbildungsgruppe nehmen die Psychologen teil, die Erfahrungen im therapeutischen Gespräch sammeln sollen. Alle VPM-Teilnehmer können in dieser Gruppe ein persönliches Problem «vorlegen», das als Fallbeispiel behandelt wird. Interessenten müssen sich schriftlich anmelden und ihr Therapiethema schildern. Wird es von der Ausbildungsgruppe akzeptiert, erhalten die Klienten einen Termin für die Sitzung. Kommen in dieser Gruppe Probleme von Wohngemeinschaften zur Sprache, nehmen jeweils alle Mitbewohner an den Gesprächen teil.

In den Lehrergruppen legen die mehreren hundert pädagogisch tätigen VPM-Anhänger Fälle oder schwierige Situationen aus der Schule vor. Die Schwierigkeiten werden besprochen, und die Lehrer erhalten von Psychologen oder erfahrenen Kollegen Ratschläge. Seit die Auseinandersetzungen um VPM-Lehrer in der Öffentlichkeit vermehrt eskalieren, beherrscht das Thema «Hetzkampagnen gegen Lehrer» die Gespräche in den Lehrergruppen.

Dabei werden die Solidarität gefördert, Aktionen besprochen und Strategien entwickelt.

In der Vorbereitungsgruppe erarbeiten Lehrer zusammen Lektionspläne. Weiter hat sich im VPM eine Gruppe für Führungskräfte gebildet. «Im Wissen um die positive Bedeutung der Arbeit für jeden Einzelnen und aus Verantwortung gegenüber unseren Mitarbeitern haben wir, Führungskräfte aus Wirtschaft und Verwaltung, im Rahmen des VPM eine Gruppe gebildet. Gemeinsam mit Psychologen und unter der fachlichen Leitung von Frau Dr. A. Buchholz-Kaiser beschäftigen wir uns mit persönlichen Berufs- und Führungsfragen», heisst es im Buch «Der VPM – was er wirklich ist». Ausserdem werden im VPM Studenten- und Medizinergruppen geführt.

Die Jugendgruppen arbeiten nach dem gleichen therapeutischen Modell wie die Erwachsenen in den Gruppengesprächen. Die jungen Teilnehmer legen ebenfalls ihre Anliegen und Probleme vor. Im Zentrum der Diskussionen stehen oft die Beziehungen zu den Eltern. Ein Teilnehmer schildert seine Erfahrungen folgendermassen: «Am Anfang eines jeden Gesprächs waren wir sehr schweigsam, keiner traute sich, ein Wort zu sagen, die Jungen auf der einen Seite, die Mädchen auf der anderen Seite des Raumes. Wir wurden gefragt, was wir heute besprechen wollten oder ob einer eine Frage hätte. Es folgte meistens ein langes Schweigen. Als dann jemand über ein persönliches Erlebnis, zum Beispiel vom Pausenplatz, berichtete, war der Anfang gemacht. So entwickelte sich ein Gespräch.» (Aus «Der VPM – was er wirklich ist»).

Auch Kinder werden in die Psychopraktiken des VPM eingeführt und üben sich im «vorlegen». Im gleichen Buch heisst es dazu: «Der ‹Kinderkurs› wurde zum Treffpunkt von Kindern und zu einem Rahmen, in dem man bereits als Kind Gelegenheit hatte, über seine Sorgen und Nöte zu sprechen. (...) Bereits im Kinderkurs interessierten sich die Kinder für psychologische Zusammenhänge.»

Ein Heer von freiwilligen Helfern

Die Veranstaltungen, Gruppengespräche und Therapien des VPM finden vorwiegend in den fünf Häusern der von Friedrich Liebling gegründeten Stiftung statt. Das organisatorische Zentrum des Vereins befindet sich an der Susenbergstrasse, wo Annemarie Buchholz-Kaiser und ihr Kader residieren. Die Praxisgemeinschaft Toblerplatz an der Toblerstrasse ist auch das Zentrum der Pädagogen. Hier sind die Schulräume für die Privatschulen des VPM sowie die Zimmer für die psychologische Lernhilfe eingerichtet. In den Häusern an der Stäblistrasse, Hochstrasse und Spyristrasse finden die Seminarien, Therapien und Gruppengespräche statt.

Annemarie Buchholz-Kaiser und die Vereinsspitze können für Organisation und Administration der Therapiegemeinschaft auf ein grosses Arbeits- und Kräftepotential zurückgreifen. Getragen wird die Arbeit von zahlreichen Psychologen, Ärzten und Lehrern, die sich praktisch vollzeitig für den VPM engagieren oder ihre «Therapien» in den VPM-Häusern durchführen. Im Bedarfsfall können Hunderte von Anhängern herangezogen werden, die einen Teilzeitjob ausserhalb des VPM ausüben oder als Studenten ihr Arbeitspensum flexibel zu gestalten vermögen.

Ausserdem kann das VPM-Kader über die Therapeuten oder Gruppengespräche weitere Hundertschaften mobilisieren, die in der Freizeit Fronarbeit leisten. Dies ist vor allem dann der Fall, wenn es gilt, innert Tagesfrist Aktionen gegen Kritiker zu starten. Oft verfassen die «Lieblinge» Richtigstellungen und Flugblätter, die sie eigenhändig auf den Strassen verteilen und in Tausende von Briefkästen stecken. Gleichzeitig stellen sie Dokumentationen zusammen und verschicken sie hundertfach an Politiker, Behördenvertreter und Meinungsträger. Eine wichtige Stütze bei diesen Arbeiten sind die schätzungsweise 50 Wohngemeinschaften der VPM-Anhänger. Oft werden auch die Gruppen herangezogen, um Tausende von Flugblättern zu falten, Adressen zu schreiben sowie Dokumentationen einzupacken und zu verschicken.

Neben der Verwaltungsarbeit erfordert die Bewältigung der Prozessflut einen grossen Aufwand. Arbeitsintensiv ist auch die Vorbereitung und Durchführung der Kinderlager, VPM-Ferien, Kongresse und Symposien. Ausserdem gilt es, die vielen Publikationen zu verfassen. Allein in den beiden Jahren 91 und 92 haben die «Lieblinge» sieben Bücher mit insgesamt rund 2800 Seiten herausgegeben, die mehrheitlich im vereinseigenen «Verlag Menschenkenntnis» erschienen sind. Es handelt sich fast durchwegs um Rechtfertigungsschriften, die zum Teil als Reaktion auf die Auseinandersetzungen in der Öffentlichkeit verfasst worden sind. Sie dienen vor allem dazu, die Kritiker zu diffamieren und die VPM-Sicht darzustellen. Im weitern publiziert die Therapiegemeinde die monatlich erscheinende Zeitschrift «Menschenkenntnis», die auch am Kiosk erhältlich ist.

Aktionen gegen Kritiker fressen Loch in die Vereinskasse

Die Prozesse, Publikationen und Aktionen verursachen enorme Kosten. Ein Teil der Einnahmen des VPM stammt aus den Gruppengesprächen. Für die Teilnahme an den Gruppenveranstaltungen verkauft der VPM «Persönliche Teilnehmerkarten» mit 40 Coupons für gegenwärtig 500 Franken. Die Karte muss mit einer Porträt-Aufnahme versehen sein, was die Zutrittskontrolle erleichtert. Beim Besuch eines «psychologischen Gruppen-Beratungsgesprächs» werden zwei Felder entwertet (25 Franken), Kurse und Seminare kosten die Hälfte. Da verschiedene Gruppengespräche von 100 und mehr «Lieblingen» besucht werden, fliessen in einer Stunde bis zu 2000 Franken in die Vereinskasse. Studenten erhalten die Teilnehmerkarte zu günstigeren Konditionen oder bekommen ein Stipendium.

Weitere Einnahmequellen sind die monatlichen Beiträge, Kongresse, pädagogischen Wochen und Symposien. An den Einzelgesprächen verdienen in erster Linie die Gesprächspartner.

Wie ehemalige Kadermitglieder berichten, häufte sich bis 1990 eine Million Franken in der Vereinskasse an. Anwalts- und Gerichtskosten sowie die Inseratekampagnen und übrigen Aktionen dürften das Vermögen inzwischen verschlungen haben. In jüngster Zeit werden VPM-Anhänger mit einem regelmässigen Einkommen um Spenden gebeten. Ein beträchtliches Kapital repräsentieren die Häuser der Stiftung.

«Lieblinge» haben vor allem Studentenkreise im Visier

Seit sich die öffentlichen Auseinandersetzungen um den VPM zugespitzt haben, scheint die Zahl seiner Anhänger in der Schweiz zu stagnieren. Die Rekrutierung neuer Mitglieder oder Teilnehmer ist für die «Lieblinge» in den letzten paar Jahren ein schwieriges Unterfangen geworden. Zu Friedrich Lieblings Zeiten nutzten sie ihre berufliche Position, um der Therapiegemeinschaft neue Klienten zuzuführen. Lehrerinnen und Lehrer empfahlen ihren Schülern Lieblings Lehr- und Beratungsstelle, und Ärzte ermunterten Patienten mit psychosomatischen Leiden, bei Liebling Hilfe zu suchen. Heute wagen es die VPM-Lehrer nicht mehr, den Eltern die Unterrichtshilfen des VPM oder die Dienste der vereinseigenen Psychologen ans Herz zu legen. Würden solche Fälle bekannt, müssten die betroffenen Lehrer wegen Missbrauchs ihrer Beamtenstellung mit Sanktionen rechnen. Die besten Chancen, neue Gruppenteilnehmer zu rekrutieren, haben die «Lieblinge» heute bei den Studenten. Speziell an der Universität Zürich versuchen die VPM-Studenten, desorientierte oder einsame Komilitoninnen und Komilitonen anzusprechen und in einem ersten Schritt in die Studentengruppen einzuladen. Dabei nehmen sie sich besonders der verunsicherten Studienneulinge an. (vgl. Kapitel 17)

Die «Lieblinge» haben an der Uni Zürich das «Studenten Forum» gegründet und geben regelmässig die Zeitschrift «Standpunkt» heraus. Auf der

Titelseite der Novembernummer 1991 sprach die Zeitschrift speziell die neuen Studenten an: «Das Studenten Forum heisst Dich an der grössten Universität der Schweiz herzlich willkommen! Du kommst neu an die Universität und brauchst wohl – wie alle anderen – etwas Zeit, um Dich auf die neue Situation einzustellen.» Der Artikel erklärt weiter, dass neue Studentinnen und Studenten an der Uni normalerweise Kontakte suchten. «Zum Beispiel jemanden, den man in der Vorlesung kennt und neben den man sich setzen kann, mit dem man sich über die fachlichen Inhalte der Vorlesung austauschen kann, den man bei einem Kaffee näher kennenlernt und mit dem man sich vielleicht sogar auf Prüfungen vorbereiten kann. Wir haben die Gelegenheit, unterschiedlichste Menschen zu treffen und uns die Fähigkeit anzueignen – oder weiterzuentwickeln –, erfolgreich zusammenzuarbeiten, auch wenn die Voraussetzungen, Vorstellungen oder Denkweisen des anderen nicht unbedingt den unsrigen entsprechen.»

Der Artikel ermuntert die Studienanfänger, sich nicht von kleinen Minderheiten beeindrucken zu lassen, sondern sich an Studenten zu orientieren, «die sich konstruktiv mit anstehenden Problemen auseinandersetzen. Unter den Studentenvereinigungen gibt es auch solche, die in diesem Sinne tätig sind – meist sind es nicht die lautesten.» Der Artikel endet mit einem Hinweis auf das «Studenten Forum», das sich auf die Auseinandersetzung mit den neuen Studenten freue.

Der Fernkurs auch für die Mutter und Hausfrau

Die Auseinandersetzungen in der Öffentlichkeit und die Hunderten von Presseartikeln der letzten paar Jahre haben das Image der Therapiegemeinschaft arg strapaziert. Wahrscheinlich ist unter anderem aus dieser Notlage heraus die Idee einer neuen Aktion entstanden, die der VPM im Herbst 1992 startete. In Zeitungsinseraten kündete er einen «Kombinierten Fernkurs für Tiefenpsychologie» an. «Unsere nebenberufliche Ausbildung im kombinierten Fernkurs mit Vertiefungsseminar bietet Ihnen vielseitige Möglichkeiten zu Ihrer persönlichen und beruflichen Weiterbildung und Entwicklung (auch als aufbauende Ausbildung für den Grundberuf der Mutter und Hausfrau)», verhiess die Anzeige. Der Anmeldeprospekt pries die Bedeutung der «psychologischen Menschenkenntnis», die es im Kurs zu entwickeln gelte, mit den Worten: «Mit einem Satz: ‹Menschenkenntnis tut Not und fehlt auf allen Ebenen.› Und doch wäre dies für ein ausgefülltes Zusammenleben die notwendigste und nützlichste Voraussetzung, die es überhaupt gibt. (...) Ein Mangel in diesem Bereich ist immer ein grosses Übel.

Im Rahmen dieser Ausbildung werden Sie das Rüstzeug für ein besseres zwischenmenschliches Verständnis erhalten, für die Hintergründe und für die Ursachen menschlichen Verhaltens.»

Zwölf Hefte dienen als Grundlage des Fernkurses. Die Teilnehmer treffen sich monatlich einmal zu einem Fortbildungsnachmittag. Der Grundlagenkurs dauert ein Jahr und kostet 2760 Franken. Anschliessend bietet der VPM einen Aufbaukurs, der ein weiteres Jahr beansprucht. Im Prospekt wird kein Wort darüber verloren, wer den Kurs durchführt. Der VPM stellt sich darin auch nicht vor. Der neue Fernkurs muss als Werbeaktion betrachtet werden und dürfte vor allem dazu dienen, psychologisch interessierte Laien auf den VPM aufmerksam zu machen und die arg gebeutelte Vereinskasse aufzufüllen.

Kapitel 6

Der VPM fühlt sich durch Familien bedroht

Die Beziehungen zur Aussenwelt, speziell zu Angehörigen und Freunden, sind oft ein Richtwert für die innere Freiheit einer Gemeinschaft. Gehören Aussenkontakte zu den sensiblen Bereichen einer Gruppe, herrscht intern eine Atmosphäre der Angst, Unsicherheit und Kontrolle. Berührungsängste nach aussen führen zur Abgrenzung und fördern die Isolation. Wie hält es der VPM diesbezüglich?

Partnerschaft und Familie werden im VPM zwar als wichtige psychologische Lern- und Erfahrungsfelder dargestellt und die Erfüllung in der Liebe als zentrales Element der seelischen Ausgeglichenheit betrachtet, doch im Alltag leben die «Lieblinge» diesem Grundsatz nur sehr bedingt nach. Ehemalige VPM-Anhänger berichten übereinstimmend, dass viele «Lieblinge» dem Engagement im VPM einen höheren Stellenwert beimessen als Aussenbeziehungen und Partnerschaften.

Dieses Verhaltensmuster zeigt sich am deutlichsten, wenn sich eine Beziehung zwischen «Lieblingen» und Aussenstehenden anbahnt. In einem ersten Schritt werden die betroffenen VPM-Anhänger von ihren Kolleginnen und Kollegen ermuntert, den Freund oder die Freundin an Veranstaltungen mitzunehmen und im VPM einzuführen. Lässt er oder sie sich nicht für die Ideen und Therapien der Therapiegemeinschaft erwärmen, beginnt für die beiden eine heikle Gratwanderung. Einerseits wollen die «Lieblinge» die günstige Situation nutzen und neue Teilnehmer gewinnen. Andererseits befürchten sie, ihre Mitglieder könnten von der Freundin oder dem Freund beeinflusst werden und dem VPM den Rücken kehren. Lebt das VPM-Mitglied in einer Wohngemeinschaft, wird es von den Mitbewohnern beobachtet und mit moralischen Druckmitteln auf das drohende Verhängnis aufmerksam gemacht. Das WG-Mitglied muss damit rechnen, dass seine Kollegen Kontakt mit seinem Therapeuten aufnehmen und dieser die neue Beziehung zum Gesprächsthema in der Einzeltherapie macht. Zeichnet sich ab, dass der Freund oder die Freundin den VPM definitiv ablehnt, versuchen die «Lieblinge» mit allen Mitteln zu verhindern, dass ihr Mitglied abspringt. In dieser Situation wird der «Fall» normalerweise auch in der Supervisionsgruppe besprochen, wie ehemalige «Lieblinge» berichten.

Droht das VPM-Mitglied abzuspringen, wird es oft mit ideologischen Argumenten verunsichert. Eine Person, die sich nicht im VPM weiterbilde und die Bedeutung des «wahren Gemeinschaftsgefühls» nie erfahren habe, könne kaum ein ebenbürtiger Partner sein. Ausserdem seien Menschen, die sich nicht um die Förderung der «psychologischen Menschenkenntnis» kümmerten, kaum fähig, eine fruchtbare Beziehung zu einem VPM-Mitglied aufzubauen, bekamen ehemalige «Lieblinge» zu hören.

Frauenüberschuss: VPM-Anhängerinnen ohne Partner

Da sich im VPM schätzungsweise doppelt so viele Frauen wie Männer engagieren, bleiben viele weibliche VPM-Anhänger ohne Partner. Bezeichnend ist ein geflügeltes Wort, das die eigentliche Bedeutung einer Partnerschaft für VPM-Anhänger charakterisiert: «Ein Mann darf nicht mehr als das Schäumchen auf dem Kaffee werden.» Für Ehegemeinschaften und Familien kann das Abdriften eines Lebenspartners in den VPM zur erdrückenden Belastung werden.

Die radikale Verschiebung der Lebensinhalte, Wertvorstellungen und weltanschaulichen Ansichten beim einen Partner führt meist zu unlösbaren Spannungen und bewirkt eine rasche Entfremdung. Wehrt sich der andere Lebenspartner gegen den VPM, sind Ehekrisen kaum mehr abzuwenden, und es besteht die akute Gefahr, dass Beziehung und Familie auseinanderbrechen.

Ein konfliktträchtiges Spannungsfeld sind auch die Beziehungen zu aussenstehenden Familienmitgliedern. Viele «Lieblinge» leben in ständigem Konflikt mit den Eltern und Geschwistern. Da die VPM-Anhänger ihren Angehörigen ebenfalls das «erlösende Prinzip» ihrer Menschenkenntnis oder des Gemeinschaftsgefühls angedeihen lassen möchten, werden diese normalerweise «missioniert» und zu VPM-Veranstaltungen eingeladen. Können sich die Familienmitglieder oder Freunde nicht mit den Ideen und Praktiken des VPM anfreunden oder behagt ihnen die Gruppenatmosphäre nicht, trübt sich die Beziehung, häufig begleitet von heftigen Auseinandersetzungen. Die «Lieblinge» sind enttäuscht und glauben zu erkennen, dass ihre Angehörigen nicht offen genug für die «psychologische Menschenkenntnis» sind und sich nicht «finden» können. Die VPM-Anhänger sehen darin die Bestätigung für die Erziehungsschwierigkeiten der Eltern.

Für die betroffenen Angehörigen ist die Erfahrung noch schmerzhafter. Sie realisieren, dass sich das Familienmitglied vermutlich einer totalitären Gruppe verschrieben hat, eine Wesensveränderung durchläuft und die Entscheidungsfreiheit verliert. Diese Erkenntnis kann dazu führen, dass die Angehörigen versuchen, dem Betroffenen die Augen zu öffnen. Da die

«Wahrheit» der «Lieblinge» nicht teilbar und somit ein Kompromiss nur schwer möglich ist, können sich die Fronten weiter verhärten. Auseinandersetzungen und Diskussionen enden dann im Streit. Statt sich anzunähern, wächst der Graben, und die beiden Parteien entfremden sich stetig. Schafft es die Familie nicht, das Thema VPM zu umschiffen und einen Umgangsmodus zu finden, droht der Abbruch der Beziehungen.

Die VPM-Anhänger werten die Bemühungen der Angehörigen und Freunde, sie über den sektiererischen Charakter des VPM aufzuklären, als Beweis für den Erfolg der Hetzkampagne gegen die Therapiegemeinde. Dadurch nimmt die Bedrohungslage für sie noch schärfere Konturen an, denn nach Ansicht der «Lieblinge» ist dies ein Zeichen dafür, dass es der «Neuen Linken» gelungen ist, sogar die eigene Familie zu manipulieren und für die Umsturzpläne zu gewinnen.

Gegen den VPM stehen die Angehörigen auf verlorenem Posten

Eine betroffene Mutter fasste ihre Erfahrungen mit folgenden Worten zusammen: «Seit mehreren Jahren versuchen wir (leider vergeblich) unsere erwachsene Tochter aus ihrer Abhängigkeit von der Liebling-Schule zu lösen.» Als die Eltern auf eine Forderung nicht eingingen, «wandte sich unsere Tochter ganz von uns ab. Sie ist seither verändert, hat ihre natürliche Spontaneität, ihre frühere Fröhlichkeit verloren. Sie spricht in stereotypen, ‹vorfabrizierten› Sätzen und sieht in jedem Gegenargument einen persönlichen Affront. Das menschenverachtende, herzlose und sture – und dabei häufig so inkonsequente – Verhalten des VPM ist für Angehörige erschreckend. Schlicht unverständlich war uns immer die Passivität der Behörden. Ich denke, dass viele Eltern (wie wir) nicht an die Öffentlichkeit treten, um ihre Kinder nicht zusätzlich zu kompromittieren. Der Aspekt der Sorge von Eltern um ihre (wenn auch bereits erwachsenen) Kinder kommt bei den meisten Stellungnahmen eindeutig zu kurz. Die ‹Lieblinge› ihrerseits fördern die Trennung aktiv – wohl eine ‹Vergeltungsmassnahme› gegenüber Andersdenkenden.»

In der Märzausgabe 1991 der Zeitschrift «Bonus» bestätigte ein Mann in einem namentlich gezeichneten Leserbrief die diesbezüglichen Praktiken des VPM: «Ich kenne das Vorgehen des VPM aus eigener, bitterer Erfahrung. Meine frühere Frau hat seinerzeit mit Hilfe einer VPM-Lehrerin unsere drei Kinder ohne mein Wissen in den VPM ‹eingebracht›. Der Versuch, auch meine Teilnahme am VPM zu erzwingen, scheiterte. Darauf reichte meine Frau mit Hilfe einer VPM-Anwältin die Scheidung ein. Begründung:

‹Zerrüttung›. Alle Beziehungen zur Frau und meinen Kindern sind seither abgebrochen. Ich habe durch den VPM meine Familie verloren.»

Der VPM wehrt sich vehement gegen den Vorwurf, er löse Konflikte in Familien aus. Im Buch «Der VPM – was er wirklich ist» heisst es als Antwort auf Eugen Sorg, Autor der «Lieblings-Geschichten»: «Es ist ein unerträglicher Zynismus machiavellistischer Prägung, wenn Sorg in seinem Pamphlet dem VPM seinen eigenen Plan der ‹Auflösung der Familienbande› zu unterschieben versucht. Der VPM hat zu keiner Zeit die Auflösung der Familie propagiert. Im Gegenteil, es gehört zu den ethischen Richtlinien der Psychologen, Ärzte und Pädagogen des VPM, den Zusammenhalt innerhalb der Familie zu stärken, das gegenseitige Verständnis zu vertiefen und das Vertrauen zu fördern, da eine tragfähige Familiengemeinschaft unerlässliche Voraussetzung zur gesunden seelischen Entwicklung eines Kindes ist.»

Gegenteilige Erfahrungen hat auch eine Mutter gemacht, deren Sohn und zwei Töchter sich im VPM engagierten. Als die jüngere Tochter einen Selbstmordversuch unternommen hatte, versuchten ihre Schwester und die WG-Mitbewohner nach Aussage der Mutter, den Vorfall ihr gegenüber zu verheimlichen. Alarmiert von der psychischen Verfassung ihrer Tochter nach der Spitalentlassung suchte sie das Gespräch mit dem VPM-Kader. Da die Diskussionen ergebnislos verliefen, schrieb sie Annemarie Buchholz-Kaiser einen Brief. Als Reaktion darauf erhielt sie einen wütenden Telefonanruf des Sohnes, der sich solche Aktionen für die Zukunft verbat. Später forderten der Sohn und die ältere Tochter ihre Mutter auf, den Brief zu widerrufen, da dadurch die Arbeit des VPM sowie unschuldige Menschenleben in Gefahr geraten seien. Die Versuche der Mutter, direkt mit Annemarie Buchholz-Kaiser zu sprechen, scheiterten.

Nachdem sich die Mutter geweigert hatte, ihren Brief zu widerrufen, verfassten die eine Tochter und der Sohn – auf Initiative des VPM hin, wie die Mutter überzeugt ist – eine Richtigstellung. Darin schreiben sie, dass sie ohne die psychologische Hilfeleistung durch den VPM die Sonnenseiten des Lebens nie hätten kennenlernen können. Denn sie seien in einem depressiven und fatalistischen Klima aufgewachsen und hätten schon als Kinder Selbstmordgedanken gehabt. Diese Strategie ist für VPM-Anhägner typisch. Selbst berechtigte Einwände werden undifferenziert zurückgewiesen und Kritiker moralisch diffamiert.

Zürcher Schülerin prozessiert gegen den Vater

Wie stark familiäre Beziehungen durch Auseinandersetzungen belastet werden können, erlebte auch eine ehemalige «Zürcher Schülerin». Sie führte einen Prozess gegen ihren Vater, weil er sich aus Protest gegen die «Zürcher Schule» geweigert hatte, gewisse Unterhaltszahlungen zu leisten. Rückblickend ist diese Aktion für die Frau ein Beweis, wie sehr ihr Engagement in der Therapiegemeinschaft die Entfremdung gefördert hat.

Die «Lieblinge» entfremden sich häufig nicht nur von den Angehörigen, sondern allgemein von der Aussenwelt. Zeitliche Beanspruchung, geistige Fixierung auf die «psychologische Menschenkenntnis» und die Gruppe sowie die verschiedenen Ansteckungsängste und angeblichen politischen Umsturzgefahren können zu einer Aufspaltung des Bewusstseins führen. Die ideologisch untermauerte Aufteilung der Realität in eine Innen- und eine Aussenwelt lässt viele VPM-Anhänger zu Gratwanderern zwischen zwei unvereinbaren Welten werden.

Die einseitige Wahrnehmung der realen Verhältnisse prägt oft den Umgang mit der Aussenwelt. Weshalb die Zeit mit den vermeintlich Irritierten vertrödeln, wenn man doch mehr als 2000 Gleichgesinnte als Freunde hat, die ebenfalls auf dem beglückenden Lebensweg der «psychologischen Menschenkenntnis» wandern? Aus der Sicht eines «Lieblings» gibt es kaum einen Grund, intensive Kontakte zur Aussenwelt zu pflegen, da dieser die Fähigkeit vermeintlich abgeht, die sozialpolitische Bedeutung des VPM zu erkennen.

Die Massenvasektomie zur «Familienverhinderung»

Das wohl düsterste Kapitel der wechselvollen Geschichte der «Lieblinge» verbirgt sich hinter dem Begriff der Vasektomie. Der Gedanke an die Durchtrennung der Samenleiter löst bei vielen traumatische Ängste aus. Denn die grosse Mehrheit der «Zürcher Schüler» hat sich vasektomieren lassen. Ehemalige Anhänger von Friedrich Liebling schätzen, dass sich über 90 Prozent der volljährigen Männer vor 1982 der definitiven Empfängnisverhütung mit dem Messer unterzogen haben. Viele VPM-Anhänger massen der Vasektomie einen rituellen Charakter zu. Da der VPM dieses Tabu-Thema auch heute noch verdrängt, liegt die kollektive Operationspraxis immer noch wie ein Fluch auf der Gemeinschaft.

Dass die psychologisch gebildeten «Lieblinge» zum radikalen Mittel der Vasektomie griffen, um angeblich die Empfängnis zu verhüten, erscheint vielen Betroffenen heute unfassbar. Die bedenkenlose Kappung der Samenleiter ist für sie Ausdruck für die sektiererische Atmosphäre in der «Zürcher Schule» und die bedingungslose Unterwerfung unter die Gruppennorm. Die Selbstverständlichkeit, mit der sich die Anhänger von Friedrich Liebling auf den Operationstisch legten, gilt als Gradmesser für die Abhängigkeit vom Meister. Auch die über Jahre funktionierende, geheimbundartige Verschwiegenheit zu diesem Thema deutet auf das gruppeninterne Klima in der «Psychologischen Lehr- und Beratungsstelle» hin. Sie zeigt ausserdem, dass sich die «Zürcher Schüler» bewusst waren, wie die Aussenwelt auf die Massenvasektomie reagieren würde.

So sickerte erst Ende der 80er Jahre durch, dass sich die Mehrheit der «Lieblinge» zur Zeit der «Zürcher Schule» vasektomieren liess. Selbst 18- und 19jährige Burschen liessen den fatalen Eingriff unter dem Beifall der älteren Kollegen vornehmen. Als 1989 in Zeitungsartikeln die operativen Praktiken der «Lieblinge» in der «Zürcher Schule» erstmals thematisiert wurden und Eugen Sorg in seinen «Lieblings-Geschichten» den Sachverhalt bestätigte, wies der VPM auch im Namen der «Zürcher Schule» sämtliche Vorwürfe pauschal zurück und versuchte, Friedrich Liebling vom Vorwurf reinzuwaschen, Urheber der beispiellosen Idee gewesen zu sein. Die «Lieblinge» klagten gegen die Ärztin Iris Ritzmann, Präsidentin der Aufklärungsgruppe Psychostroika, die die Informationen als erste publik gemacht hatte.

Wie stark hat Friedrich Liebling seine Anhänger zur Vasektomie animiert?

Streitpunkt ist die Frage, welche Rolle Friedrich Liebling bei der Sterilisierung seiner Anhänger gespielt hat. Der VPM streitet kategorisch ab, der Gründer der «Zürcher Schule» habe seine jungen Anhänger zur Vasektomie animiert. In einem Leserbrief schrieben VPM-Präsident Ralph Kaiser und Vizepräsident Ernst Aeschbach: «Die Vasektomie wurde in der Zürcher Schule Friedrich Liebling nie propagiert.»

Betroffene Männer, die inzwischen den Absprung geschafft haben, widersprechen den beiden Kadermitgliedern energisch. Liebling habe sie damals zum Teil persönlich beraten und ihnen die Vasektomie mehr oder weniger direkt empfohlen. Ausserdem sei den «Zürcher Schülern» klar gewesen, dass die meisten Männer vasektomiert waren. Das entsprechende Gruppenbewusstsein habe die Hemmschwelle für neue Anhänger abgebaut, den verhängnisvollen Schritt ebenfalls zu wagen. Ehemalige «Lieblinge» empfinden die Sterilisation rückblickend als eine Art Initiationsritus. Intern wurde die operative Lösung unter anderem mit schwärmerischen Ideen von der psychologischen Revolution begründet, die einen vollen Einsatz der Mitglieder erfordere. Eine Familie würde die Kräfte abziehen und von der Förderung der «psychologischen Menschenkenntnis» ablenken, glaubten die «Lieblinge» damals. Ausserdem machte ihnen der Meister weis, sie seien durch die Erziehung deformiert und deshalb unfähig, Kinder psychologisch fachgerecht aufzuziehen. Um nicht der Versuchung zu erliegen, ein Kind zu zeugen, hätten sie die definitive Lösung akzeptiert, erzählen ehemalige «Zürcher Schüler». Liebling habe ausserdem argumentiert, sie könnten später allenfalls Kinder adoptieren.

Der Versuch, die düstere Vergangenheit abzuschütteln

Die Version des VPM steht in einem herben Kontrast zu den Schilderungen der Betroffenen. Um sich in der Öffentlichkeit zu rechtfertigen, liess der VPM ein ganzseitiges Inserat in der «Neuen Zürcher Zeitung» vom 21. Januar 1991 erscheinen, das den Titel «Erklärung der Ärzte im VPM zur Vasektomie» trug. Es war vor allem eine Reaktion auf Eugen Sorgs Buch «Lieblings-Geschichten», in dem er das Thema ausführlich beleuchtet und mit Liebling abgerechnte hatte. Im Inserat schreibt der VPM: «‹Propagiert› wurde die Vasektomie niemals, weder von der PLB (Psychologische Lehr- und Beratungsstelle Friedrich Liebling) noch vom 1986 gegründeten VPM. Im VPM war die Vasektomie nie Thema. F. Liebling hat niemals irgend jemand zu einer Vasektomie gedrängt. Jungen Männern hat er von einem unüberlegten Entschluss abgeraten. (...) Sollte es tatsächlich einmal vorgekommen sein, dass sich sogar ein Mann unter 25 Jahren zur Vasektomie entschlossen hatte, dann geschah dies mit Sicherheit nicht aufgrund einer Beratung bei F. Liebling oder einem seiner Mitarbeiter, sondern allenfalls unter dem Einfluss eines Freundes oder der Propagandaschrift Sorgs. Der Betreffende kann nicht im nachhinein die Verantwortung abschieben und seinen damaligen Schritt der PLB anlasten. Es ist allerdings kaum vorstellbar, dass ein Arzt einen solch verantwortunglosen Eingriff überhaupt ausgeführt hat. (...) Es sind eigene sadistische und gefährliche Phantasien, blanker Hass und Wille zur Macht, mit denen Sorg und Teile der Medien in immer gehässigerer Form den VPM verteufeln. Mit Attributen wie ‹Abhängigkeit›, ‹Sekte›, ‹Hierarchie›, ‹Ritual›, ‹Initiationsritus›, ‹Kastration›, ‹Omnipotenz› usw. wird im Gemüt des Lesers Ablehnung und Misstrauen gegen Teilnehmer des VPM erzeugt. Erklärtes Ziel ist die Vernichtung des VPM.»

Ähnlich argumentiert der VPM in seinem Buch «Der VPM – was er wirklich ist». Hier wird allerdings die Altersgrenze von 25 auf 20 Jahre gedrückt:

«Sollte es tatsächlich einmal vorgekommen sein, dass sich gar ein Mann unter 20 Jahren zur Vasektomie entschlossen hatte...» Aufgrund der Prozessakten weiss der VPM, dass Sorg und andere vom VPM eingeklagte Psychostroika-Mitglieder Zeugen benannt haben, die sich als Minderjährige vasektomieren liessen. Es ist auch bekannt, welche beiden Ärzte die Operationen mehrheitlich vorgenommen haben. Bei Minderjährigen wurde der Eingriff unter anderem mit der angeblichen Diagnose begründet, der kaum der Pubertät Entwachsene zeige Schwängerungsängste. Gleichzeitig brachte diese Begründung für die Burschen den «Vorteil», dass die Krankenkassen die Operationskosten übernahmen.

Der Versuch des VPM, Friedrich Liebling vom Vorwurf reinzuwaschen, er habe seinen Anhängern die Vasektomie empfohlen, erscheint heute als fragwürdige Rechtfertigung. Recherchen in alten Akten haben ein Dokument zutage gefördert, das die Schilderungen der ehemaligen «Lieblinge» bestätigt. In der von der «Psychologischen Lehr- und Beratungsstelle» herausgegebenen Zeitschrift «Psychologische Menschenkenntnis» vom August 1977 ist ein Beratungsgespräch wiedergegeben, in dem Friedrich Liebling wörtlich erklärte: «Der junge Mann, der sich vasektomieren lässt, will einen Beitrag leisten zum allgemeinen Wohl der Menschheit.»

«Bittere Erkenntnis, in einer Sekte gelandet zu sein»

Ein ehemaliger Anhänger von Liebling erinnert sich im Zorn an seine Leidensgeschichte in der «Zürcher Schule» und die leichtsinnige Operation. Im Alter von 13 Jahren hatte ihn seine ältere Schwester zu den Veranstaltungen der «Lieblinge» mitgenommen. «Wir waren schwärmerische Anarchisten, und ich hatte plötzlich 100 Freunde. Uns verband das Bewusstsein, zur revolutionären Elite zu gehören. Mit vagen Andeutungen auf seine anarchistische Vergangenheit liess uns Friedrich Liebling Raum für die blühendsten Politutopien und Projektionen. Dabei fiel ein Teil der Glorie auf uns zurück. Ausserdem hat sich Liebling als der einzige Psychologe auf der Welt verstanden, ohne jedoch die Grundbegriffe der Psychologie zu respektieren. Dazu hätte gehört, als Ziel der Therapie die Mündigkeit zu postulieren. Liebling förderte unsere Abhängigkeit von seiner Person bis zur Infantilität. Was aus seinem Mund kam, war für uns das Orakel von Delphi. Wir waren derart im System verstrickt, dass wir diese Vorgänge nicht realisierten. Später war die Erkenntnis bitter, in einer Sekte gelandet zu sein.»

Der heutige Arzt sieht die Tatsache, dass er sich ohne die geringsten Bedenken hat vasektomieren lassen, vor dem Hintergrund einer grenzenlosen Ergebenheit. «Liebling erklärte nicht, ihr müsst euch vasektomieren lassen. Aber er sagte uns immer wieder: Wer das revolutionäre Bewusstsein entwickelt hat und einen Beitrag zur politischen Veränderung leisten wolle, lasse sich sterilisieren. Wer nicht unter das Messer ging, wurde stigmatisiert. Von ihm wurde behauptet, er habe sich nicht gefunden. Ich habe mich mit 19 Jahren von einem Mitglied eines linken Ärztekollektivs vasektomieren lassen.» Der ehemalige «Zürcher Schüler» empfindet diesen Schritt rückblickend als fremdbestimmte Selbstverstümmelung. Die vermeintliche Heldentat wurde für ihn zum Alptraum, als er die Wahnideen zu durchschauen begann.

Viele abgesprungene «Lieblinge» versuchten inzwischen, die Vasektomie operativ rückgängig zu machen. Als einer der wenigen hatte der erwähnte Arzt Erfolg, und seine Frau wurde schwanger. «Ich hatte das Gefühl, Liebling endlich besiegt zu haben, und zwar endgültig. Ich war wieder ein Mensch. Meine Kollegen, bei denen es nicht geklappt hat, bleiben invalidisiert.»

Dass Liebling ihn und und einen Grossteil seiner ehemaligen Freunde mehr oder weniger direkt zur Vasektomie animierte, empfindet der Arzt heute als Ungeheuerlichkeit, zumal Liebling selbst zwei Kinder gezeugt hatte. Seiner Meinung nach wollte Liebling, dass seine Anhänger kinderlos lebten, sich uneingeschränkt der Organisation widmeten und nicht durch eine Familie abgelenkt würden. »Liebling hatte Angst, dass die Loyalität zur ‹Zürcher Schule› durch eine Familie gefährdet werden könnte», ist der Arzt überzeugt.

«Ich stehe heute als verstümmelter Mann da»

Ein anderer ehemaliger Liebling-Anhänger erklärt, ihm seien einige hundert Männer bekannt, die sich vasektomieren liessen. Es habe zur Zeit der «Zürcher Schule» zur Gruppennorm gehört, die Samenleiter durchtrennen zu lassen und damit die soziale Verantwortung in einer übervölkerten Welt wahrzunehmen. Der operative Eingriff sei bei Diskussions- und Lesekreisen sowie Gruppentherapien propagiert und als Bagatelle bezeichnet worden. «Nachdem Liebling selbst anfangs noch offen die Sterilisation als Verhütungsmethode empfahl, wurde er mit seinen Äusserungen zurückhaltender, als die Gruppe eine Massenbewegung zu werden begann und in der Öffentlichkeit bekannter wurde», erklärt der ehemalige «Zürcher Schüler», der sich mit 23 Jahren vasektomieren liess. Er machte den Weg zum Chirurgen zusammen mit einem Kollegen. «Nach der Rückkehr in die Wohngemeinschaft wurden wir mit Applaus von den fünf Wohngenossen empfangen und wie Helden gefeiert», meinte er.

Ein weiterer «Zürcher Schüler» empfand den Eingriff folgendermassen: «Durch die Vasektomie war ich im Unterbewusstsein ein wirkliches Mitglied der Gruppe geworden. Man musste als Mann sterilisiert sein, um wirklich dazuzugehören.» Später trennte sich eine Freundin von ihm, weil er zeugungsunfähig war. Die Loslösung von der Gruppe und die schmerzlichen Erkenntnisse warfen ihn aus der Bahn, und er hatte mehrere Nervenzusammenbrüche. Bisher hat er 12'000 Franken investiert, um die Vasektomie rückgängig zu machen. Erfolglos. «Ich stehe als verstümmelter Mann da», meint er. Er ist heute mit einer Frau verheiratet, die sich ein Kind von ihm wünscht.

Kapitel 7

Für den VPM ist Homosexualität eine «psychische Irritation»

Liebling und seine Psychologen sind in der «Psychologischen Lehr- und Beratungsstelle» schon früh mit dem Thema der Homosexualität konfrontiert worden. Der Gründer der «Zürcher Schule» tat sich schwer mit Fragen der gleichgeschlechtlichen Zuneigung. In diesem Bereich zeigte sich besonders krass, dass er oft unbekümmert und bar jeder wissenschaftlichen Arbeitsweise seine psychologischen Vorstellungen und Rezepte entwickelte. In der Überzeugung, für alle seelischen Sorgen eine wirksame Lösung gefunden zu haben, erklärte er die Homosexualität für «heilbar». Der VPM hat die Ansichten des Gründers der «Zürcher Schule» im wesentlichen übernommen und bis heute nicht grundlegend revidiert. Angesichts ihrer ausgeprägten Angst vor Aids und der radikalen Änderung des eigenen Sexualverhaltens entspricht es einer inneren Logik, dass die «Lieblinge» die Homosexualität als eine Art psychische Krankheit werten.

Mit seiner «psychologischen» Interpretation der Gleichgeschlechtlichkeit befindet sich der VPM in guter Gesellschaft mit rechts-konservativen und religiös-dogmatischen Kreisen. Auch heute noch betrachten die Ärzte, Psychologen und Lehrer des VPM diese sexuelle Neigung als «psychische Irritation», die ihrer Meinung nach den Ursprung in der Kindheit oder Erziehung hat. Auffallend ist, dass in der VPM-Literatur die Homosexualität praktisch ausschliesslich anhand der männlichen Gleichgeschlechtlichkeit thematisiert wird.

Gleichgeschlechtliche Neigung – eine Fehlentwicklung

In einer Gruppensitzung wertete Friedrich Liebling die gleichgeschlechtliche Zuneigung als Abnormität: «Die Erkenntnis, dass die Homosexualität eine Fehlentwicklung sei, wurde zunächst dadurch erschwert, dass zahlreiche Vertreter dieser Triebeinstellung von sich behaupteten, dass sie nicht den geringsten Wunsch haben, sich zu ändern, und dass das Verlangen nach dem andern Geschlecht in ihnen niemals vorhanden gewesen sei.»

Liebling vertrat abenteuerliche Thesen über die Gefühlssituation von Homosexuellen: «Die Meinung, dass ein Mensch ‹in der Homosexualität sein Glück finden› könne, ist irrig; der Homosexuelle ist nicht glücklich, auch wenn er vorgibt, es zu sein. Selbst wenn die gesellschaftliche Ächtung hinwegfallen würde, würde es dem Homosexuellen niemals wohl in seiner Haut sein, denn die Voraussetzung für sein Sexualverhalten sind Charakterverbiegungen, die nicht nur im Liebesleben, sondern im Leben überhaupt als Schwäche und Irritierbarkeit zum Ausdruck kommen. Es ist ein resignierter Menschentypus, der sich seiner natürlichen Geschlechtsrolle entfremdet und sich dem obskuren Treiben der Homoerotik übergibt», schrieb er in einem Aufsatz mit dem Titel «Der nervöse Mensch und seine Heilung».

In diesen Einschätzungen kommen Lieblings Vorstellungen von den universellen Möglichkeiten der Psychologie und der Funktion der Therapie zum Ausdruck. Danach kann nicht der Betroffene über sein psychisches Wohlbefinden urteilen, sondern allein der Psychologe. Es ist deshalb folgerichtig, dass Liebling als Therapeut entscheiden kann, ob die Homosexualität seiner Anhänger therapierbar ist.

Ein ehemaliger «Zürcher Schüler» erinnert sich noch heute im Detail an den massiven psychischen Druck, unter dem er wegen seiner homosexuellen Neigung jahrelang gestanden hatte. «Liebling und folglich auch die ganze Gruppe werteten die Homosexualität als eine der schwerwiegendsten Irritationen», berichtet er und zitiert aus einem persönlichen Gespräch mit Friedrich Liebling, das er mitgeschnitten hat: «Wie Sie das sehen, wie Sie fühlen – das ist ein grosser Irrtum, eine Schwäche in Ihrem Charakter. Dass Sie das nicht aufgeben können, hängt damit zusammen, dass Sie sich in der Gruppe nicht gefunden haben. Das ist doch nicht natürlich, wie Sie das sehen. Die Natur hat das doch so geschaffen, dass das zusammenpasst wie der Schlüssel ins Schlüsselloch. Was sollen zwei Männer? Was sollen die miteinander anfangen? Ein Irrtum ist das. Suchen Sie sich eine Partnerin, geben Sie dieses Problem auf.»

Die psychologische Betrachtungsweise der Homosexualität entbehrte bei Liebling jeder wissenschaftlichen Grundlage. Der Gründer der «Psychologischen Lehr- und Beratungsstelle» liess sich von Vorurteilen und weltanschaulich bestimmten Vorstellungen leiten. Der zitierte Teilnehmer meint rückblickend: «In der ‹Zürcher Schule› herrschte ein unsäglicher psychischer Druck. Ich brauchte nach meiner Trennung von der Gruppe lange Zeit wirkliche therapeutische Hilfe, um mich selbst zu finden und zu verwirklichen.»

Annemarie Buchholz-Kaiser und ihre Kaderleute drücken sich heute vorsichtiger aus, umschiffen das Thema in ihren Schriften weitgehend und zeigen deutliche Berührungsängste. Dass auch der VPM von der Therapierbarkeit der Homosexualität ausgeht, lässt sich anhand einiger weniger Zitate in den VPM-Schriften ableiten. Im Buch «Der VPM – was er wirklich ist» wird beispielsweise der Fall eines Studenten erwähnt, der sich seiner Geschlechtsrolle nicht sicher gewesen sei: «Im Laufe der sorgfältigen psychologischen Abklärung gelang es ihm, diese Unsicherheiten zu überwinden und die Beziehung zum anderen Geschlecht anzubahnen. Er verliebte sich – und fand auch Gehör.»

Noch deutlicher wird die Haltung des VPM in der Auseinandersetzung mit einem Experten. Dieser hatte erklärt, es seien keine Fälle bekannt, bei denen es gelungen wäre, aus einem Homosexuellen einen lebenslang glücklichen heterosexuellen Mann zu machen. Als Antwort darauf schrieben die «Lieblinge» im Buch «Der VPM – was er wirklich ist»: «Diesbezügliche Forschungsergebnisse zum Beispiel Alfred Adlers oder der Psychologischen Lehr- und Beratungsstelle Friedrich Liebling und des VPM will er nicht zur Kenntnis nehmen, weil sie nicht in sein Konzept passen.» Und im Kapitel «Homosexuelle und Neue Linke» wird die Homosexualität offen als «lebensgeschichtlich entstandene Irritation» bezeichnet.

VPM diffamiert die «neulinken» Homosexuellen

Besonders in den Verbalattacken gegen Homosexuelle offenbart der VPM seine Einstellung zur Gleichgeschlechtlichkeit. Ins Visier nimmt er vor allem die «homosexuellen Linksfaschisten» und Vertreter der Aids-Hilfe Schweiz, mit denen er im Zusammenhang mit der Aidsfrage die Klinge kreuzt. (vgl. Kapitel 9) Auf welcher Ebene die Auseinandersetzung mit Homosexuellen stattfindet, zeigt sich vor allem im Buch «Aids» der AAS: «Aids wurde von den Homosexuellen dazu missbraucht, die Homosexualität populär zu machen.» Auch in anderen Büchern bezeichnet der VPM die Betroffenen konsequent als Homosexuelle und stigmatisiert sie selbst in Fragen, die mit der geschlechtlichen Neigung nichts zu tun haben. Die Exponenten der Aids-Hilfe Schweiz werden beispielsweise namentlich genannt und als homosexuell bezeichnet: «Auch wichtige Stellen im Bundesamt für Gesundheitswesen sind von ihnen besetzt, ebenso wie eine der leitenden Stellen der Erziehungsdirektion des Kantons Zürich. Selbst die Kirchen blieben davor nicht verschont: So ist heute der homosexuelle S. als offizieller Aidspfarrer der evangelischen Kirche (...) tätig, wie im Buch des homosexuellen M. nachzulesen ist.» (Beide werden mit vollem Namen genannt.)

Als liberaler Drogenspezialist geriet auch der Deutsche Schriftsteller Günter Amendt in die Schusslinie des VPM. Aufgrund einer Zeitungsmeldung erwähnte er in einem Vortrag in Zürich die Auseinandersetzungen an der Handelsschule des Kaufmännischen Verbandes (vgl. Kapitel 12), ohne den VPM namentlich zu nennen. Er kannte damals die «Lieblinge» noch nicht. Dies hat sich inzwischen geändert; denn die VPM-Anhänger haben ihn zweifach eingeklagt. Er wurde Gegenstand von zahlreichen Beschimpfungen in Schriften und Flugblättern des VPM. «In seiner für einen Homosexuellen typischen Abscheu für das andere Geschlecht beschreibt er die Ehe in marxistischer Sprache als einen ‹unauflösbaren Teufelskreis sexueller Verelendung›», schrieb beispielsweise eine VPM-Anhängerin in einem Flugblatt.

Kapitel 8

Politischer Umsturz durch «linksfaschistische» Kreise mit Hilfe der Fixer

Der VPM misst dem Thema Drogen in der Auseinandersetzung um gesellschaftliche und politische Normen und Werte eine zentrale Bedeutung bei. Mit ihrer repressiven Drogenpolitik und kompromisslosen Haltung polarisieren die Anhänger von Annemarie Buchholz-Kaiser in der öffentlichen Diskussion häufig die Meinungen. Die Beschäftigung mit Drogenfragen hat bei den «Lieblingen» eine lange Tradition und geht auf Friedrich Liebling zurück. Der Gründer der «Zürcher Schule» und geistige Vater des VPM hat bereits Ende der sechziger Jahre die sozialpolitische Sprengkraft der neuen Rauschmittel vorausgesehen. Liebling führte Drogenseminare durch und machte das Thema zum Schwerpunkt der internen Jugendarbeit.

Im Gegensatz zu vielen Drogenfachleuten machte er kaum einen Unterschied zwischen leichten und harten Drogen und war überzeugt, dass auch der Haschischkonsum massive körperliche und psychische Schäden verursachen und die Jugendlichen in die Verwahrlosung treiben würde. Liebling dämonisierte die Hanfprodukte aus politischen Überlegungen heraus. Er vertrat die These, das Establishment wolle mit Hilfe von Drogen die anarchistischen und revolutionären Kräfte ablenken und lähmen.

Die fachliche Leiterin des VPM, Annemarie Buchholz-Kaiser, misst dem Drogenproblem zwar auch eine politische Bedeutung zu, allerdings mit umgekehrten Vorzeichen. Der VPM behauptet nämlich, die sogenannte «Neue Linke» wolle mit der Unterstützung Drogenabhängiger den gesellschaftlichen und politischen Umsturz vorantreiben. Wie schon zur Zeit der «Zürcher Schule» führt auch der VPM einen Feldzug gegen weiche Drogen: «Marihuanarauchen hat verheerende körperliche, psychische und soziale Schädigungen zur Folge», behauptet der VPM.

Als sich Mitte der achtziger Jahre das HIV-Virus rasant auszubreiten begann und Fixer zu einer Risikogruppe wurden, erhielt das Drogenproblem beim VPM zunehmend eine ideologische Dimension. Für einen Verein, der die «psychologische Menschenkenntnis» auf seine Fahne geschrieben hat und in dem sich Hunderte von Akademikern aus den Bereichen Medizin, Psychologie und Pädagogik engagieren, erwies sich die konfliktträchtige Auseinandersetzung mit Drogen und Aids als besondere Herausforderung. Hier sollte sich die wissenschaftliche Überlegenheit, das psychologische Prinzip und das sozialpolitische Bewusstsein des VPM bewähren und ihm eine Vorrangstellung in der Prävention und Forschung verschaffen. Die intensive Beschäftigung mit Aids-Fragen scheint auch persönlich motiviert zu sein: Aufgrund der sexuellen Freizügigkeit zur Zeit der «Zürcher Schule» entwickelten viele «Lieblinge» panische Ängste vor einer allfälligen Ansteckung. (vgl. Kapitel 9)

Die Selbsteinschätzung als Experten in Aids-Fragen kommt im Buch «Aids» des von VPM-Vertretern angeregten und mitgegründeten Vereins Aids-Aufklärung Schweiz (AAS) deutlich zum Ausdruck: «Deshalb kann mit Fug und Recht gesagt werden, dass die HIV-Prävention des VPM im internationalen Vergleich in Theorie und Praxis hervorragend ist.» Die VPM-Anhänger berufen sich auf ausländische Studien, um ihre Thesen zu untermauern und die Schweizer Fachleute, welche die Drogen- und Aids-Prävention prägen, ins Abseits zu drängen. Der VPM versucht, mit Hilfe von selektiv ausgewählten, nicht repräsentativen Publikationen die Schweizer Drogenspezialisten unglaubwürdig zu machen und dadurch Einfluss zu gewinnen. Im Aids-Buch der AAS wird behauptet, «dass sich als Gegner des VPM, der AAS und einer sachlichen Aidsprävention eine unheilvolle Allianz zwischen Psychostroika (Arbeitsgemeinschaft für Offenheit im Wirken des VPM), links-politisch motivierten Homosexuellen, «Neuen Linken»und der ihr verbundenen Presse mit Exponenten der offiziellen Aidsprävention bildete. Wer wessen Erfüllungsgehilfe war, sei dahingestellt.»

Die hauptsächlichen Exponenten werden namentlich erwähnt. Es handelt sich um Professor R. Lüthy, Leiter der Infektionsabteilung des Universitätsspitals Zürich und Präsident der Eidgenössischen Aids-Kommission, Professor F. Gutzwiller, Direktor des Instituts für Sozial- und Präventivmedizin der Universität Zürich, Mitglied der Eidgenössischen und Präsident der Zürcher Aids-Kommission, sowie Professor P. J. Grob, Leiter der klinischen Immunologie des Universitätsspitals Zürich und Mitglied der Eidgenössischen Aids-Kommission.

Kampf gegen den Zerfall moralischer Werte

Die stärkste Triebfeder, sich mit den Drogen- und Aids-Problemen auseinanderzusetzen, muss beim VPM auf der ideologischen Ebene gesucht werden. Als restaurative Bewegung stemmt sich der VPM vehement gegen den befürchteten Zerfall sozialpolitischer und moralischer Werte und gegen permissive Strömungen. Die VPM-Anhänger werteten die Duldung offener Drogenszenen auf dem Zürcher Platzspitz und im Berner Kocherpark als Gefahr für den Rechtsstaat. An der Aids- und Drogenfront versuchen die «Lieblinge» stellvertretend, den gesellschaftlichen Zerfall zu bremsen und die vermeintlich bedrohte bürgerliche Ordung zu retten. Denn in keinem andern Bereich klaffen für den VPM konservative Wertvorstellungen und politische Realitäten derart auseinander: Für ihn sind hier die demokratischen Errungenschaften und Gesetze bereits ausser Kraft gesetzt. Der VPM ist überzeugt, dass in der Drogenpolitik und besonders in der Aids-Prävention die Linken den Marsch durch die Institutionen geschafft haben und dass sie den politischen Umsturz vorbereiten.

Anspruch auf die wissenschaftliche Wahrheit

Auffallend ist der absolutistische Anspruch der VPM-Akademiker auf den Wahrheitsgehalt ihrer Thesen. Sie beschäftigen sich vor allem im weissen Kittel oder am Schreibtisch mit dem Drogenproblem. Auf der Gasse sind sie kaum anzutreffen. Direkte Erfahrungen mit der Drogenszene haben sie wenig.

Der VPM will laut eigenem Präventionskonzept den Handel bekämpfen, den Konsum eindämmen und die Drogenabstinenz zum obersten Prinzip erheben. Wichtigstes Element ist die Aufklärung. Als Risikofaktor bezeichnet der VPM die Verfügbarkeit von Drogen im Umfeld von Jugendlichen, die im Freundeskreis, in der Schule und in der Freizeit in Kontakt mit Rauschmitteln kommen können. Deshalb müssten alle, die mit jungen Leuten arbeiteten, auch nur schon gedankliche Berührungspunkte aufmerksam registrieren und gegebenenfalls unterbinden. Grundpfeiler dazu sei die Schulung von Eltern, Lehrern und Jugendbetreuern. «Sie sollte dazu befähigen, die psychische Verfassung zu erkennen, die zum Drogenkonsum führen kann, um dem Jugendlichen so zu begegnen, dass er in seiner gesamten Persönlichkeit gestärkt wird», schreibt der VPM.

Das Konzept der «Lieblinge» ist weder spektakulär noch reich an neuen Erkenntnissen. Der VPM verfolgt eine Politik der absoluten Drogenabstinenz und will mit präventiven und repressiven Massnahmen eine suchtfreie Gesellschaft verwirklichen. Drogenfachleute werten dieses Modell mehrheitlich als theorielastig, praxisfremd und somit utopisch. Die Anhänger von Annemarie Buchholz-Kaiser sind hingegen überzeugt, dass sich die Jugendlichen durch Aufklärung und Förderung der «psychologischen Menschenkenntnis» charakterlich derart festigen lassen, dass sie selbst der Versuchung des einmaligen Neugierkonsums weicher Drogen widerstehen können. Als weitere Massnahmen sehen sie die radikale Ächtung der Drogen, die Verteufelung auch leichter Rauschmittel und die Verfügung von restriktiven Sanktionen im Alltag und beim Freizeitverhalten.

Die Konflikte entzündeten sich nicht in erster Linie am repressiven Drogenkonzept, sondern am missionarischen Eifer der «Lieblinge» und an ihrer radikalen Interessenwahrung. Sie stiessen mit ihren drogenpolitischen Aktivitäten in Fachkreisen und bei den betroffenen Behörden rasch auf Widerstand. Abweichende Thesen oder Konzepte empfand der VPM als Angriff auf seine Position. Die Therapiegemeinschaft ist überzeugt, dass ein Konglomerat von Drogenaposteln, Vertretern der 68er- und 80er-Bewegung sowie der rot-grünen Ideologen den gesellschaftlichen Umsturz über die Drogenpolitik anstrebt und den Verein um Annemarie Buchholz-Kaiser mundtot machen und ausschalten will.

«Die ‹Neue Linke› verfolgte von Anfang an eine neuartige Klassenkampfstrategie, um ihr gesellschaftspolitisches Ziel zu erreichen, nämlich die Drogensüchtigen als Mobilisierungspotential für den gesellschaftlichen Umsturz einzusetzen, um anschliessend als Utopie eine enthemmte Gesellschaft zu erreichen mit freiem Zugang zu Rauschgift, pervertiertem Sex und entfesselter Gewalt», heisst es im Buch «Der VPM – was er wirklich ist». Da Marx mit seiner Verelendungstheorie des Proletariats Schiffbruch erlitten habe, würden die «Neuen Linken» nun leicht radikalisierbare Randgruppen wie Drogensüchtige, Obdachlose, Prostituierte, Straffällige, Homosexuelle oder psychisch kranke Menschen zu Revolutionären machen, behauptet der VPM.

Im VPM-Porträt wird eine Umsturztheorie gezeichnet, in die nahtlos renommierte Philosophen, Buchautoren und Journalisten von Schweizer Szenenblättern in eine Beweiskette gereiht werden. Daraus leiten die VPM-Autoren eine internationale Verschwörungs- und Revolutionsidee mit der Droge als Katalysator ab. In einem Atemzug nennen sie den Hippieführer Jerry Rubin, den Gestalttherapeuten Paul Goodman, den Drogenapostel Michael Baumann, den Philosophen Herbert Marcuse, die Zürcher Psychiater Berthold Rothschild und Emilio Modena sowie den Buchhändler Theodor Pinkus und verschweissen sie mit einer abenteuerlichen Vernetzungstheorie zu einer homogenen Revolutionsfront.

Feldzug gegen die «Neue Linke»

Der Verein zur Förderung der Psychologischen Menschenkenntnis sieht seine Aufgabe darin, die Öffentlichkeit aufzuklären, die Politiker aufzurütteln und den Umsturz zu verhindern. «Auf dem Weg zum Umsturz gab es allerdings bereits Hindernisse, nämlich die Erkenntnis jeder Psychologie. Die ‹Neue Linke› wollte diese mit aller Gewalt aus dem Weg schaffen, indem sie die Psychologie mit einer Sekte gleichsetzte», schreiben die VPM-Autoren in ihrem Buch.

Im Standardwerk des VPM behaupten die «Lieblinge», es sei einer militanten Kerngruppe mit Hilfe des Szenenblattes «Tell» gelungen, die politisch-revolutionäre Substanz der 80er-Bewegung für eine einheitlich operierende «Neue Linke» verfügbar zu machen. Der Schulterschluss kam ihrer Ansicht nach dank der von der «Drogengruppe AJZ» inszenierten Debatte über ein doktrinäres Programm für eine gesamtlinke Drogenpolitik zustande.

Die Drogenpolitik wurde also zum Ferment der Neuformierung der bisher zerstrittenen radikalen Szene. Sie sei die neue Grundlage einer um diese Dimension erweiterten Klassenkampftheorie der «Neuen Linken». «Von nun an wurde versucht, alle Hindernisse und wissenschaftlichen, aufklärerischen und humanistischen Kreise wie den VPM im beginnenden ‹kolumbianischen Stil› beiseite zu schaffen», heisst es wörtlich.

Eine Etappe auf dem Weg zum Umsturz sahen die VPM-Teilnehmer in der Liberalisierung der Spritzenabgabe, die nach einer angeblichen Hetzkampagne gegen den Zürcher Kantonsarzt Kistler zustande gekommen sei. Eine ähnliche Niederlage wie Kistler will der VPM nicht erleiden. Er sei «nicht zum Verstummen zu bringen, denn die Natur und die wissenschaftlichen Erkenntnisse, auf die sich der VPM bezieht (...) konnten bisher nur mit Gewalt zum Verstummen gebracht werden. Dazu wurden unter anderem bestimmte Methoden der physischen Vernichtung von Menschen und die Verbrennung von Büchern angewandt. Damit soll das Rad der Menschheits- und Kulturgeschichte angehalten werden.»

Laut VPM-Buch soll der Umsturz folgendermassen geschehen: «Das politische Terrain war vorbereitet, um der bürgerlichen konstruktiven Drogenpolitik den Todesstoss zu versetzen und damit eine Auflösung der Strukturen des gesamten Staates einzuleiten.» Denn laut VPM hat die «Neue Linke» nach zwanzigjähriger Tätigkeit das Ziel, die Legalisierung der Drogen, schon fast erreicht: «Platzspitz als rechtsfreier Raum, Bewaffnung der Drogen- und Politszene, freie Spritzenabgabe, das Methadonprogramm und die links unterwanderten Institutionen und Medien.» Um der «Neuen Linken» wirkungsvoller begegnen zu können, verstärkte der VPM seine Arbeit im Bereich der Drogenpolitik, gründete den «Arbeitskreis Drogenpolitik VPM» und organisierte Grossveranstaltungen zu Drogenfragen.

Parallel zum wachsenden Widerstand in der Öffentlichkeit baute der VPM seine Umsturztheorie aus und erweiterte die Liste der angeblichen Drahtzieher. Der Bannstrahl traf auch den Obdachlosenpfarrer und EVP-Nationalrat Ernst Sieber, weil er für die Solidarität mit den Drogenabhängigen kämpfte und für Fixerräume plädierte. Damit ebne er der Ausweitung des Rauschgiftkonsums den Weg und nehme den sicheren Tod vieler Jugendlicher in Kauf, warf ihm der VPM vor. Im VPM-Buch heisst es dazu: «Ein erstes Ziel, womit er mit den Rot-Grünen übereinstimmt, ist gewissermassen die ‹Eroberung der Stadt›. Hier speit er Gift und Galle und kämpft mit dem ‹Schwert›, wenn es gegen Andersdenkende geht. (...) Das zweite Ziel Siebers gilt der ‹Eroberung der Landgemeinden› zwecks Zerrüttung der bisher gültigen kulturellen Werte und demokratischen Normen. (...) Dieses Vorgehen erinnert an Methoden, die schon Mussolini angewendet hatte, um sich nach den grossen Städten auch die Landgemeinden untertan zu machen. Mit den ‹Lateranverträgen› 1929 mit dem Vatikan gelang es ihm, die Kirche für seine Zwecke zu gewinnen. Erst als die ‹Glocken auf dem Dorfe› die Bewohner zu seinen Reden zusammenriefen und seinen ideologischen Plänen auslieferten, ebnete dies Mussolini den Weg zur ‹Eroberung des Landes›.»

VPM im Kampf gegen eine nationale Verschwörung

Ein Dorn im Auge waren dem VPM auch die Zürcher Drogenwochen vom 20. Mai bis 17. Juni 1989. Er empfand die Veranstaltungen als eine offene Kampfansage an den Staat und seine Drogenpolitik. Dem Publikum sei weisgemacht worden, dass die Süchtigen nicht an den Auswirkungen der Drogen, sondern an den Folgen der Illegalität und der damit zusammenhängenden Kriminalisierung sterben würden.

Als der Zürcher Kantonsrat am 11. September 1989 mit Hilfe mehrerer bürgerlicher Stimmen ein Postulat des Grünen Daniel Vischer für eine Standesinitiative zur Änderung des Betäubungsmittelgesetzes mit 76 zu 67 Stimmen überwies, war der VPM überzeugt, dass erhebliche Teile der Bürgerlichen und die Landeskirche der linken Drogenstrategie einverleibt worden seien.

Auch die Zürcher Stadträtin Emilie Lieberherr fiel mit ihrer Drogenpolitik in Ungnade und wurde in die Verschwörungstheorie eingebaut: «Toleranz, menschliche Wärme, Rücksichtnahme und Solidarität bedeuten also gemäss E. Lieberherr die Verführung zu tödlichem Gift, zur Verlockung zu Selbstmord auf Raten und zu vorsätzlicher Vergiftung von 16jährigen. (...) Der Zauber von Lieberherrs Parteilosigkeit täuscht dabei bürgerliche Seriosität vor und hilft, die Spuren der Vernetzung zu verwischen», heisst es im VPM-Buch

Der VPM reiht auch zahlreiche Institutionen in seine Revolutionsidee ein, etwa die Suchtpräventionsstelle der Stadt Zürich, die Schule für Soziale Arbeit und das Pestalozzianum. Deren Exponenten würden in ihren Propagandaveranstaltungen starkes Misstrauen säen und Gift und Galle gegen den VPM und dessen menschliches Anliegen spritzen.

Die Gemeinschaft um Annemarie Buchholz-Kaiser hat nicht nur eine zürcherische, sondern auch eine nationale Verschwörung ausgemacht: «Der VSD (Verband Schweizerischer Drogenfachleute) ist gewissermassen das schweizerische ‹Agentennetz›, die Drogencharta (loser Zusammenschluss von Professoren, Rechtsanwälten und Politikern), eine Art ‹Programmkommission›, in der Vertreter aus Justiz, Medizin, Politik, diversen Behörden und auch Sozialarbeiter zusammengeschlossen sind. Die Schule für Soziale Arbeit wirkt dabei wie eine ‹Kaderschmiede›, welche die künftigen Sozial- und Drogenarbeiter gemäss Dozentin K. Cassée zu ‹Wühlmäusen› ausbildet. Die Suchtpräventionsstellen schliesslich spielen in diesem Szenario die Rolle der ‹Vorposten› an der Drogenfront, die das skizzierte Programm und die Verwirrung in die Schulen hinaustragen», schreibt der VPM.

Verschwörung von aussen wird zur Verschwörung nach innen

Der VPM glaubt, der Kampf um die humanistischen und demokratischen Werte finde an der Drogenfront statt. Durch die Dämonisierung der Drogen gewinnt die Auseinandersetzung eine Eigendynamik, welche die Wahrnehmung der politischen Realität trübt und die Ängste steigert. Das Bedrohungsbild wächst unkontrolliert. Tatsächlich fühlen sich VPM-Mitglieder direkt bedroht und sind daher bereit, das angebliche Unheil mit grossem persönlichem Einsatz abzuwenden. Haschisch und Heroin werden zum Symbol der individuellen und kollektiven Gefahr. Die Reduktion der Bedrohung auf ein Thema begünstigt die Ideologisierung der Gruppenmitglieder. Die Gefahr lässt sich eingrenzen und genau bezeichnen. Die Abwehr der angeblich drohenden linken Diktatur und der Kampf gegen den Zerfall der abendländischen Kultur erhält die Qualität eines Heilsauftrages.

Die wachsende Eskalation, die sich auch in Dutzenden vom VPM oder seinen Anhängern angestrengten Prozessen zeigt, führt zur Verhärtung des internen Klimas und fördert bei den besonneneren VPM-Anhängern Unbehagen und Unsicherheit. Diesen inneren Spaltpilz versucht das Kader mit einer Verschärfung des Bedrohungsbildes und der Überzeichnung der Verschwörungstheorie zu bekämpfen. Damit dreht sich die Abwehrspirale weiter, und die Gruppe wird gezwungen, noch näher zusammenzurücken. Innen- und Aussenansicht drohen irrationale Züge anzunehmen. Der Einzelne erscheint hilflos gegenüber der hochstilisierten Macht der «Neuen Linken». Die vermeintliche Verschwörung von aussen führt zur Verschwörung nach innen.

Indem der VPM das Drogenproblem zur ideologischen und politischen Schicksalsfrage für die westliche Zivilisation hochstilisiert, verleiht der einsame und heroische Kampf des VPM gegen die «Neue Linke» den «Lieblingen» das Gefühl, einen entscheidenden Beitrag zur Rettung der abendländischen Tradition zu leisten. Die angeblichen Angriffe sind für die VPM-Anhänger Beweis genug, weshalb sie verbissen gegen den Zerfall des Rechtsstaates kämpfen. Sie sind überzeugt, historisch relevante Ziele zu verfolgen. Somit misst sich der VPM ein ähnliches politisches Gewicht bei wie Liebling ehemals der «Zürcher Schule». Mit zwei Unterschieden allerdings: Der angebliche Feind kommt heute aus der anderen Richtung, und statt eine Vision umzusetzen, will der VPM einen vermeintlichen Umsturz abwehren.

Haschisch als Sinnbild des Bösen und der Gefahr

Die Bewertung von Haschisch als eminent gefährliches Rauschmittel ist ein zentrales Merkmal der Drogenpolitik des VPM. Er behauptet, Hanfprodukte wirkten als Einstiegsdroge, könnten psychotische Reaktionen auslösen, zerstörten die Hirnfunktionen und führten zu körperlichen Schädigungen. Jürg Barben, VPM-Mitglied, Arzt und Präsident der Aids-Aufklärung Schweiz (AAS), meint: «Haschisch ist vom medizinischen Standpunkt her eindeutig als eine gefährliche Droge einzustufen.» Laut einem Merkblatt des VPM rufen Cannabis-Produkte Schädigungen des Gehirns, der Fruchtbarkeit, des Hormonhaushalts, der Chromosomen und der Lunge hervor. Zu den angeblichen psychischen Auswirkungen zählen die VPM-Ärzte Apathie, Passivität, Störungen der Psychomotorik, der Denk- und Konzentrationsfähigkeit, mangelndes soziales Interesse und Psychosen.

Die VPM-Mitglieder berufen sich häufig auf den in der Fachwelt umstrittenen Cannabis-Gegner Gabriel G. Nahas und auf den Deutschen Professor Täschner, der behauptet, Haschisch führe in die Abhängigkeit und rufe Schizophrenie hervor. Der VPM verschweigt hingegen, dass Nahas und Täschner zu einer kleinen Minderheit von Drogenspezialisten gehören, die dem Haschisch eine solche Gefährlichkeit beimisst. Im Buch «Von Hanf ist die Rede» (Rowohlt Taschenbuchverlag) werden zum Beispiel verschiedene amerikanische Wissenschaftler zitiert, die auf Distanz zu Nahas gehen. («Er ist ein Extremist in dieser Sache.»/«Nahas nimmt auch bei uns niemand ernst.»)

Die mögliche Drogenliberalisierung und die Abgabe von Heroin an Fixer versetzte den VPM Anfang der neunziger Jahre in Alarmbereitschaft. Mit Broschüren und Manifesten, die er breit streute und zahlreichen Institutionen und Politikern schickte, versuchte er, die angebliche Eskalation abzuwenden. Er engagierte sich unter anderem bei der Abstimmungskampagne gegen die Fixerräume in Zürich. In einem Flugblatt mit dem Titel «Ebnet Zürich der Mafia den Weg zu ihrem Drogengeld?» wurde dem Sozialamt vorgeworfen, es räume den Drogensüchtigen mit den Suppen- und Teeküchen und der kostenlosen medizinischen Betreuung und den Schlafstellen alle Hindernisse aus dem Weg, um an Drogen zu gelangen. «Der Drogensüchtige kann sein gesamtes Geld für Drogen ausgeben, während der normale Bürger für Nahrung, Kleidung, Wasser und Miete zahlen muss», heisst es darin wörtlich.

Im weitern wird der Tagesraum für Obdachlose (TAROT) als illegaler Fixerraum bezeichnet, mit dem bestehendes Recht übertreten werde. «Hat Lieberherr darum gewussst, ist es ein Skandal; hat sie nicht gewusst, was in ihrer Abteilung passiert, wäre dies erst recht ein Grund zum Rücktritt», steht in einem VPM-Blatt vom 2. Dezember 1990. Darin wird ausserdem die Frage aufgeworfen, wieso der VPM daran gehindert werde, über die Gefahren der Drogen aufzuklären. Weil die Befürworter einer liberaleren Drogenpolitik ihre Argumente nicht beweisen könnten, würden sie zum feigsten aller Mittel greifen: «Sie stempeln den VPM zur Sekte, um so die sachliche Diskussion abzuwürgen.»

Eine Gefahr für die Jugend und die Zukunft

Im «Schweizer Manifest gegen Drogen» von Mitte 1991 deutet der VPM an, dass er gesetzliche Zwangsmassnahmen befürwortet. Darin heisst es, Drogen würden junge Menschen und damit die Zukunft der Menschheit gefährden. Die Gesellschaft müsse dafür sorgen, dass der einzelne die Fähigkeit der Selbstverantwortung entwickeln könne. «Bevor ein Jugendlicher über diese Fähigkeiten verfügt, hat ihn die Gesellschaft durch klare gesetzliche Regeln vor sich selbst und vor negativen Einflüssen durch andere zu schützen.» Der VPM spricht den Jugendlichen pauschal die Eigenverantwortung ab.

Die öffentliche Diskussion um die kontrollierte Heroinabgabe an Süchtige veranlasste die «Lieblinge» erstmals, ihre geschützten Therapieräume zu verlassen und an Drogenveranstaltungen teilzunehmen. Seither herrscht laut VPM Krieg, wie er in einem Flugblatt vom 26. Juli 1990 schreibt. Erklärt haben ihn «linke politische Kreise und gewisse Zürcher Medien». Doch die VPM-Anhänger würden sich der Herausforderung wagemutig stellen: «Einer umfassenden Politpropaganda und riesigen Pressemaschinerie steht unsere Stimme gegenüber», schreiben sie und ergänzen: «Wozu also diese wahnsinnige Politik? Jeden Tag 11'000 Rationen Heroin abgeben, legal, auf Kosten der Steuerzahler oder Krankenkassen? Woher kommen die Tonnen Heroin, die wir in den nächsten Jahren benötigen werden? Wer profitiert vom ‹geregelten› Drogenhandel? Wer verhandelt mit den Quellen?» Es sei bekannt, dass sich die Drogenbarone selbst an der Legalisierungskampagne beteiligten: «Die Zürcher Bevölkerung wird über die Drogenproblematik nach Strich und Faden belogen.» Ausserdem würden radikale linke Kreise mit «linksfaschistischen Methoden jeden zur Seite räumen, der sich ihnen in den Weg stellt. Der VPM steht diesen Machenschaften im Weg.» Die Parallele zwischen den Methoden gegen den VPM und dem Vorgehen im Nationalsozialismus sei klar erkennbar, meint der VPM in seinem Flugblatt.

Die SVP als Retterin der humanistischen Werte?

Als der VPM realisierte, dass er immer mehr ins Abseits geriet, suchte er potente Verbündete. Sie sollten der Therapiegemeinschaft Rückendeckung geben und das Image in der Öffentlichkeit aufpolieren helfen. Die heftige Auseinandersetzung um das Drogenproblem schien dem VPM ein günstiger Anlass zu sein, um die Gunst einer politischen Kraft zu buhlen. Diese Kraft konnte nur die Zürcher SVP sein. Sie bewegt sich am rechten Rand des bürgerlichen Spektrums und ist die einzige grössere Partei, die im Kanton Zürich in der Drogenfrage eine kompromisslose Repressionspolitik verfolgt.

Glaubte der VPM, über die Drogenpolitik den drohenden Umsturz abwenden zu müssen, sah die Zürcher SVP in der Drogenfrage eine gute Möglichkeit, sich zu profilieren und die Stimme eines wachsenden Teils der Bevölkerung aufzunehmen, die aufgrund der Platzspitz-Erfahrungen nach Ruhe und Ordnung rief. Die Symbiose klappte auf Anhieb: Der VPM lieferte den ideologischen Hintergrund und die drogenpolitischen Thesen, die SVP ihre politische Hausmacht und den Parteiapparat. Tatsächlich glichen sich die Drogenkonzepte von SVP und VPM nach kurzer Zeit an.

Die Allianz konnte bald die ersten Erfolge feiern. Die Abstimmung über die Fixerräume vom 2. Dezember 1990 in Zürich ging zu ihren Gunsten aus. Auch der Kampf um die Platzspitz-Schliessung zahlte sich bald aus. Ausserdem traten SVP und VPM mit ähnlich scharfem Geschütz gegen das Zürcher Quartierzentrum Kanzlei auf und sahen sich auch in dieser Abstimmung als Sieger.

Die SVP zeigte anfänglich kaum Berührungsängste mit dem VPM und nutzte das beträchtliche Potential an akademisch gebildeten, eifrigen Verfechtern einer repressiven Drogenpolitik. Als weiteres bindendes Element entdeckten beide den gemeinsamen Reflex gegen rot-grüne oder linke Ideen und deren Urheber. Ein grosses Aufheben um das Zweckbündnis machte die SVP jedoch nie, und so blieb unklar, wie eng die Fäden zwischen der rechtsbürgerlichen Partei und dem VPM geknüpft waren. Sicher ist, dass verschiedene SVP-Parlamentarier und prominente Exponenten regen Kontakt mit dem umstrittenen Verein pflegten. So traten beispielsweise SVP-Politiker an Drogenveranstaltungen des VPM auf, und VPM-Anhänger verwiesen auf die Drogenpolitik der SVP. Als SVP-Oberrichter Christian Huber in den Vorstand der von VPM-Mitgliedern ins Leben gerufenen Aids-Aufklärung Schweiz (AAS) gewählt wurde, diskutierten Beobachter der Drogenpolitik immer lauter über die Verbindung von SVP und VPM. (vgl. Kapitel 9)

Ganzseitige Zeitungsinserate der SVP, in denen die Partei die Drogenpolitik Schwedens als vorbildlich darstellte, nährten im Herbst 1990 die Gerüchte und Vermutungen zusätzlich. Argumentation und Diktion erinnerten stark an den VPM. Der «SonntagsBlick» schrieb am 11. November 1990 dazu: «Die Volkspartei verbreitet Schauermärchen. Denn die Informationen dazu stammen von einer sektenähnlichen Organisation, den ‹Lieblingen› (...) Werner Fuchs, Oberarzt beim Sozialpsychiatrischen Dienst der Psychiatrischen Universitätsklinik Zürich und Kenner der schwedischen Drogensituation, empfindet den Grundtenor des VPM-Inserates als katastrophal: ‹Es ist die schreckliche Drogenpolitik der Lieblinge, die da einfliesst.›»

Dass die Partitur der SVP im Konzert des VPM zum öffentlichen Thema wurde, behagte der Partei um Christoph Blocher nicht, und die Parteileitung begann, vorsichtig auf Distanz zu gehen. Der Zürcher SVP-Gemeinderat Werner Furrer meinte am 22. November 1990 zum «Tages-Anzeiger»: «1989 konnte ich als Gesprächsleiter den Drogentag an der Uni übernehmen und wusste nicht, dass der Tag vom VPM organisiert worden war.»

Ein Jahr später leitete mit Emil Grabherr aber wieder ein SVP-Politiker den internationalen Drogentag des VPM. Laut Furrer wurden die SVP-Exponenten zu weiteren VPM-Veranstaltungen eingeladen, so auch zum grossen VPM-Drogensymposium, doch seien seines Wissens keine Auftritte gegen Drogen zusammen organisiert worden. «Da mag es Leute geben, die Verbindungen zwischen VPM und SVP sehen, aber es gibt konkret keine Zusammenarbeit», sagte Furrer. Angesichts des Umstandes, dass das Drogenkonzept der SVP und des VPM weitgehend identisch sind und SVP-Inserate die Handschrift des VPM trugen, erscheinen diese Aussagen Furrers zumindest beschönigend.

Christoph Blocher: Keine Verbindung zwischen SVP und VPM

Auch Parteipräsident Christoph Blocher streitet jede Verknüpfung der SVP mit dem VPM ab. Weder er noch die SVP hätten etwas mit dem VPM zu schaffen, erklärte er. «Natürlich versuchten in den letzten Monaten die Anhänger des VPM an die SVP heranzukommen. Unsere Antwort war klar: Wir haben nichts mit ihnen zu tun. Wenn sie im Kampf gegen die Drogenliberalisierung auf unserer Seite stehen, dann mag uns das recht sein. Aber wir wollen nichts zu tun haben mit diesen Leuten», meinte Blocher in einem Brief an die Arbeitsgruppe Psychostroika, die sich seit Jahren mit dem VPM auseinandersetzt.

Zürcher SVP-Parlamentarier warfen sich auch nach der Stellungnahme ihres Parteipräsidenten für den VPM noch in die Bresche. An der Gemeinderatssitzung vom 18. März 1992 nahm beispielsweise der SVP-Vertreter Peter Mächler den VPM mit markigen Worten in Schutz und griff eine SP-Kollegin an. Diese hatte in einer parlamentarischen Anfrage erklärt, sie störe sich am Umgang des VPM mit Menschen, die eine andere Meinung hätten. Mächler war mit dem Bericht des Stadtrates nicht einverstanden und behauptete, die Regierung habe sich zu stark auf den «linksextremen Kampfbund» Psychostroika abgestützt. Der SVP-Gemeinderat sprach in diesem Zusammenhang von moderner Inquisition, von Hexenjagden, Outing-Methoden und militanter Intoleranz gegenüber VPM-Mitgliedern. Bezeichnenderweise benutzt der VPM zum Teil die gleichen Ausdrücke, um die angebliche Verfolgung durch die «Neue Linke» zu beschreiben. Das Votum des SVP-Gemeinderates rief Stadtrat Thomas Wagner auf den Plan. Dieser warnte Mächler, vorsichtig in seinem Urteil zu sein, und forderte ihn auf, die Anwürfe zu belegen.

Mächlers Nähe zum VPM kam auch in einem Artikel des «Stadt-Zürcher Boten», des offiziellen Parteiorgans der SVP der Stadt Zürich, zum Ausdruck. Der SVP-Politiker landete darin am 10. Januar 1992 eine Breitseite gegen den Psychoanalytiker Emilio Modena, einen erklärten Intimfeind des VPM. Der Autor entwickelte eine ähnliche Verschwörungstheorie wie der VPM, der Modena im Buch «Der VPM – was er wirklich ist» ein ganzes Kapitel gewidmet hat. Stossrichtung und Aussagen von Mächlers Artikel gleichen oft bis ins Detail dem Buchtext des VPM. Verschiedene Wendungen sind gar identisch. Ähnliche Vorwürfe gegen Modena enthält auch der erste Band des vom VPM herausgegebenen Buches «Standort Schule».

Mit dem Zürcher Kantonsrat Eugen Kägi hatte sich früher schon ein SVP-Politiker für den VPM stark gemacht. Am 26. Oktober 1990 schrieb er in der Zeitung «Zürcher City» einen Artikel, in dem er die VPM-Lehrer an der Kaufmännischen Handelsschule Zürich verteidigte, deren Lehrauftrag nach

Auseinandersetzungen um Drogenfragen nicht mehr erneuert wurde. (vgl. Kapitel 12) In dieser Sache machte er auch eine Anfrage im Zürcher Kantonsrat, was ihm eine lobende Erwähnung in dem von VPM-Anhängern geschriebenen Buch «Testfall KV» eintrug.

Inzwischen dürften sich die «Lieblinge» nur ungern an die Unterstützung durch Eugen Kägi erinnern. In einem ganzseitigen Bericht wies der «Tages-Anzeiger» am 22. Juni 1992 nach, dass der SVP-Politiker Verwaltungsratspräsident zweier Firmen war, deren Geschäftsleiter 80 Kilogramm Kokain in die Schweiz geschmuggelt hatten. Obwohl Kägi beteuerte, vom Drogengeschäft der beiden Firmen nichts gewusst zu haben, war er für die SVP nicht mehr tragbar. Der Drogen-Hardliner demissionierte und legte sein Mandat im Kantonsrat nieder.

Aktionsbündnis mit SVP stärkt Annemarie Buchholz-Kaiser den Rücken

Doch zurück zum KV Zürich: Direkte Unterstützung leistete den sechs faktisch entlassenen VPM-Lehrern an der Handelsschule des KV Zürich auch der Zürcher Gemeinderat und Drogendelegierte der SVP, Emil Grabherr. Die VPM-Anhänger hatten nach der Nichterneuerung des Lehrauftrages eine Medienkonferenz einberufen, an der Grabherr auftrat und die Lehrer verteidigte.

Der VPM revanchierte sich für die Unterstützung der SVP-Exponenten, indem er die drogenpolitischen Aktionen der bürgerlichen Partei sekundierte. An SVP-Veranstaltungen nahmen regelmässig mehrere VPM-Anhänger teil, die in den Diskussionen die drogenpolitischen Standpunkte der SVP unterstützten. Ein abgesprungenes Mitglied berichtete, die VPM-Anhänger hätten sich vor der Veranstaltung jeweils getroffen und im Detail besprochen, wer sich mit welchen Argumenten zu Wort melden solle.

Das Aktionsbündnis, das der SVP-Kantonalsekretär in einem Zeitungsartikel als «gemeinsam streiten, getrennt marschieren» charakterisierte, hatte dem VPM erste handfeste Erfolge im Wirken nach aussen gebracht. Mindestens so wichtig wie das Echo in der Öffentlichkeit war für Annemarie Buchholz-Kaiser der Effekt nach innen: Die Bestätigung für ihren Kurswechsel von der anarchistisch-sozialistischen Position unter Friedrich Liebling zur Anlehnung an die rechtsbürgerliche Politik im VPM. Nach der langen Durststrecke und den internen Spannungen schien sich das rettende VPM-Prinzip der Menschenkenntnis mindestens auf der Ebene der Drogenpolitik durchzusetzen. Mit dem Imagegewinn liessen sich die bisher verdrängten Selbstzweifel vieler VPM-Anhänger zerstreuen.

Als nach unschmeichelhaften Pressemeldungen der Flirt mit dem VPM für die Zürcher SVP zu riskant wurde und die Partei Distanz markierte, war dies für die «Lieblinge» ein neuer Rückschlag. Überraschenderweise quittierten Annemarie Buchholz-Kaiser und ihre Mitstreiter die deutliche Abgrenzung von Parteipräsident Blocher nicht mit der gewohnten Schelte. Sie sahen wahrscheinlich von Retourkutschen ab, weil sie die treuen Gesinnungsfreunde aus der SVP, die weiterhin Sympathien für den VPM hegten, nicht vergraulen wollten. Dass die Verbindung zur SVP trotz Einsatz der vereinten Menschenkenntnis in der Sackgasse endete, bedeutete für den VPM die erneute Isolation und drückte auf die kollektive Befindlichkeit.

Sprung über die Kantonsgrenze

Nachdem die Versuche, sich in Zürich Einfluss und Gehör zu verschaffen, weitgehend gescheitert waren, wagten die VPM-Anhänger den Schritt über die Kantonsgrenze hinaus und engagierten sich im Kanton Aargau. Der «Aargauer Kurier» vom 28. Juni 1990 berichtete von einer befürchteten Unterwanderung der Drogeneinrichtungen durch VPM-Mitglieder und fragte: «Besetzt eine sektenähnliche Vereinigung Aargauer Drogeninstitutionen?» Der Grund: Zwei der drei vom Grossen Rat bewilligten Stellen für den Sozialpsychiatrischen Dienst wurden mit VPM-Mitgliedern besetzt. Die «Lieblinge» hielten allerdings nicht lange die Mehrheit in dieser Drogeneinrichtung, denn nach fachlichen Differenzen trat einer der beiden Mitarbeiter aus dem VPM aus. Die Leiterin, die für die Anstellungen der beiden VPM-Ärzte mitverantwortlich war, vertrat ebenfalls eine repressive Drogenpolitik, gehörte aber nicht dem VPM an. Sie sagte, sie habe den Verein nicht einmal recht gekannt. Der Artikel im «Aargauer Kurier» hatte für den Autor und die Zeitung rechtliche Folgen, weil sie den VPM im Titel als «Psycho-Mafia» bezeichnet hatten. Die «Lieblinge» wehrten sich vor Gericht gegen diesen Begriff und fanden beim Richter Gehör.

VPM-Anhänger entfalteten weitere Aktivitäten im Kanton Aargau und gründeten den Aargauer Arbeitskreis Drogenprophylaxe VPM. 1991 lancierten sie zwei Aktionen im Bereich der Drogenpolitik. Im April verschickte der Arbeitskreis ein Schreiben mit dem Titel «Sozialpolitische Hintergründe der Drogenliberalisierung» an Politiker und Behördenmitglieder, wobei er die «Neue Linke» an den Pranger stellte und drogenpolitische Empfehlungen abgab.

Im November gelangte der Arbeitskreis mit einem mehrseitigen Brief an Grossräte, Gemeindeammänner, Gemeinderäte, Gerichtspräsidenten und weitere ausgewählte Personen. Darin wurde die Gefahr von Platzspitz-

Filialen heraufbeschworen, weil 100 bis 200 schwerstabhängige Drogensüchtige in den Kanton Aargau zurückkehren würden. Damit die Aargauer Behörden nicht den gleichen Fehler machen würden wie ihre Zürcher Kolleginnen und Kollegen, empfahl der Arbeitskreis: «Auf keinen Fall sind Gassenküchen, Notschlafstellen und Tagesräume einzurichten.» Solche Einrichtungen seien nutzlos, kostenaufwendig und belasteten das Gemeindebudget unnötig. Als unnötig und kontraproduktiv bezeichnete der VPM-nahe Arbeitskreis auch die gassennahe medizinische Versorgung sowie Programme für Arbeitslose. Der Arbeitskreis rief den Aargauer Behörden eindringlich in Erinnerung, dass die gesetzlichen Grundlagen für die zwangsweise Anordnung eines Entzugs gegeben seien.

Kapitel 9

Aids: Der getarnte Aufbruch ins Abseits

Das wachsende Drogenproblem und die rasante Ausbreitung von Aids Mitte der achtziger Jahre waren geeignet, dem Bedrohungsbild des VPM immer schärfere Konturen zu verleihen. Annemarie Buchholz-Kaiser konnte die Themenverlagerung von der Anarchie zu Aids glaubhaft machen. Die Konzentration der Kräfte auf dieses Phänomen fiel ihr um so leichter, als sie ein grosses Potential an Fachkräften aus den eigenen Reihen einsetzen konnte: Ärzte, Psychologen und Pädagogen. Denn Liebling hatte seinen Anhängern vor allem diese Berufe empfohlen, da sie sich seiner Meinung nach am besten eigneten, die Gesellschaft umzugestalten.

Sie waren überzeugt, praktisch als einzige über eine wirksame Strategie zum Schutz der Bevölkerung vor der tödlichen Krankheit zu verfügen und fühlten sich berufen, bei der Aids-Aufklärung eine führende Rolle zu übernehmen. Annemarie Buchholz-Kaiser und ihre «Lieblinge» erhofften sich über die Prophylaxearbeit in der Öffentlichkeit die bisher versagte Anerkennung und mehr Einfluss in politischen und wissenschaftlichen Gremien. Die Aussenwelt, welche die Aids-Vorsorge des VPM mehrheitlich als überspitzt und unhaltbar ablehnte, wurde als direkte Bedrohung empfunden. Bekannten Aids-Spezialisten wurde intern vorgeworfen, sie würden auf grobfahrlässige Weise die Verbreitung der unheilbaren Krankheit fördern.

Mit der Anwendung der «psychologischen Menschenkenntnis» zum Wohl der Allgemeinheit wagte Annemarie Buchholz-Kaiser den Schritt nach aussen und läutete ein neues Kapitel in der Geschichte der «Zürcher Schule» und des VPM ein.

Für den VPM sind Kondome risikoreich

Die «Lieblinge» begannen schon bald, «unter der Anleitung von Frau Dr. A. Buchholz-Kaiser in der Ärztegruppe ein Präventionskonzept gegen eine HIV-Infektion» («Der VPM – was er wirklich ist») zu erarbeiteten, das in

Fachkreisen höchst umstritten war. Darin warnte der VPM vor dem Gebrauch von Kondomen. Die Gefahr der Übertragung werde zwar reduziert, doch bleibe «ein Restrisiko von 5 bis 10 Prozent bestehen (z. B. durch defekte Kondome, unsachgemässe Anwendung, Reissen, Platzen, Zungenküsse, oralen Verkehr)», schrieben die VPM-Ärzte. Sie glaubten, mit der Propagierung des HIV-Tests und einer sorgfältigen Partnerwahl die tödliche Krankheit auch in der breiten Bevölkerung bannen zu können. «Das ist der grosse Unterschied zu den Präventionsempfehlungen des BAG/AHS», also des Bundesamtes für Gesundheitswesen und der Aids-Hilfe Schweiz, schrieben die «Lieblinge» im Buch «Aids».

Damit stiessen sie in Fachkreisen und bei politischen Gremien auf breiten Widerstand. Ausserdem setzte sich der VPM in zwei zentralen Aspekten in Widerspruch zum Konzept des Bundesamtes für Gesundheitswesen (BAG). Dieses propagierte in der Stop-Aids-Kampagne in erster Linie das Kondom als Infektionsschutz und sah in der Übertragung durch Speichel (Küssen) keine Gefahr. Ausserdem wertete das BAG im Gegensatz zum VPM den HIV-Test nicht als Mittel zur Verhütung. Laut BAG kann die Propagierung des Tests Scheinsicherheiten und Nachlässigkeit fördern.

Als der Widerstand gegen den VPM und sein Präventionskonzept wuchs, traten die VPM-Anhänger immer forscher auf. Ihre Mission drohte zu scheitern und trieb die Therapiegemeinschaft weiter in die Isolation. Annemarie Buchholz-Kaiser und das VPM-Kader gerieten in einen Argumentationsnotstand und ergriffen die Flucht nach vorn. Mit hektischer Aktivität wollten die «Lieblinge» den Terrainverlust wettmachen und ihre Kritiker Lügen strafen. Ihrer Ansicht nach hatte nicht ihr «psychologisches Prinzip» versagt, sondern die Fachleute waren nicht fähig, die Qualität der Arbeit des VPM zu erkennen.

Der VPM sprach sich wiederholt für breite Testreihen aus und erweckte den Eindruck, am liebsten den Testzwang verordnen zu lassen. Zu diesem heiklen Punkt äussern sich die VPM-Ärzte im Buch «Aids», das 1992 von der VPM-nahen Aids-Aufklärung Schweiz (AAS) herausgegeben wurde, vorsichtig: «Der VPM empfiehlt deshalb, die Bevölkerung aktiv für das freiwillige Testen zu gewinnen.» An anderer Stelle schreiben sie, jeder Mensch habe das Recht darauf, nicht infiziert zu werden. Dieses sei höher anzusehen als das Recht des Infizierten auf das Nichtwissen seiner Ansteckung. Hingegen plädiert der VPM für Zwangsmassnahmen in Fällen, bei denen das Selbstverantwortungsgefühl fehle. Zur Erhebung verlässlicher Daten sollten nach Ansicht der AAS Patienten beim Spitaleintritt, Schwangere, Soldaten, Prostituierte, Drogensüchtige und Gefängnisinsassen gezielt getestet werden.

Gefahr der Aids-Infektion im Hallenbad...

In den internen Gruppen und an den jährlich zweimal durchgeführten Kongressen nahm das Thema Aids einen stets breiteren Raum ein. Im Zentrum der Diskussion standen vor allem die Gefahren der Übertragung. Die intensive Auseinandersetzung mit solchen Problemen förderte bei vielen VPM-Anhängern die Angst vor einer Ansteckung, weshalb sie strikte Verhaltensmassnahmen ergriffen. Wie weit sie dabei gehen, verraten die VPM-Anhänger im Buch «Der VPM – was er wirklich ist»: «Einige überlegten sich, ob nicht beim Schwimmen im Hallenbad oder im See durch Urin oder geringste Blut- und Eitermengen eines HIV-Infizierten eine Übertragung möglich wäre. Wie ist es mit der Blutübertragung bei Mückenstichen, Malaria wird doch auch so übertragen? (...) Wir sagten den Jugendlichen, dass eine HIV-Übertragung bei den erwähnten Beispielen sehr unwahrscheinlich sei, endgültige Beweise für die Unmöglichkeit aber noch nicht vorlägen.»

VPM-Anhänger nahmen die Hinweise der eigenen Ärzte auf rein theoretische Risiken zum Nennwert, werteten sie als reale Gefahr und richteten ihr Leben danach. So wollte sich zum Beispiel eine VPM-Studentin vom Schwimmunterricht dispensieren lassen.

Mit der Dämonisierung von Aids manövrierten sich Annemarie Buchholz-Kaiser und ihre Ärzte weitgehend ins Abseits. Den «Lieblingen» wird von den VPM-Ärzten empfohlen, die Möglichkeit einer HIV-Übertragung via Speichel nicht ausser Acht zu lassen. Laut Aussagen ehemaliger «Lieblinge» sehen heute viele VPM-Anhänger die beste Prophylaxe darin, sich gegenüber aussenstehenden Mitmenschen so zu verhalten, als seien diese mit dem Aids-Virus infiziert.

...sowie auf dem WC und über das Essbesteck

Intern hinterliess das Präventionskonzept noch deutlichere Spuren. So vermeiden Mitglieder von Wohngemeinschaften konsequent, in irgendeiner Form mit dem Speichel ihrer Wohnpartner in Berührung zu kommen. Nicht erlaubt oder verpönt ist beispielsweise das Wegwischen eines Speiserests von einem Geschirr mit dem Finger, weil dadurch Speichelreste übertragen werden könnten. Mit Vorlegebesteck, mit dem die Speisen aus den Schüsseln geschöpft werden, verhindert man ausserdem, dass diese mit den Gabeln und Messern der Tischgenossen in Berührung kommen.

Die Verhaltensregeln stammen unter anderem von Professor Thomas Marthaler, der im Rahmen einer internen Aufklärung für VPM-Mediziner am 2. Januar 1987 sagte: «Man wasche die Hände vor dem Essen und nehme die Finger während der Mahlzeit nicht in den Mund, damit nicht über diesen Weg Speichel an das eigene Besteck und an das Schöpfbesteck, das man auch berührt, gelangt. (...) Nebst den unentbehrlichen Regeln bei der Ausübung der Sexualität inklusive des Zungenkusses sind aber auch die Regeln beim Essen, die ich vorher genannt habe, sehr wichtig, weil über Speichel eine Übertragung möglich ist.» Im gleichen Votum wagte VPM-Anhänger Prof. Marthaler die Behauptung: «Es waren diese ganz einfachen Regeln der Hygiene am Tisch, die die Sterblichkeit der Menschheit an Infektionskrankheiten innerhalb weniger Jahrzehnte drastisch senkten, nämlich auf einen Bruchteil der früheren Todesfallrate.» Dass diese Behauptung einer wissenschaftlichen Überprüfung kaum standhält, soll hier nicht näher erörtert werden.

Eine ehemalige VPM-Anhängerin berichtete von häufigen Konflikten mit einem Kollegen in der Wohngemeinschaft, weil sich ihre nebeneinanderhängenden Frottétücher manchmal berührten. In verschiedenen Wohngemeinschaften wurde auch das stille Örtchen zum Gegenstand von Auseinandersetzungen. Es stand die Frage zur Debatte, ob die WC-Brille vor oder nach der Benützung mit einem Alkoholspray gereinigt werden müsse.

Nach aussen streitet der VPM kategorisch ab, solche Massnahmen zu empfehlen. Im Buch «Aids» geben die VPM-Anhänger auf entsprechende Fragen eine bündige Antwort: «Alle diese ‹Verhaltensregeln› sind frei erfunden.» Der VPM betont aber, dass er auch heute noch die altbewährten Hygieneregeln zur Prophylaxe anderer Infektionskrankheiten vorschlage. «Die Empfehlungen, nicht vom gleichen Apfel abzubeissen oder nicht dasselbe Essgeschirr zu gebrauchen, sind lediglich im Rahmen dieser allgemeinen Hygieneregeln empfohlen worden und nicht zur HIV-Prävention», heisst es wörtlich. Ehemalige VPM-Anhänger widersprechen dieser Darstellung allerdings entschieden. Sie werten die Aussagen als Ablenkungsmanöver und Argument gegen den Vorwurf, der VPM schüre die Aids-Hysterie.

Intern vertritt der Arzt Jürg Barben, der als Präsident der VPM-Schwesterorganisation Aids-Aufklärung Schweiz (AAS) der Meinungsführer bezüglich Aids-Prophylaxe im VPM ist, eine auf Angst basierende Strategie. In der bereits erwähnten Aufklärungsveranstaltung für VPM-Mediziner sagte Barben, er versuche, «die Menschen aufzuklären und eine Hypochondrie zu wecken».

Ein Jahr lang enthaltsam

Die Angst vor Aids wirkte sich auf das Sexualverhalten der VPM-Anhänger einschneidend aus. Das erste Präventionskonzept Mitte der achtziger Jahre empfahl eine Enthaltsamkeit von drei Monaten mit anschliessendem HIV-

Test beider Partner. Als einzelne Fälle bekannt wurden, bei denen die Infektion nach drei Monaten noch nicht nachgewiesen werden konnte, schlug der VPM bereits 1986 vor, den ersten Test nach vier Monaten vorzunehmen, sich nach einem negativen Befund mit Kondomen zu schützen und nach einem halben Jahr einen zweiten Test zu machen. Nach Ansicht des VPM sollten Personen mit einem Aids-Risiko sogar ein Jahr lang enthaltsam sein und sich anschliessend testen lassen.

Ungeachtet der Erkenntnisse der letzten Jahre, wonach die Aids-Übertragung im Alltag praktisch ausgeschlossen werden kann, hält der VPM an seinem Konzept fest und rät Personen mit einem HIV-Risiko weiterhin, auf Zungenküsse und Petting zu verzichten. «Ist einer der beiden Partner HIV-infiziert, so stellen die Zungenküsse ein Infektionsrisiko dar», heisst es im Buch «Aids» der AAS.

Das restriktive Präventionskonzept erforderte von den VPM-Anhängern eine radikale Korrektur der sexuellen Praktiken. Gehörte das freizügige Sexualverhalten bei den anarchistisch denkenden «Lieblingen» in der «Zürcher Schule» zum Gruppenleben, waren im VPM plötzlich eine halbjährige Abstinenz und Treue gefordert. «Es lohnt sich, das Kennenlernen in den Vordergrund zu stellen und mit der Aufnahme sexueller Beziehungen so lang zu warten, bis man sicher ist, dass man zueinander passt und zusammenbleiben möchte», lautete nun die Devise.

Das irrationale Überzeichnen von Nebenaspekten der Aids-Gefahr und die Empfehlung strenger Vorsichtsmassnahmen verstärken den inneren Zusammenhalt und die Gruppenidentifikation. Da ihrer Ansicht nach die Aussenwelt fahrlässig mit der Infektionsgefahr umgeht, grenzen sich viele VPM-Anhänger zusätzlich ab. Die Kontrolle der Gefühle und die Triebunterdrückung fördern die Disziplinierung und Bindung an die Gruppe. Als Ersatz für das emotionale Defizit bietet das Kollektiv Geborgenheit.

In erster Linie attackierte der VPM das Aids-Konzept und die Präventionsmodelle des Bundesamtes für Gesundheitswesen (BAG) und die Aids-Hilfe Schweiz (AHS), die im Auftrag des BAG für die Aufklärung zuständig ist. «Immer deutlicher wird der erschreckende Schluss, dass der Name ‹Aids-Hilfe› einen Beigeschmack von Wahrheit trägt. (...) Sie deckt mit ihren Zweigstellen das ganze Land ab, in engstem Kontakt mit den Medien und den Fleischtöpfen staatlicher Förderung», schreiben die VPM-Autoren im Buch «Aids». BAG und AHS seien offenkundig gewillt, dem Bürger eine Art akzeptables Risiko behördlicherseits zu verordnen. Die Behauptung, Küssen mit Speichelaustausch sei unbedenklich, könne niemals seriös sein.

Die VPM-Ärzte konkretisierten die Vorwürfe gegenüber den Vertretern der offiziellen Aids-Prävention folgendermassen: «Die ‹Aids-Hilfen› haben als echte HIV-Lobby mit ihrer konsequenten Verteufelung aller seuchenvorbeugenden Massnahmen bislang lediglich erreicht, dass vor allem jene Menschen geopfert wurden, die man zu schützen vorgab», heisst es im Buch «Aids».

Rätsel um einen neuen Verein

Für die Aids-Aufklärung war – wie erwähnt – vor allem eine Gruppe von Ärzten verantwortlich, die sich «Arbeitsgruppe Aids-Aufklärung VPM» nannte. In der Öffentlichkeit ist dieser Arbeitskreis aber selten in Erscheinung getreten.

Im Sommer 1989 schaltete sich plötzlich eine neue Organisation in die öffentliche Diskussion ein, die bereits erwähnte Aids-Aufklärung Schweiz (AAS). Obwohl dem Vorstand und dem Beirat eine stattliche Zahl von Koryphäen aus dem Bereich der Medizin angehörten, wurde die AAS sehr diskret aus der Taufe gehoben. Ein paar Tage nach der Gründung erhielten die Medien eine 14 Zeilen dürre Pressemitteilung, die wegen des dürftigen Informationsgehaltes kaum abgedruckt wurde. Aus der Meldung ging auch nicht hervor, dass VPM-Anhänger hinter der AAS steckten.

Erste Hinweise auf die Hintermänner der AAS gaben Mitglieder der Selbsthilfegruppe Psychostroika in einer Pressemitteilung. Sie entdeckten auf der Vorstandsliste die beiden VPM-Ärzte Rudolf Baumberger und Kurt April. Obwohl die Anhänger von Annemarie Buchholz-Kaiser die einzigen ohne Rang und Namen waren, bekleideten sie die Schlüsselpositionen des Präsidenten und des Aktuars. Ein Rätsel blieb jedoch, weshalb sich prominente Fachleute Seite an Seite mit «Lieblingen» als Vorstandsmitglieder und Beiräte in der AAS engagierten. Neben den beiden VPM-Anhängern sassen die Ärzte Stefano Gilardi (Locarno), Hans Baumann (Winterthur), Walther Flury (Langenthal), die beiden Medizinprofessoren François Kuffer (Arni) und Werner Schreiner (Zollikon) sowie die beiden Juristen Jacob Zgraggen (Dietlikon) und Christian Huber (Pfäffikon ZH) im Vorstand. Der wissenschaftliche Beirat setzte sich aus den folgenden 15 Professoren und Privatdozenten zusammen: S. Barandun (Bremgarten), P. Buchmann (Zürich), J. Delacrétaz (Lausanne), G. Duc (Zürich), A. Fanconi (Zürich), M. Grehn (Zürich), D. Hauri (Zürich), H.J. Leu (Zürich), H. Reber (Basel), C. Regamey (Freiburg), U.W. Schnyder (Zürich), U.G. Stauffer (Zürich), W. Stille (Frankfurt), B. Truniger (Luzern) und E. Wiesmann (Wiesendangen). Zu ihnen gesellte sich noch der dem VPM nahestehende Arzt M.G. Koch aus Schweden. Verschiedene Zeitungen gingen der Frage nach, wie diese illustren Namen auf diese Liste kamen und brachten damit Bewegung in die AAS.

Dass die Medien die Hintergründe der AAS ausleuchteten, passte den VPM-Anhängern nicht ins Konzept. Im Buch «Aids» rechtfertigten sie sich später, Zeitungen hätten in reisserischem Stil des Boulevardjournalismus Artikel veröffentlicht, die vorgaben, etwas Geheimes entdeckt zu haben. Dem VPM sei auch unterschoben worden, «er wolle mit der Aidspolitik Macht erringen und den Verein Aids-Aufklärung Schweiz als Mittel zur Unterwanderung der offiziellen Aidspolitik des BAG missbrauchen. Beides sind üble Vorwürfe, die weder auf den VPM noch auf die AAS zutreffen.»

Beiräte kannten Verbindung zu VPM nicht

Tatsache war, dass verschiedene prominente Beiräte der AAS als Direktbetroffene keine Ahnung von der Verbindung zum VPM hatten. Gegenüber der «Zürichsee-Zeitung» sagte beispielsweise Professor Andreas Fanconi, Chef des Zürcher Kinderspitals: «Ich habe nicht gewusst, dass zwei ‹Lieblinge› dem Vorstand angehören.» Er gab zusammen mit Professor U.W. Stauffer den sofortigen Rücktritt. Fanconi erklärte weiter, die meisten der Zürcher Professoren und Privatdozenten im Beirat der AAS hätten die Angelegenheit untereinander diskutiert und würden mehrheitlich den Austritt erklären. Wie die meisten Beiräte sei er von einem befreundeten Standeskollegen zum Beitritt animiert worden.

Auch nach diesen Enthüllungen schwieg sich der VPM weiterhin aus und legte die Karten nicht auf den Tisch. Erst hinterher gab er zu, die AAS-Mitglieder lange Zeit nicht darüber informiert zu haben, dass VPM-Anhänger im Vorstand der AAS sassen. Im Buch «Aids» der AAS heisst es dazu: «An der ersten ausserordentlichen Mitgliederversammlung der AAS vom 26. 10. 1989 wurde über die Pressekampagne gegen AAS und VPM gesprochen. Die Mitglieder wurden darüber informiert, dass zwei Vorstandsmitglieder gleichzeitig Mitglieder des VPM waren...»

VPM übernimmt Führung in der AAS

Die Verwirrung um die Verbindung zwischen AAS und VPM war komplett, als AAS-Vorstandsmitglied und SVP-Oberrichter Christian Huber auch eineinhalb Jahre nach der Gründung noch behauptete, die AAS sei unabhängig vom VPM. In einem Leserbrief im «Kirchenboten» für den Kanton Zürich vom 7. Dezember 1990 schrieb er: «Der Verein ‹Aids-Aufklärung Schweiz› ist vom VPM in jeder Hinsicht unabhängig.» Immerhin gestand Huber, dessen Schwester VPM-Anhängerin ist, ein, dass die epidemiologischen Erkenntnisse des VPM in die Aids-Politik der AAS eingeflossen seien. Doch dies ist nur die halbe Wahrheit, denn die HIV-Präventionskonzepte der beiden Vereine sind praktisch identisch. Jedenfalls verstärkte er damit die Gerüchte, er sei selbst Mitglied des VPM.

Völlig überraschend sorgte kurz darauf der VPM selbst für die Klärung der brisanten Fragen. Obwohl Huber im erwähnten Leserbrief den VPM in Schutz genommen und die AAS gedeckt hatte, traf der Bannstrahl des VPM-Kaders nun auch ihn. Der Zürcher Oberrichter hatte nach Ansicht der «Lieblinge» zu eigenmächtig gehandelt, als er den Leserbrief schrieb und sich damit zu weit von der AAS- oder VPM-Doktrin entfernt. In einem Brief vom 17. April 1991 an alle AAS-Mitglieder warfen ihm die beiden VPM-Anhänger Jürg Barben und Lilly Merz vor, er habe sich einmal mehr klar vom VPM distanziert und das HIV-Präventionskonzept des VPM abgewertet. Der Brief gab auch Aufschluss über das Verhältnis zwischen dem VPM und der AAS: «Es war eine irrtümliche Auffassung Dr. Hubers – und mit ihm immer auch Dr. Zgraggens –, dass sich der Verein AAS klar gegen den VPM abgrenzen müsse, um sich so weniger Angriffen auszusetzen. So wollte Dr. Huber der Presse gegenüber immer verheimlichen, dass Mitglieder des VPM den Verein initiiert und aufgebaut hatten sowie bis heute die meiste Arbeit im AAS leisten.»

Unter dem Druck der aktuellen Ereignisse hatten die VPM-Anhänger eineinhalb Jahre nach der Gründung zugegeben, dass sie von Beginn weg die Führungsrolle in der AAS gespielt hatten. Auch für Vorstandsmitglied Huber waren die Fronten nun klar. Trotz der verbalen Angriffe auf seine Person gab er nicht auf und versuchte, den Einfluss der VPM-Anhänger in der AAS einzudämmen und die Verbindungen zum VPM zu entflechten. Ihm schwebte ein Vorstand ohne VPM-Mitglieder vor, weshalb er sie zum freiwilligen Rücktritt bewegen wollte.

Die Bereinigung sollte an einer ausserordentlichen Mitgliederversammlung am 20. April 1991 über die Bühne gehen. Umbesetzungen im Vorstand wurden zwar vorgenommen, aber nicht im Sinne von Oberrichter Huber. Die VPM-Anhänger liessen ihre Muskeln spielen und demonstrierten die wahren Machtverhältnisse in der AAS. Die Versammlung, an der gut 30 der 150 AAS-Mitglieder teilnahmen, wurde nach Aussagen Christian Hubers von VPM-Mitgliedern dominiert. Statt unabhängige Vorstandsmitglieder zu wählen, übernahmen die «Lieblinge» auch statutarisch die Macht. Sie wählten den VPM-Arzt Jürg Barben zum Präsidenten und hievten weitere VPM-Anhänger in den Vorstand. Nach dieser Machtdemonstration der «Lieblinge» warfen fünf der neun Vorstandsmitglieder verärgert das Handtuch. Neben Huber verliessen der Zürcher Gynäkologie-Professor Werner Schreiner, der Chefarzt des Spitals Wädenswil, Peter Möhr und der Präsident der Berner Ärztegesellschaft, Walter Flury, den Vorstand. Den Rücktritt gab auch der bisherige Präsident Rudolf Baumberger, der sich nach Auseinandersetzungen mit dem VPM zuvor schon von der Therapiegemeinde getrennt hatte. Huber begründete seinen Rücktritt mit der Art von AAS und VPM, öffentliche Auseinandersetzungen zu führen. Er bemängelte vor allem die Unfähigkeit zur Argumentation in der Öffentlichkeit.

Im AAS-Buch heisst es dazu, an der ausserordentlichen Mitgliederversammlung sei entschieden worden, dass allein die fachlichen und persönlichen Qualitäten für die Wahl in den Vorstand ausschlaggebend seien. Die Mitgliedschaft im VPM dürfe kein Hindernis sein. «Da sich deswegen fünf Vorstandsmitglieder nicht mehr zur Wiederwahl stellten, wurde ein neuer Vorstand gewählt», schreiben die VPM-Anhänger im AAS-Buch «Aids».

AHS und AAS: Verwirrspiel mit dem Vereinsnamen

Nicht nur der Einbezug von prominenten Medizinern in die AAS erscheint rückblickend als ein taktischer Schachzug, sondern auch die sorgfältige Wahl des Vereinsnamens. Tatsächlich führte dieser oft zu fatalen Verwechslungen mit der Aids-Hilfe Schweiz (AHS). Selbst Ärzte konnten die AAS und die AHS nicht auseinanderhalten und waren verwirrt, wenn sie Broschüren erhielten, die vor der Propagierung des Kondoms warnten. Sie realisierten zum Teil nicht, dass sie Informationsmaterial von VPM-Ärzten und nicht von der AHS in den Händen hielten. Da lange Zeit unklar war, dass hinter der AAS der VPM steckte, wurde die Verwirrung begünstigt.

Der VPM gab später auch zu, dass die AAS unter anderem als Gegengewicht zur AHS gegründet wurde. «Dieser Verein sollte eine Alternative zur ‹Aids-Hilfe› Schweiz werden, die sich auf ‹Betroffenenkompetenz› beruft und vornehmlich Randgruppen anspricht», schreiben die VPM-Ärzte. Im Buch «Aids» ist denn auch von 1000 Ärzten, Juristen, Psychologen, Apothekern, Zahnärzten, Lehrern und Eltern die Rede, die sich in den Vereinen AAS und VPM zusammengeschlossen haben.

Statt Prestigegewinn vor allem Imageverlust

Die neue Strategie von Annemarie Buchholz-Kaiser und des VPM-Kaders, Prominente und Koryphäen für die eigene Sache einzuspannen und mit ihrer Hilfe Einfluss und Prestige zu gewinnen, war gescheitert. Der Rückschlag liess sich nach innen nur schwer rechtfertigen. Annemarie Buchholz-Kaiser und das VPM-Kader mussten einmal mehr auf das Argument der Verschwörung zurückgreifen. Die um ihr Image besorgten Vorstandsmitglieder und Beiräte der AAS seien Opfer einer konzertierten Aktion der

Medien und «Neue Linke» geworden, verkündeten die verantwortlichen VPM-Mitglieder einmal mehr.

Um die erneut aufkeimenden Zweifel an der fachlichen Kompetenz und am Konzept des VPM zu zerstreuen, wurde das Bild der äussern Bedrohung und die Gefahr des politischen Umsturzes in noch drastischeren Farben gemalt. Mit der Abkehr der einstigen Verbündeten hatte der VPM weiter an Boden verloren.

Deutscher Schwesterverein löst sich von der AAS

Bezeichnenderweise erlebte der VPM ein ähnliches Debakel mit dem deutschen Schwesterverein «Aids-Aufklärung», der sich im Untertitel «Verein zur Förderung von Informationen über die HIV-Infektion» nennt. Verschiedenen Mitgliedern der «Aids-Aufklärung», die nichts mit dem VPM zu tun haben, waren die Verbindungen ihrer Mutterorganisation AAS mit dem VPM anfänglich nicht bekannt. Deshalb entwickelten sich bald interne Spannungen. Als die Aids-Aufklärung Schweiz Anfang 1992 das Buch «Aids – Lähmung der Abwehr in Individuum und Gesellschaft» herausgab, brach der Konflikt offen aus und führte zum Bruch. In einem drei Sätze umfassenden Brief schrieb die Vorsitzende der Aids-Aufklärung, Helena Seidel, am 27. April 1992 der Aids-Aufklärung Schweiz: «Die in dem Buch (...) vertretenen Thesen veranlassen uns, Ihnen mitzuteilen, dass wir uns nicht mehr als Ihren Bruder- oder Schwesterverein betrachten. Wir halten die von Ihnen gewählte Form der Selbstdarstellung als der Sache Aids nicht förderlich. Auch die Verzahnung der Aids-Aufklärung Schweiz mit dem Verein zur Förderung der Psychologischen Menschenkenntnis können wir nicht mittragen.»

Das umstrittene Buch veranlasste ausserdem die beiden deutschen Professoren Wolfgang Stille und E.B. Helm, aus der Aids-Aufklärung Schweiz auszutreten. In einem identischen Brief schrieben sie: «Ich bin über die nahen Verbindungen Ihres Vereins mit dem VPM getäuscht worden. Ich bin nicht bereit, eine Aufklärungspolitik, wie sie sich in dem von Ihnen herausgegebenen Buch ‹Aids – Lähmung der Abwehr in Individuum und Gesellschaft› dokumentiert, zu unterstützen. Ich bedaure dabei auch, dass Herr Dr. Michael Koch in den Beiträgen zu diesem Buch die Linie einer wissenschaftlich fundierten Argumentation verlassen hat.» Von Professor Stille ist bekannt, dass er wissenschaftlicher Beirat der AAS war.

Auf Widerstand stiessen die VPM-Anhänger auch an der Mitgliederversammlung der Deutschen Aidsgesellschaft (DAIG) vom 26. März 1992 in Wiesbaden. Ein Medizinprofessor wehrte sich gegen die Aufnahme zweier

VPM-Anhänger in die Gesellschaft und warnte vor einer möglichen Unterwanderung der DAIG durch den VPM. Dabei verwies er auf das Aids-Buch der AAS, das den Schluss zulasse, der VPM sei paranoid. Wenige Tage nach der Versammlung erhielt der deutsche Professor einen Brief eines Vorstandsmitgliedes der AAS, der mit den beiden Sätzen endet: «Für dieses unkollegiale Verhalten erwarten wir eine Entschuldigung. Ihre schriftliche Stellungnahme zu allen Punkten erwarten wir innerhalb einer Woche.» In seiner Antwort schrieb der Medizinprofessor unter anderem: «Mehrere renommierte Experten aus dem psychosozialen Bereich bestätigten mir den paranoiden Tenor dieses Buches. Die Tatsache, dass zwei dem VPM angehörige Ärzte dieses tendenziöse, unwissenschaftliche Buch verfasst haben, und dass der Verein Aids-Aufklärung Schweiz dieses Buch verlegt hat, reicht mir als Nachweis für die engen Verbindungen zwischen beiden Gruppierungen aus.»

Aids-Virus als neues Bedrohungssymbol

Der VPM versuchte, die ernüchternde Gesamtbilanz seiner Aids-Mission mit viel Eigenlob zu überdecken. Sein HIV-Präventionskonzept sei sehr ausgewogen und weitsichtig konzipiert, im internationalen Vergleich sehr gut ausgearbeitet und wissenschaftlich fundiert, ja sogar hervorragend. Ausserdem habe sich der VPM mit seiner Präventionstätigkeit sehr um die Volksgesundheit, besonders in Stadt und Kanton Zürich, verdient gemacht. Hingegen habe die Hetzkampagne gegen den VPM verhindert, dass noch mehr Menschen von diesen Bemühungen profitieren konnten. «Der Schaden, den diese Hetzkampagne gegen den VPM angerichtet hat, ist kaum zu ermessen. Es bedarf einer genaueren Untersuchung, ihn qualitativ und quantitativ zu erfassen» (AAS-Buch «Aids»).

Die bereits im Zusammenhang mit der Drogenpolitik konstruierte Verschwörungstheorie wurde um ein entscheidendes Element erweitert. Nun stand nach Ansicht vieler VPM-Anhänger nicht nur das Wohl drogengefährdeter Jugendlicher auf dem Spiel, sondern das Leben breiter Bevölkerungskreise. Die «Lieblinge» sahen sich nicht nur durch die vermeintliche linke Diktatur bedroht, sondern immer mehr auch durch das wachsende eigene Ansteckungsrisiko aufgrund der fahrlässigen Präventionspolitik der AHS. Das Virus war zum Symbol der inneren und äusseren Bedrohung geworden, die Angst hatte einen Namen bekommen. Die Gruppe war nun ein Hort der Sicherheit. Unter diesen Bedingungen wurden kritische Fragen als Angriff empfunden, das Unterordnen der eigenen Bedürfnisse unter die Doktrin der Gruppe galt als Gebot der Stunde. Die VPM-Anhänger vollzogen auch diesen Anpassungsschritt einmal mehr widerstandslos.

AAS stoppt Aufklärungsbroschüre des BAG

Nach der Palastrevolution blieb es eine Zeitlang ruhig um die AAS. Erst im Herbst 1991 tauchte sie wieder in den Schlagzeilen auf, als es ihr gelang, der Aids-Hilfe Schweiz in die Quere zu kommen. Diese hatte im November 1990 eine Aufklärungsbroschüre unter dem Titel «Safer Sex für Ledermänner» herausgegeben. Die bewusst für schwule Ledermänner konzipierte Schrift wurde vom Bundesamt für Gesundheitswesen mit 27'000 Franken subventioniert.

Die der Zielgruppe angepasste Sprache und die Bilder waren der Aids-Aufklärung Schweiz ein Dorn im Auge. Sie deckte im September 1991 die Nationalräte mit der Aids-Broschüre ein und schrieb im Begleitbrief: «Unter dem Vorwand, Aids-Prävention zu betreiben, wird in anheizendem Ton zu Perversionen aufgefordert. (...) Wann nehmen sich bürgerliche Politiker dieser Misere an und unterbinden, dass eine militante Minderheit jährlich Steuergelder in Millionenhöhe vom BAG zur Verfügung gestellt bekommt, um ihre politischen und ideologischen Zielsetzungen durchzudrücken?»

Der Brief zeigte Wirkung. FDP-Nationalrätin Geneviève Aubry, die später das Vorwort zum Buch «Aids» der «Lieblinge» schrieb, formulierte einen Vorstoss, der von 54 Parlamentarierinnen und Parlamentariern unterzeichnet wurde. Unter dem politischen Druck stampfte das Bundesamt für Gesundheitswesen die Broschüre «Safer Sex» ersatzlos ein. Mit ihrer Aktion hatten die VPM-Anhänger eigenhändig dafür gesorgt, dass die Broschüre ausserhalb der Zielgruppe Verbreitung fand. Sie schafften damit die Voraussetzung für die Einstampfung.

Der Druck der VPM-Anhänger auf das Departement Cotti hatte offenbar nicht nur bei der Broschüre «Safer Sex» Erfolg, sondern vorübergehend auch bei der Drogenaufklärungsschrift «Auch mein Kind...?», die vom Pestalozzianum in Zürich und dem Verlag Pro Juventute herausgegeben wurde. Das BAG wollte die bereits in der sechsten Auflage stehende Broschüre für die nationale Präventionskampagne verwenden. Nach Interventionen von VPM-Anhängern zog das BAG das Projekt zurück, obwohl die Autoren schon Änderungsvorschläge des BAG vorgenommen hatten. Proteste aus Fachkreisen bewirkten, dass das BAG die Broschüre nach ein paar Monaten wieder aus der Schublade hervorkramte.

Rätsel um die Rolle von Bundesrat Flavio Cotti

Im Zusammenhang mit der AAS war auch die Rolle von Bundesrat Flavio Cotti als Chef des Bundesamtes für Gesundheitswesen rätselhaft. Die VPM-Anhänger stiessen beim Departementschef wiederholt auf offene Ohren.

Auf Vermittlung eines Nationalrates hin hatte Cotti am 17. Dezember 1988 zwei VPM-Ärzte zu einem Gespräch empfangen. Die beiden Mediziner sollen den Bundesrat über die bevorstehende Gründung des Vereins Aids-Aufklärung Schweiz orientiert und sich um eine Koordination ihrer Arbeit mit derjenigen des BAG bemüht haben.

Mitte 1992 geriet Flavio Cotti erneut in die Schlagzeilen. Verschiedene Zeitungen warfen die Frage nach den Kanälen der «Lieblinge» zum Departementschef sowie zu seinen geheimen Sympathien mit den Anhängern von Annemarie Buchholz-Kaiser auf. Cotti hatte am 28. April 1992 sieben Vertreter der Aids-Aufklärung Schweiz zu einer Aussprache empfangen. Durch eine Indiskretion war das Sitzungsprotokoll publik geworden. Es enthielt brisante Informationen und nährte erneut Vermutungen über die Gesinnungsverwandtschaft Cottis mit den VPM-Anhängern.

Wie dem Protokoll zu entnehmen ist, traten die AAS-Vertreter forsch auf, titulierten Cottis Bundesamt für Gesundheitswesen (BAG) als Filz und bezeichneten BAG-Broschüren als «ekelerregende, die Jugend irritierende Darstellungen und Texte». Der Departementschef forderte die «Lieblinge» laut Aktennotiz zwar auf, «die Kriegsbeile zu begraben und eine konstruktive Zusammenarbeit mit dem Bundesamt für Gesundheitswesen zu suchen», er ermunterte sie aber gleichzeitig, ein Gesuch um finanzielle Unterstützung einzureichen. Cotti versprach auch zu prüfen, ob er ihnen bei der Neubesetzung der Eidgenössischen Drogenkommission sowie in der Aids-Kommission einen Sitz einräumen könne, «was von der AAS mit Freude quittiert wird», wie es im Protokoll heisst.

Die AAS-Vertreter hatten ebenfalls ein Protokoll erstellt. Danach hat Cotti festgehalten, BAG und AAS seien sich in der Zielsetzung einig. Ausserdem soll der Bundesrat den BAG-Direktor aufgefordert haben, der AAS volles Vertrauen zu schenken. Er kenne schliesslich einige AAS-Exponenten persönlich und habe nichts gegen deren VPM-Mitgliedschaft einzuwenden.

Angesichts dieser Aussagen erstaunt die Stellungnahme Cottis im Rahmen eines Interviews mit dem «Tages-Anzeiger» zu diesem Thema: «Ich versichere Ihnen, dass ich diesen Verein praktisch nicht kenne», meinte der Departementschef wörtlich. Fragen über seine Verbindungen zu den VPM-Anhängern wies er unwirsch zurück. Obwohl das Interview-Thema vorher abgesprochen war, meinte er: «Ich weiss nicht, ob ich Ihnen auf Ihre Fragen antworten soll.»

Die AAS-Vertreter überreichten Cotti am Schluss ihrer Audienz einen aufschlussreichen Forderungskatalog. «Die Schweizerische HIV-Präventionsstrategie muss geändert werden», heisst es kategorisch. Ausserdem müsse eine Untersuchungskommission eingesetzt werden, «um den ‹BAG-Aids-Hilfe-Filz› in jeder Beziehung aufzudecken». Im weitern forderten die VPM-

Anhänger, dass der Dokumentationsstelle Aids Info «die Bundesgelder ab sofort gestrichen» werden, bis andere Angestellte und eine neue Geschäftsleitung ernannt seien. Anschliessend sollten in allen Gremien sie selbst vertreten sein, auch in den Kommissionen: «Die Aids-Aufklärung Schweiz bekommt einen Sitz in der Eidgenössischen Aids-Kommission und der Eidgenössischen Drogenkommission», verlangten sie von Cotti. Gleichzeitig forderten sie den Schweizer Sitz in der Internationalen Aids-Ethik-Kommission.

Die wiederholte Forderung des VPM nach breiten Testreihen schien im Herbst 1992 Früchte zu tragen. Bundesrat Cotti nahm die Idee auf und gab dem BAG den Auftrag, mögliche Testverfahren auszuarbeiten. Der VPM verbuchte seinen Erfolg in einer Pressemitteilung mit folgenden Worten: «Die HIV-Prophylaxeempfehlungen des VPM entsprechen internationalem Standard. Nicht zuletzt aufgrund dieses Konzeptes plant inzwischen auch das Bundesamt für Gesundheitswesen (BAG), die Durchführung anonymer HIV-Tests zu empfehlen.»

Cottis Ankündigung, den «Lieblingen» allenfalls einen Sitz in der Drogenkommission zu reservieren, ist um so erstaunlicher, als mit Franziska Haller bereits eine VPM-Anhängerin in diesem Gremium vertreten ist. Haller gehört zu jenen «Lieblingen», die der Departementschef persönlich kennt, hatte er sie doch bereits einmal zu einem dreistündigen Gespräch empfangen. Andere Kommissionsmitglieder werten diese Audienz als Privileg, da es ihnen bisher nicht gelungen ist, bis zu Cotti vorzudringen.

Kapitel 10

Holocaust und Hetzjagd: Verfolgt wie die Juden

Das VPM-Kader und die «Lieblinge» reagieren selbst auf sachliche Einwände gereizt. Wer den VPM kritisiert, muss damit rechnen, in die globale Verschwörungstheorie eingebaut zu werden. Die äussere Bedrohung nahm für sie Ende der achtziger und Anfang der neunziger Jahre immer dramatischere Züge an. Die paranoide Formen aufweisende Angstspirale begann sich unkontrolliert zu drehen, und die VPM-Anhänger sahen sich bald auch physisch bedroht. Sie sind überzeugt, dass die «Neue Linke» den VPM zerstören will. Nur so ist es zu erklären, dass er oder verschiedene seiner Mitglieder regelmässig das Bild der Judenverfolgung im Dritten Reich bemühen, um ihre eigene Situation zu charakterisieren. Den Vergleich mit den Juden führen sie nicht nur in internen Diskussionen an, sondern in Büchern, Pressemitteilungen, Leserbriefen, Inseraten und Flugblättern.

Im Buch «Der VPM – was er wirklich ist» werden auf 17 Seiten die angeblichen Parallelen zwischen dem Holocaust und der beschworenen Hetzjagd gegen die Anhänger des VPM abgehandelt. In zehn Kapiteln thematisieren die rund 200 Autorinnen und Autoren aus den Reihen des VPM die wichtigsten Eskalationsstufen bei der Verfolgung und Vernichtung der Juden, um jeweils übergangslos die Vergleiche mit den Repressionen zu ziehen, denen sich der VPM ausgesetzt fühlt. So erinnerte beispielsweise ein Zettel mit dem Vermerk «Lieblinge raus» an der Universität Zürich die VPM-Anhänger «an die vielen Verbotsschilder für Juden im nationalsozialistischen Deutschland». Laut VPM weist die aggressive Attacke und die Kampagne «in der Vorgehensweise immer deutlichere Parallelen mit den Methoden aus, die die Nationalsozialisten angewandt haben, um die öffentliche Meinung mittels physischer und psychischer Gewalt so zu manipulieren, dass die systematische Ausschaltung von Gegnern und die ‹Endlösung der Judenfrage› in der Bevölkerung tolerierbar wurden. (...) Vergleicht man die Methoden der linken Protagonisten beim Versuch, den VPM auszuschalten, mit den Fanatisierungsmitteln der nationalsozialistischen Bewegung zur Isolierung und Ausschaltung der jüdischen Bürger, so drängt sich diese erschreckende Parallele geradezu auf, und es scheint, als wollten die Linken mit der Kampagne gegen den VPM ihre in ihren Schriften ausformulierte faschistische Taktik in die Praxis umsetzen.»

Als erstes Beispiel dieser Methode führt das VPM-Buch die Rolle der Medien an. Die Nationalsozialisten hätten zur Liquidierung der Juden präzise Vorarbeit leisten müssen und in der Bevölkerung jahrelang eine Pogromstimmung geschaffen. Presse, Rundfunk und Wochenschau seien unersetzliche Handlanger zur Fanatisierung der Bevölkerung gewesen. «Auch die Kräfte, die den VPM zerstören wollen, können bei ihrer systematischen Vorgehensweise auf die Unterstützung breiter Teile der linken Medien (...) zählen», behaupten die «Lieblinge».

In einem weitern Kapitel wird die Fanatisierungsmethode beschrieben. Die Juden seien als irreale, unheimliche Gewalt dargestellt worden, weshalb sie zur Strecke gebracht werden mussten. «Auch in der Kampagne gegen den VPM werden ganz bewusst vorhandene Ängste vor Sekten, Geheimbünden, Seelenfängerei und Animositäten gegenüber der Psychologie im allgemeinen für die Diffamierungen aufgegriffen. (...) Wenn man sich vor Augen hält, welche Folgen aus dem vor einem halben Jahrhundert geschürten Antisemitismus erwachsen sind, wird deutlich, was es heisst und wohin es führen kann, heute erneut diese Gefühle zu mobilisieren», schreiben die VPM-Anhänger.

Der VPM und die Reichskristallnacht

In den übrigen Kapiteln führen die Autoren des Buches verschiedene Beispiele an, wie die VPM-Anhänger an Veranstaltungen, am Arbeitsplatz oder an der Universität in ähnlicher Weise von «linken Hetzern» diffamiert und ausgegrenzt worden seien wie die Juden im Dritten Reich. Die Mosaiksteinchen werden konsequent zu einem Bild zusammengefügt, das die vermeintlich aufkeimende Gewalt gegen den VPM darstellt. «Die Analogie zwischen der Vorgehensweise gegen den VPM und den nationalsozialistischen Methoden bei der Vorbereitung der Ausschaltung der jüdischen Bevölkerung aus der Öffentlichkeit sind bis zu diesem Stadium deutlich geworden. Das mit primitivster Demagogie aufgebaute Feindbild wird bei jeder Gelegenheit dazu benutzt, den Gegner völlig zu isolieren und ihn einer Hetzjagd auszusetzen. (...) Die schon vor der nationalsozialistischen Herrschaft durch Schlägertrupps initiierten Gewalttätigkeiten gegen Juden gipfelten 1938 in den von langer Hand minutiös geplanten Ausschreitungen (...), der sogenannten Reichskristallnacht. (...) Noch gibt es gegen den VPM keine systematisch organisierten Ausschreitungen. Die Hetzstimmung jedoch wird immer beängstigender, und erste Anzeichen einer Volksjustiz werden deutlich», heisst es im Buch.

Beispiele sollen die Aussagen belegen: Der Gesprächsleiter einer Veranstaltung hatte einer Votantin das Mikrophon aus der Hand genommen, an einer Quartierversammlung soll ein Besucher einem VPM-Mitglied gezielt ins Auge gespuckt haben, und an der Vollversammlung eines Fachvereins auf der Dachterrasse der Universität Zürich sei folgender Zwischenruf ertönt: «Rüered doch dä vom Dach abe.»

«So hat es damals auch angefangen»

Die Vergleiche mit der Judenverfolgung enden mit folgenden Fragen: «Sind diese massiven Gewaltandrohungen und Tätlichkeiten nicht alarmierend genug? Was ist der nächste Schritt in der Kampagne gegen den VPM? Braucht es zuerst Ausschreitungen grösseren Stils, damit auch die Zürcher Bevölkerung das Ausmass dieses Terrors sieht? (...) So hat es damals auch angefangen. Wie es weiterging, wissen wir. Was wird heute noch passieren?»

Auch in einem in der Stadt Zürich breit verteilten und von VPM-Leuten in die Briefkästen gesteckten Flugblatt vom 26. Juli 1990 schrieb der VPM: «Seit etwa zwei Jahren haben linke politische Kreise und gewisse Zürcher Medien dem Verein zur Förderung der Psychologischen Menschenkenntnis (VPM) den Krieg erklärt.» Radikale linke Gruppen würden politische Ämter und weite Teile der Medienlandschaft gezielt unterwandern und «mit destruktiven und linksfaschistischen Methoden jeden zur Seite räumen, der sich ihnen in den Weg stellt. Der VPM steht diesen Machenschaften im Weg. Deshalb ist den genannten Kreisen auch jedes Mittel recht, ihn zum Schweigen zu bringen. Jeder, der diese Mittel studiert und die Einzelaktionen im Zusammenhang sieht, erkennt auch klar die Parallelen zwischen den gegen Mitglieder des VPM angewendeten Methoden und der Vorgehensweise, die den aufkommenden Nationalsozialismus kennzeichneten. (...) Die Reaktion ist ein weiterer Griff in die Schmutzkiste der politischen Propagandamethoden, die in der Nazi-Zeit perfektioniert wurden. (...) Die Geschichte der Linken wimmelt nur so von ‹Rechtsabweichlern› und ‹Sektierern›, die in der Stalinzeit einfach deportiert wurden.»

In einem Leserbrief rechtfertigten sich VPM-Präsident Ralph Kaiser und die fachliche Leiterin, Annemarie Buchholz-Kaiser, mit dem Argument: «Das im Artikel erwähnte Flugblatt nimmt nicht ‹zu Nazi-Bildern Zuflucht›, sondern zeigt auf, wie in dieser Stadt eine vergiftende Stimmungsmache zu politischen Zwecken missbraucht wird...»

Auf der Suche nach Verbündeten klopften VPM-Anhänger auch bei der jüdischen Gemeinschaft an. Zur Überraschung vieler Juden fanden die «Lieblinge» bei der «IC-Gazette», dem Publikationsorgan der Israelitischen Cultusgemeinde Zürich, Unterstützung. Redaktor Leo Rapp widmete in der

Ausgabe vom September 1990 das Editorial dem VPM und öffnete seine Spalten der Gazette zwei VPM-Psychologinnen.

Die beiden VPM-Anhängerinnen thematisierten in ihrem Artikel die Judenverfolgung und verglichen die Strategie der Nazis mit der angeblichen Hetzkampagne gegen den VPM. Den jüdischen Lesern wurde im ersten Teil des Textes eine durch den Zeitraffer gepresste Geschichtslektion über das Schicksal der Juden im Dritten Reich vorgesetzt. Unter dem Zwischentitel «Parallelen zum Faschismus und Nationalsozialismus» erklärten die VPM-Psychologinnen: «Nachdem die Juden entmenschlicht waren, wurden sie in einem zweiten Schritt denunziert und gesellschaftlich isoliert. (...) Die gut durchdachte Vorbereitung führte im 3. Schritt zur gewalttätigen Massenbewegung. Mit der ‹Reichskristallnacht› schritt die aufgehetzte Bevölkerung zum Pogrom. Zusammenfassend können wir festhalten, dass es nur durch jahrelangen massiven Propagandadruck, durch Einschüchterung und eine schrittweise Gefühlsverrohung schliesslich so weit kommt, dass die Öffentlichkeit es hinnimmt, wenn einer Gruppe von Menschen ihre unveräusserlichen Rechte abgesprochen werden und sogar deren physische Vernichtung planmässig in die Tat umgesetzt wird. Die dargelegte Hetzkampagne gegen den VPM ist ein untrügliches Warnzeichen dafür, dass heute die Vorbereitung einer faschistischen Stimmung schon weit fortgeschritten ist.»

Jüdische Kreise reagierten heftig auf den Artikel und fragten sich, wie ein solcher Text in ihre Gazette gelangen konnte. Das Rätsel löste sich rasch: Eine der Autorinnen war Renata Rapp-Wagner, die Tochter des Redaktors.

Juden empören sich über VPM-Anhänger

Seiner Empörung über den Artikel gab ein Leser im «Israelitischen Wochenblatt» Ausdruck: «Da, wo seine Anhänger auftreten, erregen sie Anstoss und werden logischerweise bekämpft. Wie aber dieser Widerstand beschrieben wird, ist – man kann es nicht anders bezeichnen – ein Skandal. Er biete ‹Parallelen zum Faschismus und Nationalsozialismus›; Mussolini und Hitler werden erwähnt; ‹nationalsozialistische Ideologie›; es werden ausführliche Judenverfolgungen mit Nennung des ‹Stürmers› beschrieben. (...) Müssen wir uns so etwas in der IC-Gazette gefallen lassen?» Ein zweiter Leser schrieb: «Im darauffolgenden Abschnitt wird schliesslich der unglaubliche Schritt vollzogen: Der VPM, wohlgemerkt ein Verein, wird indirekt mit einer Weltreligion gleichgesetzt. Doch damit nicht genug. (...) Auf diese perfide Art versucht man, mit dem Thema, das keinen jüdischen Menschen unberührt lässt, Mitgefühl für den VPM zu wecken. Ein solcher Vergleich ist eine unglaubliche Anmassung. Dass hier offensichtlich ein krankhafter Verfolgungswahn vorliegen muss, vermag wohl kaum über diese Tatsache hinwegzutrösten.»

Die Aufregung in der jüdischen Gemeinde über den Artikel hatte Folgen. Redaktor Rapp wurde sofort entlassen. «Ich bin in einer Nacht- und Nebelaktion hinausgeworfen worden», schilderte er die Reaktion.

Diese deutlichen Signale aus jüdischen Kreisen liessen den VPM kalt. Er sah keine Veranlassung, Korrekturen an seinem Geschichtsverständnis, seinen Wahrnehmungen oder seiner Innenansicht vorzunehmen und verglich auch weiterhin seine Entwicklung mit dem Schicksal der Juden im Dritten Reich.

Als VPM-Anhänger im Sommer 1990 an der Wandzeitung der Universität Zürch die Parallelen zur Judenverfolgung erneut reklamierten, forderten sie den Chefredaktor des «Zürcher Tagblatts» am 21. Juli 1990 zu einem Kommentar heraus: «Wer den Text liest, dem stockt der Atem. (...) Was in den Köpfen dieses akademischen Nachwuchses vorgeht, lässt einem die Haare zu Berge stehen. (...) Ein paar Studenten, die sich eigentlich mit der Frage befassen müssten, weshalb die ‹Lieblinge› überall anecken, glauben sich in Zürich einer derartigen ‹Pogromstimmung› ausgesetzt, dass sie zum Vergleich die entsetzlichen Verfolgungen des Dritten Reiches und anderer totalitärer Systeme beiziehen. Kann man so ewas mit Infantilität entschuldigen? Nein, denn dieses Denken drückt eine namenlose Verachtung aller im Dritten Reich auf unmenschliche Weise zugrunde gerichteten Menschen und eine kaltschnäuzige Verhöhnung derjenigen aus, die dem Holocaust entronnen sind.»

Als im Juli 1990 das Kanzlei-Zentrum in Zürich eine Veranstaltung über totalitäre Gruppierungen ankündigte, gingen bei Stadtpräsident Josef Estermann Dutzende von Briefen mit ähnlichem Inhalt ein, die die klare Handschrift der «Lieblinge» trugen. Ein Briefschreiber beschwor beispielsweise Estermann, die Attacke gegen den VPM nicht zuzulasssen, weil sonst engagierte Bürger zu Schaden kommen würden wie noch nie: «Über die Judenverfolgung informiert, dürfen Sie es nicht zulassen, dass wir in Zürich ein analoges Beispiel zu den Ereignissen vor 50 Jahren in Deutschland haben. Die Kristallnacht ist noch zu verhindern! Tun Sie das! Sie tragen die Verantwortung.»

Wie lässt es sich erklären, dass Hunderte von akademisch geschulten VPM-Anhängern die beispiellosen Vergleiche mit der Judenverfolgung im Dritten Reich mittragen und in ihrem Namen dulden? Die Antwort ist in der Überidentifikation der «Lieblinge» mit dem VPM zu suchen. Sie beziehen Lebensinhalt und Sinnstiftung aus der Therapiegemeinde und müssen sich in allen Belangen hinter den VPM und seine Ideologie stellen. Kritische Distanz selbst in unbedeutenden Fragen könnte dazu führen, dass VPM-

Anhänger die Strukturen und Abhängigkeitsmuster durchschauen lernten. Aus Angst, die «absolute Geborgenheit» zu verlieren, verinnerlichen sie selbst das Konstrukt mit der Judenverfolgung. In dem verzerrten Bedrohungsszenario sind nur historische Ereignisse bedeutungsschwer genug, um als Vergleich zu taugen. So wird der Gedankensprung zum Holocaust zwingend. Den Preis dafür zahlen viele von ihnen in Form von Wahrnehmungsverschiebungen und Realitätsverlusten.

«Lieblinge» verdrängen die Tatsache, dass ihr Lehrer Jude war

Das Beschwören der Bilder aus dem Dritten Reich fördert gleichzeitig die Abgrenzung und die Gruppenidentifikation. Um die angebliche Inkarnation des Bösen in Form der «Neuen Linken» und ihrer Gehilfen abzuwehren, müssen die Anhänger von Annemarie Buchholz-Kaiser ein Bollwerk bilden und eine gemeinsame Doktrin entwickeln. Sicherheit kann in Zeiten höchster Bedrohung bestenfalls ein straff geführtes Kollektiv bieten, denn für die VPM-Anhänger steht das Überleben der Gruppe auf dem Spiel und somit die Existenz des einzelnen. Der Vergleich mit der Judenverfolgung könnte sich als Instrument zur Disziplinierung und Indoktrinierung erweisen.

Dass Annemarie Buchholz-Kaiser und ihre Anhänger Bilder aus dem Dritten Reich bemühen, entpuppt sich als Pietätlosigkeit gegenüber Friedrich Liebling. Denn ihr Lehrer stammte aus einer jüdischen Familie und entkam dank rechtzeitiger Flucht in die Schweiz den Nazis. Liebling verlor durch den Holocaust Angehörige. Doch er konnte seinen Anhängern die Erfahrungen seiner jüdischen Landsleute im Dritten Reich nicht vermitteln, weil er seine Vergangenheit totschwieg. Nun holt sie ihn posthum auf unselige Weise über sein Lebenswerk wieder ein.

Kapitel 11

Operiert der VPM mit illegalen Methoden?

Am 19. Dezember 1991 machte ein vierköpfiges Team des Süddeutschen Rundfunks in Zürich Aufnahmen zu einem Beitrag über den VPM. Von der Strasse aus filmte es die drei Kurszentren an der Spyristrasse, Hochstrasse und am Toblerplatz, wie aus dem Drehmaterial hervorgeht. Anschliessend fuhr das deutsche Fernsehteam zum VPM-Haus an der Susenbergstrasse in Zürich. Laut Aussage der Redaktorin standen mehrere Personen an den Fenstern und fotografierten das Team. Zwei Fernsehleute klingelten nach ihren Angaben an der Haustüre, um Informationsmaterial zu verlangen. Der automatische Türöffner wurde betätigt, worauf die beiden eintraten. Am Ende des Ganges klopften sie an die Tür. Eine Frau schaute heraus und forderte die beiden Fernsehmitarbeiter auf, das Haus sofort zu verlassen. Im Garten tauchten zwei Männer auf, die sie des Hausfriedensbruchs bezichtigten. Sie verliessen den Garten, gefolgt von mehreren, ihnen unbekannten Personen.

«Lieblinge» behindern Fernsehteam

Laut Aussagen des Teams wurden der Kameramann und der Tonoperateur, die von der Strasse her das Haus gefilmt hatten, bereits von mehreren Personen bedrängt. Sie verlangten das Filmmaterial, griffen nach der Kamera und drohten, die Polizei einzuschalten. Nach kurzer Zeit umringten rund 20 VPM-Anhänger die deutsche Fernsehequipe und beschimpften sie. Die Aufnahmen des Kamerateams zeigen, dass ein VPM-Anhänger die Szene und die deutschen Fernsehleute aus nächster Nähe mit einer Videokamera aufgenommen hat.

Das Team bekam Angst vor Übergriffen und wollte ins Auto steigen. Es wurde umringt, und ein VPM-Vertreter drückte die Autotüre wieder zu, wie die Aufnahmen beweisen. Eine Frau keilte mit ihrem Auto das Fahrzeug der Fernsehleute ein. Ausserdem legten die VPM-Leute Jacken und Tücher auf die Frontscheibe, um den Fernsehmachern die Sicht zu verdecken. Nach fast einer Stunde verliess ein Teammitglied das Auto und wollte die Polizei rufen. Nach Angaben der Fernsehleute wurde er jedoch festgehalten und beschuldigt, er habe flüchten wollen. Die VPM-Anhänger hatten ihrerseits die Polizei gerufen, die nach rund eineinhalb Stunden eintraf.

Das deutsche Fernsehteam wurde auf den Polizeiposten geführt und in einer Weise behandelt, als würde es dringend einer Tat verdächtigt. Die Polizisten wollten gar, dass der Kameramann den VPM-Leuten das Filmmaterial aushändige. Als sich der alarmierte Rechtsanwalt und eine Bezirksanwältin einschalteten, durften die deutschen Fernsehleute die Polizeikaserne nach kurzer Zeit verlassen.

Die VPM-Anhänger klagten die Mitarbeiter der Fernsehequipe wegen Verletzung des Geheim- oder Privatbereiches durch Aufnahmegeräte sowie wegen Hausfriedensbruchs ein. Die Kläger behaupteten, das Team sei ins Haus eingedrungen und habe gefilmt. Die deutschen Fernsehleute klagten ihrerseits die VPM-Anhänger wegen Nötigung ein, weil sie umringt, festgehalten und am Wegfahren gehindert worden seien.

Nach Ausstrahlung der Sendung wehrten sich VPM-Mitglieder mit einem breit gestreuten Flugblatt. Das Fernsehteam wird beschuldigt, «unangemeldet und ohne an der Haustüre zu klingeln mit der Ausrüstung in ein Haus» eingedrungen zu sein und «selbst auf Aufforderung die Räume» nicht verlassen zu haben. Die VPM-Anhänger vermeiden diesmal hingegen die Aussage, die Fernsehleute hätten im Haus oder Garten gefilmt. Sie hatten in der Zwischenzeit vermutlich realisiert, dass ihre Behauptung durch das Filmmaterial widerlegbar ist.

Annemarie Buchholz-Kaiser wegen Verletzung des Urheberrechts gebüsst

Dass selbst das VPM-Kader nicht davor zurückschreckt, mit unzimperlichen Methoden gegen unliebsame Personen vorzugehen, zeigen die Vorfälle um eine Lizentiatsarbeit einer Studentin an der Uni Zürich. Sie hatte die Schrift mit dem Titel «Zur Verbreitung von Problemfällen in Zusammenhang mit religiösen Vereinigungen und ‹pseudoreligiösen›, autoritativ-totalitären Gruppierungen und Bewegungen im Kanton Zürich» Mitte Sebtember 1991 beim Sekretariat und einen Monat später beim Dekanat abgegeben. Ursprünglich wollte die Studentin und Mitarbeiterin der Sektenberatungsstelle Infosekta, Susanne Schaaf, den VPM nicht in die Untersuchung einbeziehen, doch berichteten verschiedene befragte Institutionen von Problemfällen im Zusammenhang mit dem VPM. Deshalb fand die Therapiegemeinde doch noch Erwähnung in der wissenschaftlichen Arbeit.

Die Überraschung war perfekt, als sich im November 1991 einzelne der in der Lizentiatsarbeit erwähnten Sondergruppen bei der Studentin und dem zuständigen Professor meldeten. Sie erklärten, eine Kopie der Arbeit zugestellt erhalten zu haben. Als Absender der heissen Post entpuppten sich die VPM-Chefin Annemarie Buchholz-Kaiser und der VPM-Präsident Ralph Kaiser, wie aus dem Begleitschreiben vom 4. November 1991 hervorgeht. Darin erklärten die beiden VPM-Exponenten: «Beiliegend senden wir Ihnen eine Kopie der Lizentiatsarbeit der (politisch scharf links stehenden) Studentin Susanne Schaaf.»

Das Motiv der illegalen Aktion umschrieben Annemarie Buchholz-Kaiser und ihr Vereinspräsident folgendermassen: «Wir erachten es als grosses Unrecht, dass auch Ihre Vereinigung als Sekte angeführt wird, vor der gewarnt werden müsse. (...) Es handelt sich dabei um einen Vorstoss im Rahmen der linken Strategie, alle nicht ganz genehmen religiösen und anderen Gruppierungen mit einem ausgeweiteten Sektenbegriff zu stigmatisieren und letztlich auszuschalten, um so eine linke Gleichschaltung im kulturellen Leben erreichen zu können. Es wäre gut, wenn Sie Ihrerseits das Mögliche gegen einen solchen Vorstoss unternehmen könnten, damit diese Arbeit vom zuständigen Professor nicht als Lizentiat angenommen wird – sie ist es noch nicht! – und damit die darin enthaltenen haltlosen Unterstellungen den Anstrich von Wissenschaftlichkeit und damit von ‹Wahrheit› erhalten würden. Wir werden in den nächsten Tagen versuchen, Sie telefonisch zu erreichen.»

Was war passiert? Unbekannte müssen die Lizentiatsarbeit aus den Räumen der Universität entwendet und kopiert haben. Ein Exemplar landete auf dem Pult des VPM-Kaders. Offensichtlich wollte die VPM-Spitze mit einer konzertierten Aktion die Prüfungsarbeit torpedieren und verschickte sie den darin erwähnten Gruppierungen. Die beiden VPM-Exponenten lieferten eigenhändig klare Indizien bezüglich Verletzung des Urheberrechtes: Der Hinweis, die Arbeit sei noch nicht angenommen, deutet auf die Missachtung des Copyrights hin. Die VPM-Spitze legte der Lizentiatsarbeit eine vierseitige Schmähschrift bei, in der es hiess, Susanne Schaaf habe getreu ihrer 68er Vorgänger, den Marsch durch die Institutionen angetreten. «Als gefährliche Weiterentwicklung dieser Kreise, die mit Marx, Trotzki, Stalin ja selbst mit Hitler und Mussolini noch nicht gebrochen haben, muss die Ausweitung ihrer Ideologie und Mittel durch gefährliche, persönlichkeitszersetzende Psychotechniken aus dem Umfeld der sog. Gestalttherapie oder sog. kritischen Psychologie angesehen werden.»

Die Studentin reichte Strafanzeige wegen Urheberrechtsverletzung gegen Annemarie Buchholz-Kaiser und Ralph Kaiser ein. Gegenüber dem zuständigen Professor erklärte der VPM-Präsident, die Lizentiatarbeit sei dem VPM anonym zugeschickt worden. Der mit den Ermittlungen beauftragte Polizist wollte die beiden Angezeigten befragen, erhielt aber einen Korb. Per Express liess der VPM-Anwalt wissen, die beiden betrachteten sich in dieser Sache nicht legitimiert und würden deshalb der Vorladung nicht Folge leisten.

Die Lizentiatsarbeit wurde vom zuständigen Professor angenommen und mit einer guten Note bewertet, womit sie «den Anstrich von Wissenschaftlichkeit und ‹Wahrheit›» erhalten hat.

Die fachliche Leiterin und der Präsident des VPM erhielten in dieser Angelegenheit am 18. Dezember 1992 Post vom Statthalteramt des Bezirks Zürich. Der amtliche Brief trug die Überschrift «Strafverfügung». Darin heisst es, sie hätten sich einer Übertretung des Bundesgesetzes «betreffend das Urheberrecht an Werken der Literatur und Kunst (URG) schuldig gemacht». Annemarie Buchholz-Kaiser habe «in Mittäterschaft mit dem Verzeigten Dr. Ralph Kaiser» eine dem VPM «angeblich anonym zugesandte Lizentiatsarbeit» kopiert und «zusammen mit einem von ihr eigenhändig unterschriebenen Begleitbrief» in Verkehr gebracht. Der Statthalter büsste die Täterin und den Täter mit je 400 Franken und überband ihnen die Kosten. Die beiden haben eine gerichtliche Beurteilung des Falles durch das Bezirksgericht Zürich beantragt.

Politiker in eine Falle gelockt

In Dutzenden von Fällen haben der VPM oder seine Exponenten versucht, Kritiker vor den Richter zu zerren. (vgl. Kapitel 15) In einem Fall scheute sich ein VPM-Anhänger nicht, den Betroffenen in eine Falle zu locken und unter falschen Angaben vermeintliche Beweismittel in die Finger zu bekommen. Die Geschichte begann am 12. November 1990 im Zürcher Kantonsrat. Der Drogenspezialist und Parlamentarier Thomas Kessler verlas eine Fraktionserklärung, in der er den Protest «gegen die subtile und zunehmend auch aggressive Einflussnahme aus Kreisen der sog. Lieblinge auf das kantonale Schul-, Gesundheits- und Justizwesen» zum Ausdruck brachte. Der grüne Kantonsrat forderte «die zuständigen Direktionen auf, gegenüber solchen Beeinflussungsversuchen wachsam zu sein und die Zusammenarbeit von hohen Beamten mit Mitgliedern dieser Psycho-Sekte zu unterbinden». Weiter warf Kessler den «Lieblingen» vor, in der Drogenpolitik eine «geradezu faschistoide Ausrichtung des Denkens» zu vertreten.

Der VPM reagierte mit einer per Fax an die Staatskanzlei übermittelten Gegendarstellung. Da dieses Rechtsmittel für den Parlamentsbetrieb nicht vorgesehen ist, blieb sie unverlesen. Ausserdem konnte der VPM den Kantonsrat nicht gerichtlich belangen, da dieser parlamentarische Immunität geniesst. Drei Tage später erhielt Kessler einen Telefonanruf. Ein

Journalist namens Benno erklärte, er sammle für eine Sendung der Rundfunkanstalt RIAS Berlin Basisinformationen zur Drogensituation in Zürich und würde sich gern mit ihm treffen. Am gleichen Tag trafen sich Journalist Benno und Thomas Kessler in einer Bar in Basel. Der Zürcher Kantonsrat wiederholte auf Wunsch von Benno seine Fraktionserklärung sinngemäss ins Tonband.

Wenige Tage später meldete sich der Rechtsanwalt des VPM und verlangte eine Stellungnahme zu seinen Äusserungen gegenüber «Benno». Der Verdacht drängte sich auf, dass der angebliche Journalist eine Tonbandabschrift dem VPM zugespielt hatte. Der VPM reichte am 17. Dezember 1990 beim Bezirksgericht Zürich eine Klage gegen Kessler ein, der in diesem Zusammenhang erfuhr, dass «Benno» in Wahrheit Harald T. heisst. Anlässlich der Gerichtsverhandlung vom 27. März 1991 einigten sich die beiden Parteien unter Kostenteilung auf einen Vergleich. Thomas Kessler scheute den zeitlichen und finanziellen Aufwand eines Prozesses, der möglicherweise über mehrere Instanzen geführt hätte.

Der ehemalige Zürcher Kantonsrat ist sich in der Zwischenzeit bewusst, dass er damals etwas voreilig eingelenkt hatte. Was er von Anfang an vermutet hatte, stellte sich später als Beweis heraus: Psychologe Harald T. aus Köln ist VPM-Exponent. Zur Rede gestellt, behauptete er keck, im Auftrag eines Journalisten von RIAS das Interview mit Kessler geführt zu haben. Den Namen des Auftraggebers wollte der VPM-Anhänger nicht preisgeben. Nachforschungen bei RIAS ergaben, dass zum fraglichen Zeitpunkt keine Sendung zum Drogenproblem in Zürich geplant war und auch nie ein Honorar an Harald T. ausbezahlt worden ist.

Kessler ist überzeugt, dass VPM-Exponent Harald T. mit dieser Täuschungsaktion die Zürcher Rechtspflege irregeführt und mutwillig einen Prozess geführt hat. Der VPM bezeichnete den Vorfall in einer Richtigstellung auf einen Zeitungsartikel hin als «völlig lapidare Geschichte», die «absolut keinen Informationsgehalt» habe. «Im übrigen halten wir fest, dass der erwähnte H. T. sehr wohl als Journalist im Auftrag von RIAS Berlin handelte.»

Wohnung aufgebrochen und VPM-Unterlagen gestohlen

Ins Gespräch kam der VPM auch, nachdem unbekannte Täter im Januar 1992 bei Eugen Sorg, dem Autor des VPM-kritischen Buches «Lieblings-Geschichten», eingebrochen hatten. Die Täter entwendeten nämlich ausschliesslich Unterlagen über den VPM und persönliche Schriftstücke. Gestohlen wurden auch sämtliche Prozessunterlagen im Zusammenhang mit dem Buch sowie Hintergrundmaterial, Briefe und Erfahrungsberichte ehemaliger «Lieblinge». Die Einbrecher interessierten sich auch für das Privatleben von Sorg und schleppten Fotos, Pass, Notizbücher, Verträge, Agenden und Bankbelege ab. Wertgegenstände rührten sie jedoch nicht an, selbst das Bargeld auf dem Kühlschrank liessen sie liegen. In einem Leserbrief wehrte sich der VPM gegen den Verdacht, mit dem Einbruch etwas zu tun zu haben, und schrieb: «Es handelt sich um eine illegale Aktion, die der VPM verurteilt.»

VPM-Anhänger zapft Telefon eines Kritikers an

Wie verblendet und fanatisiert VPM-Anhänger werden können, wurde der Öffentlichkeit im Januar 1993 schlagartig bewusst. An einer Medienkonferenz vom 6. Januar berichteten der Zürcher Erziehungsdirektor Alfred Gilgen und der Chef der Abteilung Volksschule, Gerhard Keller, von einer kriminellen Aktion verschiedener «Lieblinge» gegen einen externen Berater der Erziehungsdirektion (ED). Die Enthüllungen waren aus dem Stoff, der jedem Kriminalroman oder Agentenfilm Spannung verleiht. Es ist die Geschichte einer systematischen Bespitzelung mit illegalen Mitteln.

Der erste Akt beginnt am 21. Oktober 1992. Gerhard Keller kündet seinem Berater in Sachen VPM auf dem Telefonbeantworter an, er werde ihm um 18 Uhr Unterlagen in den Briefkasten werfen, die er redigieren solle. Die Frau des Beraters will das Couvert um ca. 18.30 Uhr aus dem Briefkasten fischen, findet ihn aber leer vor. Keller steht vor einem Rätsel und äussert den Verdacht, das Telefon seines Beraters, eines ehemaligen Kadermitgliedes des VPM, werde abgehört. Tags darauf liegt das verschollene Dokument doch im Briefkasten. Es handelt sich um den Antwortentwurf auf eine kantonsrätliche Interpellation zum Thema VPM. Der ED-Berater wirft den Begleitzettel in den Papierkorb und macht sich an die Arbeit.

Zweiter Akt: Erziehungsdirektor Gilgen erhält am 2. November VPM-Akten zugestellt, die zuvor aus dem Büro seines Chefbeamten Gerhard Keller gestohlen worden waren. Zu seiner Überraschung findet er dabei eine Kopie des Begleitzettels. Die unbekannten Täter wollten damit offensichtlich beweisen, dass die Erziehungsdirektion auch nach dem Wirbel um die VPM-Personaldossiers (vgl. Kapitel 21) noch geheime Akten an Aussenstehende weiterleite. Diese Aktion sollte die Erziehungsdirektion in ein schlechtes Licht rücken.

Um das Rätsel des Begleitzettels zu lösen, kündet Gerhard Keller bei seinem externen Berater telefonisch einen Besuch bei ihm zu Hause an. Er wagt es nicht mehr, die VPM-Thematik am Telefon zu besprechen. Zur gleichen Zeit wie Gerhard Keller treffen auch zwei VPM-Anhänger beim

Mehrfamilienhaus des ED-Beraters ein und verschwinden in der VPM-Wohngemeinschaft, die direkt unter der Wohnung des Beraters liegt. Zur Verblüffung Kellers verlassen die beiden «Lieblinge» das Haus zur gleichen Zeit. Einer der beiden, ein Kadermitglied und Jurist des VPM, spricht Keller gar mit dem Namen an und macht eine abschätzige Bemerkung über seinen Besuch beim Berater.

Telefonmonteur entdeckt angezapfte Leitung

Dritter Akt: Am Tag darauf ist die Telefonleitung des ED-Beraters tot. Der Störungsdienst sucht erfolglos nach der Ursache der Panne, weshalb ein Monteur aufgeboten wird. Der Spezialist ist ebenfalls ratlos und zieht kurzerhand das Kabel aus der Leitung. Er ist bass erstaunt, als er eine Zweigleitung in den Händen hält. Das Rätsel löst sich rasch: Die Abzweigung war auf der Höhe der VPM-Wohngemeinschaft angebracht worden. Die unheimliche Entdeckung war für den ED-Berater der Schlüssel für die bisher unerklärbaren Ereignisse mit dem verschwundenen Brief, dem Begleitzettel und der Begegnung zwischen Gerhard Keller und den beiden VPM-Anhängern im Haus des Beraters.

Vierter Akt: Der ED-Berater meldet den unheimlichen Kabelfund der Stadtpolizei Zürich und wird an ein leitendes Mitglied der Spezialabteilung für politisch motivierte Straftaten der Stadtpolizei verwiesen. Der Beamte zeigt aber wenig Interesse an dem Fall und nimmt die Anzeige nicht entgegen. Er solle sich morgen oder besser übermorgen wieder melden, sagt der hochrangige Polizist dem ED-Berater. Dieser versteht die Welt nicht mehr, gehören doch Abhöraffären nicht zu den leichten oder alltäglichen Delikten. Nun schaltet sich die Erziehungsdirektion ein und wendet sich an die Kantonspolizei, die sich der mysteriösen Angelegenheit sofort annimmt. Zeigte der führende Polizist der Spezialabteilung der Stadtpolizei etwa so wenig Interesse an der Anzeige, weil es ihm schlecht ins Konzept passte, gegen VPM-Anhänger zu ermitteln? Verschiedene Indizien weisen darauf hin, dass diese Frage nicht abwegig ist.

Hausdurchsuchung in VPM-Wohngemeinschaft

Im fünften Akt tritt die Polizei in Aktion. Am 25. November 1992 fahren sieben Polizisten zum Haus mit den rätselhaften Vorkommnissen, läuten die Bewohner aus dem Bett und weisen einen Hausdurchsuchungsbefehl vor. Der Mieter der Wohnung, ein VPM-Lehrer, ist jedoch abwesend. Bei der Razzia in der VPM-Wohngemeinschaft entdecken die überraschten Beamten ein Loch in der Decke, durch das ein Kabel führt, an dessen Ende ein Mikrophon installiert ist. Der ED-Berater erklärt hinterher, die Abhörvorrichtung sei so geschickt plaziert gewesen, dass die Gespräche im Wohnzimmer und im Schlafzimmer hätten mitgehört werden können. Die Polizei beschlagnahmt eine komplette Abhöranlage samt Verstärker und Aufzeichnungsgerät.

Der Untermieter des Haupttäters behauptet bei der Einvernahme, er habe keine Kenntnis von der Abhöraktion gehabt. «Ich weiss, dass es ungesetzlich ist, aber ich kann es verstehen», gibt er zu Protokoll. Es sei für den VPM-Lehrer sehr wichtig gewesen, an Informationen heranzukommen, weil der ED-Berater Unwahrheiten über den VPM verbreite, die ihm «sehr schaden, ja sogar existenzgefährdend sind», erklärt das VPM-Mitglied.

Die Untersuchungsbeamten erreichen den Haupttäter telefonisch im Schulhaus und laden ihn unter Strafandrohung auf den gleichen Tag vor. Bei der ersten Befragung verlangt er einen Anwalt und verweigert vorerst die Aussage. Deshalb muss er seine Effekten abgeben und Polizeihaft auf sich nehmen. Auf die Abhöraktion angesprochen, erklärt der VPM-Lehrer bei der Einvernahme am nächsten Tag: «Ich anerkenne diesen Vorwurf grundsätzlich in allen Punkten.» Bei der Installation der Abhörvorrichtung sei ihm jemand behilflich gewesen, doch wolle er den Namen nicht preisgeben. Zusammen hätten sie von seinem Zimmer aus ein Loch ins Treppenhaus gebohrt und mit einer Zweigleitung das Kabel des ED-Beraters angezapft. Es habe allerdings nicht funktioniert, weshalb sie das Mikrophon installiert hätten.

Der VPM-Lehrer gesteht auch die Geschichte mit den ED-Unterlagen, die er aus dem Briefkasten seines ehemaligen VPM-Kollegen entwendet, kopiert und wieder in den Briefkasten geworfen habe. «Die von mir erstellte Kopie des Entwurfes brachte ich an die Susenbergstrasse 53 und warf sie in den Briefkasten, und zwar kommentarlos», gibt der 40jährige Haupttäter zu Protokoll. An der angegebenen Adresse befindet sich das Hauptquartier des VPM.

Bei der zweiten Einvernahme am gleichen Nachmittag gibt der VPM-Lehrer den Namen seines Komplizen preis. Es handelt sich um einen VPM-Psychologen, der ursprünglich Elektroniker war. Damit gibt sich der Bezirksanwalt zufrieden, und er setzt den VPM-Lehrer auf freien Fuss. Eine Kollusionsgefahr vermag der Untersuchungsrichter erstaunlicherweise nicht zu erkennen. Es eilt ihm auch nicht mit der Einvernahme des Komplizen, die erst zwölf Tage später erfolgt.

Der VPM-Psychologe gesteht die Vorwürfe mindestens teilweise. Da der ED-Berater der Hauptinformant von Gerhard Keller in Sachen VPM gewesen sei, habe sein Wohnpartner herausfinden wollen, «was das Ehepaar X. entweder unter sich oder mit Keller gegen ihn aushecken» wollte. Der gelernte Elektroniker behauptet, die Gespräche nur fetzenweise verstanden zu haben.

Ausserdem bestätigt er, dass er als Psychologe unter der fachlichen Leitung von Annemarie Buchholz-Kaiser stehe und mehrmals wöchentlich an der Susenbergstrasse verkehre. Auf eine Zusatzfrage seines Anwaltes antwortet der Mittäter, er habe dem VPM-Kader nichts von der Abhöraktion erzählt.

Die Untersuchung der Abhöraktion durch VPM-Anhänger warf teilweise ein schiefes Licht auf die Untersuchungsbehörden. Die Ungereimtheiten begannen mit der eigenartigen Verzögerung durch die Spezialabteilung für politisch motivierte Straftaten der Stadtpolizei. Der Schlüssel für eine Erklärung liegt möglicherweise beim hochrangigen Polizeibeamten, der kein Interesse an einer sofortigen Anzeige bekundete. Verschiedene Hinweise deuten darauf hin, dass er wiederholt geheime Informationen aus linken Kreisen und der Hausbesetzerszene an den ehemaligen Kantons- und Gemeinderat Werner Stoller weitergegeben hat, die der SVP-Politiker für parlamentarische Anfragen und politische Kampagnen benutzte, ohne die Quellen anzugeben. Es handelte sich zum Beispiel um Informationen zu Razzien in besetzten Häusern. Ausserdem hatte Stoller die von Unbekannten aus den Büroräumen der Erziehungsdirektion gestohlenen Personaldossiers von VPM-Anhängern manipuliert und wurde deshalb von seiner Partei gedrängt, den Rücktritt aus den beiden Räten zu geben. (vgl. Kapitel 21) So würde sich der Kreis schliessen, und die Ungereimtheiten liessen sich erklären.

Auch die Untersuchung des Bezirksanwaltes warf Fragen auf. Weshalb entliess er den Haupttäter, bevor er seinen Komplizen einvernommen hatte? Noch merkwürdiger war die Befragung. Das Motiv der ungewöhnlichen Tat schien den Untersuchungsrichter kaum zu interessieren. Er stellte keinem der einvernommenen VPM-Anhänger die naheliegende Frage nach der Verbindung zum VPM im Zusammenhang mit der Abhöraffäre. Der Bezirksanwalt wollte auch nicht wissen, was mit den aus dem Briefkasten entwendeten und kopierten Unterlagen aus der Erziehungsdirektion passiert ist und weshalb sie der VPM-Lehrer ins Hauptquartier gebracht hatte. Ausserdem befragte er auch das Kadermitglied nicht, das sich während des Gesprächs zwischen Keller und seinem Berater in der VPM-Wohngemeinschaft aufgehalten hatte.

Chef der Volksschule wird bespitzelt

Seit der Auseinandersetzung zwischen dem VPM und der Erziehungsdirektion um die Personaldossiers (vgl. Kapitel 21) steht der Chef der Abteilung Volksschule, Gerhard Keller, bei den VPM-Anhängern weit oben auf der Liste der Gegner. Kurz bevor die Abhöraffäre bei seinem Berater aufflog, wurde auch der Chefbeamte der Erziehungsdirektion bespitzelt.

Keller verlässt am 19. November 1992 um 19.30 Uhr sein Büro, legt die Aktenmappe in den Kofferraum seines Autos und fährt zu einem Restaurant. Dabei fällt ihm auf, dass er von einem Auto verfolgt wird. Nach dem Nachtessen entdeckt der Chefbeamte Kratzspuren am Deckel des Kofferraums. Unbekannte hatten erfolglos versucht, den Deckel zu öffnen. Auf der Heimfahrt verfolgen ihn zwei Autos. Es gelingt Gerhard Keller, die Autonummern zu notieren. Ein Mitarbeiter wird zur gleichen Zeit von einem Autofahrer bis ins Zürcher Unterland verfolgt. «Die Halter aller drei Wagen sind VPM-Mitglieder», erklärte der Chefbeamte an der Pressekonferenz und reichte Strafanzeige gegen Unbekannt ein. Die VPM-Anhänger stritten jedoch kategorisch ab, Gerhard Keller und seinen Mitarbeiter verfolgt zu haben und zeigten ihrerseits die beiden Beamten der Erziehungsdirektion wegen falscher Anschuldigung an.

Kapitel 12

Der Fall KV – oder eine Weltsicht mit Zündstoff

Der VPM ist in seinem Wissenschaftsverständnis nicht zu erschüttern. Die Überzeugung, in den Bereichen Psychologie, Pädagogik, Drogen und Aids bis in Grenzbereiche der «wissenschaftlichen Wahrheit» vorgestossen zu sein, weist absolutistische Züge auf. Ihre Erkenntnisse und Konzepte empfinden die VPM-Anhänger als unumstösslich und nicht teilbar. Gepaart ist die Überzeugung mit dem Bestreben, die heilsstiftende Menschenkenntnis und die daraus resultierenden sozialen und psychologischen Rezepte einer möglichst breiten Bevölkerung angedeihen zu lassen.

Diese Weltsicht enthält immer dann Zündstoff, wenn sich die «Lieblinge» ausserhalb ihrer engen Gruppenstrukturen mit fremden Ansichten und Lösungsmodellen konfrontiert sehen. Da der VPM seine Standpunkte vehement verteidigt, stösst er in Fachkreisen regelmässig auf Widerspruch. Bei fachlichen Auseinandersetzungen wirft der VPM meist sein ganzes Selbstverständnis in die Waagschale. Ein Meinungsstreit in Sachfragen kann genügen, dass der VPM seine Kontrahenten als Gegner oder Feinde einstuft und mit aller Härte bekämpft. Fachliche Auseinandersetzungen enden nicht selten vor dem Richter, wie in verschiedenen Kapiteln bereits angedeutet worden ist.

Dieses typische Konfliktmuster zeigt auch der Streit an der Handelsschule des Kaufmännischen Verbandes Zürich (KV). Nach monatelangen Disputen mit VPM-Lehrern über die Drogenaufklärung sah die Schulleitung keinen anderen Ausweg, als den Lehrauftrag von sechs Lehrern und Lehrerinnen nicht mehr zu erneuern und sie von der Schule zu weisen. Als Antwort auf die Auseinandersetzungen veröffentlichten die VPM-Anhänger 1991 ein fast 300seitiges Buch mit dem Titel «Testfall KV».

Konflikt entzündet sich an der Drogenaufklärung

Der Konflikt entzündete sich 1989 an einem Aufklärungszyklus für die Lehrer zum Drogenproblem. Die Vorträge zweier Mitarbeiter der Suchtpräventionsstelle Zürich stiessen den VPM-Lehrern am KV sauer auf. Sie behaupteten, eine solche Aufklärung bedeute für die Lehrer in letzter Konsequenz, dass sie mit ihren Schülern Rauschkundeunterricht durchführen müssten, um sie im richtigen Umgang mit Drogen anzuleiten.

In einer weiteren Veranstaltungsreihe im Mai 1990 lud die Schulleitung unter anderem Professor Peter Grob zu einem Vortrag ein. Auch dieser Referent war den VPM-Anhängern nicht genehm, weshalb sie beim Rektor vorsprachen. Sie wollten Grobs Auftritt verhindern und schlugen an seiner Stelle den Arzt Florian Ricklin vor, den sie als Spezialisten für Drogenprävention bezeichneten. Ricklin ist VPM-Mitglied.

Im Hinblick auf die neue Veranstaltungsreihe gründeten die VPM-Lehrer den Arbeitskreis Drogenfreie Schule VPM. Mit einem Schreiben gelangten sie am 29. Mai 1990 an die Aufsichtskommission der Handelsschule KV Zürich und monierten, der zunehmende Drogenmissbrauch an den Schulen werde zu einem akuten Problem. Zum Erscheinungsbild einer sogenannt normalen Klasse gehörten Jugendliche, die apathisch im Unterricht sässen und keinen klaren Gedanken fassen könnten. «In unserer Schule nehmen laut Aussagen der Schüler mehr als die Hälfte regelmässig Drogen, ganz abgesehen von denen, die ‹schon mal probiert haben›», schrieb der Arbeitskreis. Das schmutzige Treiben der Dealer spiele sich auch im Schulhaus und in der unmittelbaren Umgebung ab.

Zu Professor Peter Grob erklärten die «Lieblinge»: «Dabei ist leider ein Unglück passiert: Zur Aufklärung der Lehrerschaft und der Schüler soll Prof. Grob, ein Immunologe und Aids-Spezialist, referieren. Prof. Grob ist kein Fachmann für Drogenprävention. Er ist Mitinitiant und Koordinator des Platzspitzkonzepts (ZIPP-Aids), das die Überlebenshilfe für Drogensüchtige zum obersten Prinzip erhebt. (...) Drogensucht wird auf diese Art kultiviert.»

Der Rektor rügte die VPM-Lehrer, weil sie hinter seinem Rücken an die Aufsichtskommission gelangt seien und ihn desavouiert hätten. Diese schrieben hinterher im Buch «Testfall KV», der Rektor sei zu ihrem grossen Erstaunen völlig ausser sich geraten.

Der Präsident der Aufsichtskommission kritisierte die Mitglieder des Arbeitskreises ebenfalls und warf ihnen vor, den Dienstweg nicht eingehalten zu haben. In einem Brief an die VPM-Lehrer schrieb der Prorektor, die Behauptung, wonach die Hälfte der KV-Schüler regelmässig Drogen nehmen würden, stimme schlichtweg nicht. Mit solchen falschen Aussagen würden sie dem Ruf der Schule schaden.

Trotz des breiten Widerstandes im Lehrkörper, in den KV-Gremien und in der Schulleitung versuchten die VPM-Lehrer vehement, ihr Konzept der Drogenprävention an der KV-Schule durchzudrücken. Der Konflikt weitete sich aus und beherrschte zunehmend die Gespräche im Lehrerzimmer.

Deshalb hängte die Konventspräsidentin am 19. Juni 1990 einen Artikel aus dem «Tages-Anzeiger» über den VPM ans schwarze Brett. Die VPM-Anhänger empfanden dies als Affront und entfernten den Zeitungsausschnitt.

Verbalattacke gegen den Referenten

Die VPM-Lehrer konnten die Veranstaltung mit Professor Grob, die am 29. Juni 1990 stattfand, nicht verhindern. Im eigens zu diesem Konflikt von VPM-Anhängern geschriebenen Buch heisst es dazu: «Der Schluss ist also zulässig, dass es sich bei Professor Grobs ZIPP-Aids-Projekt keineswegs um eine humane Einrichtung handelt, wie der Bevölkerung vorgegaukelt wird, die dieses Projekt noch mit ihren Steuergeldern finanzieren darf.» In Wahrheit genoss das ZIPP-Aids-Projekt in breiten Fachkreisen ein hohes Ansehen.

Im Herbst 1990 löste der Fall KV Zürich eines der rund ein Dutzend Gerichtsverfahren aus. Eine Lehrerin erzählte einer Kollegin vom VPM-Arbeitskreis, die Präsidentin des Konvents würde der VPM-Anhängerin unterstellen, sie setze drogenkonsumierende Schüler unter Druck und mache sie fertig. Die VPM-Anhängerin klagte die Konventspräsidentin wegen dieser angeblichen Äusserung einer Drittperson gegenüber ein.

Im Buch «Testfall KV» behaupten die VPM-Lehrer, die Konventspräsidentin beteilige sich aktiv an einem Umsturzkomplott. Sie sei Mitglied der Grünen Partei, die sich auf allen Ebenen für die Freigabe sämtlicher Drogen einsetze. «So werden die Drogensüchtigen dazu benutzt, die gesellschaftliche Ordnung auszuhöhlen und zu destabilisieren. Dadurch wird der Weg für eine Machtübernahme vorbereitet», behaupten die VPM-Anhänger. Ausserdem fördere die Konventspräsidentin antipädagogische Tendenzen: «Mit solchen antipädagogischen Strategien, als politisches Kampfinstrument der Neuen Linken zur Destabilisierung gesellschaftlicher Institutionen längst erprobt, werden Schüler dazu angeleitet, sich gegen ihre Lehrer, gegen Leistungsanforderungen, ja, gegen den Lehrplan und das ganze Schulsystem aufzulehnen.»

Als bekannt wurde, dass sich die Aufsichtskommission in den Konflikt einschalten werde, schickte ihr der VPM-Arbeitskreis eine Dokumentation zu den Vorgängen. Diese enthielt auch ein Porträt von Peter Vonlanthen, der als Geschäftsführer des Kaufmännischen Verbandes ebenfalls Mitglied der angerufenen Kommission ist. Vonlanthen war in Ungnade gefallen, weil er gegenüber einem Journalisten des «Tagblattes der Stadt Zürich» gesagt hatte, die «Lieblinge» des Arbeitskreises würden an der Schule ihr Unwesen treiben. Die VPM-Anhänger schrieben in der Dokumentation, es verwundere sie nicht, dass er gegen sie vorgehe und sie in Verruf bringen wolle. «Er als Vertreter der Neuen Linken hat – wenn auch nicht gerade rühmlich – den Marsch durch die Institutionen geschafft und will sich seine politischen Absichten (Klassenkampf, Umsturz der Gesellschaft) nur ungern aufdecken und die Pläne zu deren Verwirklichung durchkreuzen lassen.» Als Mitglied des Drogencharta-Rates setze sich Vonlanthen unter dem Deckmantel der Hilfeleistung für Suchtverlängerung und Suchtverbreitung ein, behaupteten die VPM-Lehrer.

Abgesetzte Lehrer starten Aktionen gegen die Schule

Die Aufsichtskommission tagte am 4. Oktober 1990 und beschloss, die Lehraufträge der sechs nicht gewählten Lehrer des Arbeitskreises nicht zu erneuern, den beiden gewählten Lehrern aber nicht zu kündigen. In einem Brief an die Eltern, Lehrer und Lehrbetriebe begründete die Schulleitung den Schritt am 25. Oktober folgendermassen: «Der Grund für die Massnahme liegt darin, dass die sechs Lehrbeauftragten während des Schulbetriebes in unloyaler, aggressiver und agitatorischer Weise für die Zielsetzungen eines ‹Vereins zur Förderung der Psychologischen Menschkenntnis VPM› eingetreten sind. (...) Andersdenkende Lehrer und Vorgesetzte wurden persönlich verunglimpft, mit Traktaten beliefert, unsere Schule wurde als schlimmer Drogenumschlagplatz bezeichnet und damit Lehrbetriebe und Eltern verunsichert.»

Diese Sanktion kam für die betroffenen Lehrer überraschend. Mit Hilfe des VPM setzten sie alle verfügbaren Propagandamittel ein, um die Disziplinarmassnahme rückgängig zu machen. Sie verfassten Pressemitteilungen, verteilten vor der Schule Flugblätter, verschickten geharnischte Briefe an Eltern, alle Lehrer, Lehrbetriebe sowie viele Politiker bis hinauf zu Bundesrat Cotti und schrieben Leserbriefe an zahlreiche Zeitungen. In ihren Schreiben geisselten die VPM-Lehrer die Urheber der angeblichen Hetzkampagne und organisierten zusammen mit dem VPM eine Pressekonferenz. Die Berichterstattung in den Medien entsprach aber nicht den Vorstellungen der VPM-Anhänger. So schrieb beispielsweise die «Zürichsee-Zeitung» in einem Kommentar, die Lehrer des Arbeitskreises hätten die Handelsschule unterwandern und Jugendliche in die direkte Abhängigkeit bringen wollen.

Um den Druck verstärken und weitere Aktionen planen zu können, gründeten ehemalige KV-Schüler und VPM-Anhänger am 15. September 1990 den Verein Ehemaliger KV-Absolventen (VEKV). In den Statuten wird die Zusammenarbeit mit dem VPM ausdrücklich erwähnt. Anfang Dezember verteilten die Vereinsmitglieder an drei Tagen Flugblätter mit dem Titel «Skandal!» vor der Schule. Der Angriff auf den Konventsvorstand, der eine Umfrage bei den Lehrern über das weitere Vorgehen in dieser Auseinandersetzung durchführte, gipfelte in der Aussage: «Ein krasserer Verstoss gegen das Recht auf freie Meinungsäusserung ist nicht denkbar.»

Am 5. November 1990 legte die Schulleitung an einer Lehrerversammlung erneut ihren Standpunkt dar und erklärte die Gründe für die Massregelung der Mitglieder des Arbeitskreises. Einer der betroffenen Lehrer sagte dem Rektor hinterher: «Das war ein Aufruf zum Faschismus.»

In einer weiteren Aktion verfassten die Lehrer des Arbeitskreises eine Petition zuhanden des Volkswirtschaftsdepartementes des Kantons Zürich und der Aufsichtskommission, sammelten Unterschriften und verlangten, dass die Lehraufträge verlängert würden. Ausserdem erhoben sie bei den gleichen Instanzen Rekurs. Trotz der faktischen Kündigung bewarben sich die betroffenen VPM-Lehrer später wieder an der Handelsschule. Ihre Bewerbungen wurden nicht berücksichtigt.

«Lieblinge» klagen Vertreter der Schule ein

Am 29. Januar 1991 schrieb der Arbeitskreis Drogenfreie Schule VPM dem damaligen Regierungsratspräsidenten Hans Künzi und bat ihn, sich für die Wiedereinstellung der sechs VPM-Lehrer einzusetzen. Im Brief wird die Ehrverletzungsklage gegen zwei Schulvertreter mit folgenden Argumenten gerechtfertigt: «Durch diese unwahren und verleumderischen Behauptungen, die nichts anderes als eine Rufmordkampagne gegen Mitglieder des VPM bedeuten, sind alle acht Lehrer des Arbeitskreises in ihrer gesamten Existenz und in ihrem Ansehen als Lehrer zutiefst geschädigt worden. Um so skandalöser ist es, wenn sich jetzt, drei Monate später, herausstellt, dass es sich bei den Äusserungen um eine bewusst und gezielt lancierte Zeitungsente handelt.»

Die angebliche Zeitungsente, die zu einer Ehrverletzungklage führte, stand am 18. Oktober in der «Neuen Zürcher Zeitung» (NZZ). Noch am Erscheinungstag verbreitete der Arbeitskreis eine Stellungnahme, in der es hiess: «Im Artikel ist kein Wort über den ‹Arbeitskreis Drogenfreie Schule VPM› wahr. Im Gegenteil ist er gespickt mit falschen Aussagen, monströsen Diffamierungen und böswilligen Verdrehungen.»

SVP-Kantonsrat Eugen Kägi versuchte am 29. Oktober 1990, den betroffenen «Lieblingen» Schützenhilfe zu leisten, indem er eine parlamentarische Anfrage zum Drogenproblem an den Berufsschulen einreichte. In seiner Antwort vom 16. Januar 1991 schreibt der Regierungsrat: «Ein Drogenproblem in dem Sinn, dass der Schulbetrieb oder der Lernerfolg der Schüler beeinträchtigt würde, besteht an den zwölf kantonalen und sechs kaufmännischen Berufsschulen nicht.»

Im Spätherbst 1990 lancierte der VPM eine Petition zum Schutze aller Lehrer, Mitglieder und Kursteilnehmer des VPM. Wochenlang sprachen VPM-Anhänger auf öffentlichen Plätzen und vor Geschäften Passanten an und sammelten fast 20'000 Unterschriften.

Ausserdem veröffentlichten die «Lieblinge» mehrere Inserate, in denen sie den Konflikt an der Handelsschule aus ihrer Sicht darlegten. Gleichzeitig fassten sie die «skandalösen Vorkommnisse» in einer Dokumentation zusammen und schickten diese an zahlreiche Politiker auf kommunaler, kantonaler und nationaler Ebene.

In der Überzeugung, nicht nur die Moral, sondern auch das Recht uneingeschränkt auf ihrer Seite zu haben, schreckten die «Lieblinge» nicht davor zurück, bei jeder scheinbar günstigen Gelegenheit den Richter anzurufen. Dabei war nicht die faktische Entlassung der VPM-Lehrer Gegenstand der neun Klagen gegen Lehrer oder Vertreter der KV-Schule, sondern es ging um Ehr- und Persönlichkeitsverletzungen. Im Vordergrund stand stets die persönliche Verletzlichkeit und das Image des VPM.

«Lieblinge» blitzen vor Bezirksgericht ab

Zwei Verfahren strengten Peter Vonlanthen, der Geschäftsleiter des KVZ, sowie der Kaufmännische Verband gegen «Lieblinge» an. Gerichtlich wehrten sie sich gegen die Behauptung, sich für die Verbreitung von Drogen einzusetzen. Gleichzeitig klagten VPM-Anhängerinnen den Geschäftsleiter des Verbandes wegen angeblich ehrverletzender Aussagen ein. Peter Vonlanthen hatte – wie bereits erwähnt – in einem Artikel des «Tagblattes der Stadt Zürich» vom 12. September 1990 dem Journalisten erklärt, im Lehrerkollegium herrsche dicke Luft, weil die «Lieblinge» wegen ihrer Anti-Drogen-Kampagne ihr Unwesen trieben. Die Hartnäckigkeit, mit der sie ihre persönlichen Meinungen durchdrücken wollten, sowie ihr intolerantes Verhalten seien massgeblich schuld daran.

Das Bezirksgericht Zürich spricht in seinem Urteil vom 18. Dezember 1991 von einer Verletzung des Dienstweges durch die Klägerinnen. Die VPM-Lehrerinnen seien als erste mit einem Brief an den Aufsichtsrat gelangt und hätten damit eine Reaktion provoziert. Ausserdem könnten sie die Behauptung, mehr als die Hälfte der KV-Schüler würden Drogen konsumieren, nicht belegen. Es liege auf der Hand, dass solche Behauptungen zu schulinternen Unruhen führten. Unter diesen Umständen könne nicht beanstandet werden, dass das Verhalten des Arbeitskreises von der Gegenseite insgesamt als «hartnäckig, ordnungswidrig, lästig, ja anmassend bewertet wird», schreibt das Bezirksgericht. Die Äusserungen des Geschäftsleiters des KVZ seien deshalb vertretbar.

Das Urteil zitiert im weitern Flugblätter des Arbeitskreises, in denen Vonlanthen vorgeworfen wird, er setze sich unter dem Deckmantel der Hilfeleistung für Suchtverlängerung und Suchtverbreitung ein. Diese Äusserungen würden die Unsachlichkeit der Auseinandersetzung illustrieren. Die Richter erwähnen in diesem Zusammenhang ein weiteres Flugblatt des Arbeitskreises, das dem Rektor vorwirft, er sei doppelzüngig, habe die Grenzen des Anstandes schon längst überschritten und über die VPM-Lehrer glatte Lügen verbreitet. Das Bezirksgericht sprach Vonlanthen vollumfänglich frei.

Die VPM-Anhängerinnen waren mit dem Verdikt nicht einverstanden und zogen den Fall ans Obergericht weiter. Die drei Oberrichter bestätigten das Urteil der ersten Instanz am 26. Januar 1993.

Kapitel 13

Für die «Lieblinge» verursachen Religionen soziale Probleme

Für Friedrich Liebling gehörten Religionen und Kirchen zu den grössten Verursachern psychischer Irritationen. In den Grossgruppen setzte er sich immer wieder kritisch mit religiösen Vorstellungen sowie Institutionen und ihren Vertretern auseinander, wie ehemalige «Zürcher Schüler» berichteten. Das anarchistische Gedankengut und die Aversionen gegen die Kirchen führten dazu, dass sich die «Lieblinge» von den Kirchen entfremdeten. Friedrich Liebling geisselte zwar die politischen und kirchlichen Institutionen, doch legte er sich nie mit ihnen an und zeigte starke Berührungsängste. Dies war wohl ein Grund dafür, dass er seinen Anhängern den Austritt aus der Kirche nicht empfahl. Obwohl die «Lieblinge» überzeugt waren, dass sie durch die religiöse Erziehung seelischen Schaden genommen hatten, verblieben viele von ihnen in den Landeskirchen.

In einem Gruppengespräch erklärte Friedrich Liebling 1966: «Und wir wissen heute, dass die Religion mit Angst und Schrecken verbunden ist.» Noch deutlicher formulierte er seine Verachtung zwei Jahre später: «Das kennt man in der Geschichte, dass wenn einmal die Kirche die Hand im Spiel hat, dann ist Gefahr, dann ist Tod und Verderben.»

Hansjörg Hemminger von der Evangelischen Zentralstelle für Weltanschauungsfragen in Stuttgart kommt in seiner Schrift über den VPM zum Schluss, dass die Praxis des Vereins zur Förderung der Psychologischen Menschenkenntnis gegen die Gebote Gottes verstosse. «Den (sehr wenigen) VPM-Anhängern in kirchlichen Diensten muss klar werden, dass die Loyalität zum VPM in seinem jetzigen Zustand und die Loyalität zum Arbeitgeber Kirche sich auf lange Sicht ausschliessen. Diese Unvereinbarkeit liegt zur Zeit weniger in der unvereinbaren Lehre (Menschenbild, existenzielle Hoffnung usw.) als im Ethos begründet. Die psychologistische Sinngebung des VPM ist mit dem christlichen Glauben zwar nicht wirklich vereinbar, aber das gilt für viele gängige Lebensorientierungen unserer Kultur. Die gegenwärtige Praxis, nicht die Lehre des VPM verstösst in einer besonderen Weise (gemessen am Zustand der Gesamtgesellschaft) gegen Gottes Gebot und gegen den Geist des Evangeliums. Von daher ist auch eine Zusammenarbeit kirchlicher Stellen mit dem VPM ausgeschlossen, selbst wenn und wo es Übereinstimmungen in Fragen der Drogenprävention, der Kinderbetreuung, der Familienpolitik usw. gibt oder zu geben scheint.»

Annemarie Buchholz-Kaiser zitiert Anarchisten zur Religionsfrage

Auch die VPM-Leiterin Annemarie Buchholz-Kaiser war zu Lebzeiten Lieblings fasziniert von anarchistischen Ideen und zeigte eine kritische Einstellung gegenüber den Religionen als kulturgeschichtlicher Faktor und den Kirchen als normenprägende Institutionen. Dies geht eindeutig aus ihren Seminararbeiten und der Lizentiatsschrift hervor, in denen sie sich mit verschiedenen Anarchisten beschäftigt hat. In einer Seminararbeit von 1968 über den Anarchisten James Guillaume zur Frage der Religion zitiert sie den umstrittenen Anarchisten Bakunin folgendermassen: «Die Gottesidee enthält die Abdankung der menschlichen Vernunft und Gerechtigkeit an sich, sie ist die entschiedenste Verneinung der menschlichen Freiheit und führt notwendigerweise in die Versklavung der Menschen in Theorie und Praxis.»

In der Lizentiatsarbeit über den Anarchisten Proudhon bringt Annemarie Buchholz-Kaiser 1971 zum Ausdruck, dass sie die Religionskritik der Anarchisten für richtig hält: «Zu Recht hatte Karl Grün Proudhon darauf aufmerksam gemacht, dass die Eigentumsfrage nicht ohne die Religionsfrage behandelt werden kann, und diesbezüglich ist der Standpunkt Proudhons in den ‹Contradictions économiques› bereits viel deutlicher. ‹Die Religion ist die Krönung dieses Systems›, das alle Macht zur Aufrechterhaltung des Privilegiums und der Ungerechtigkeit einsetzt.»

VPM betrachtet Religion aus psychologischer Perspektive

Das Verhältnis des VPM zur Kirche ist vom «Wissenschaftsverständnis» der «Lieblinge» bestimmt. Sie betrachten religiöse Fragen vor allem durch die Brille der Psychologie. Der VPM setzt sich nur am Rand mit religiösen Fragen auseinander. Die VPM-Anhänger erwarten ihre seelische Gesundung und das «Heil» in erster Linie von der Psychologie, der Förderung der Menschenkenntnis und der Entwicklung des gruppenbezogenen Gemeinschaftsgefühls.

Heute verbrämt der VPM die radikale Haltung Friedrich Lieblings den Kirchen gegenüber. So heisst es in einem vom VPM herausgegebenen Aufsatz mit dem Titel «Psychologie und Religion»: «Gerade F. Liebling als Wissenschaftler und Psychologe zeichnete sich durch Sachlichkeit und Offenheit in bezug auf andere Meinungen und durch Achtung und Respekt vor anderen Menschen in ihrer Eigenart aus. Indem er Menschen jeglicher Glaubensrichtung, auch Menschen, die nicht glaubten, gleichermassen hochschätzte, brachte er die humane, tolerante und freie Einstellung dem Menschen gegenüber zum Ausdruck, die seit der Aufklärung zunehmend zu einem Kulturgut geworden ist.»

Der gleiche Aufsatz versucht, das vernichtende Urteil Lieblings verklausuliert abzuschwächen: «F. Lieblings Auffassung über die Religion war stets seine persönliche Meinung, so wie es jedem Teilnehmer freistand, seine Ansichten zu äussern. Zudem stehen einzelne Stellungnahmen Friedrich Lieblings nicht stellvertretend für die Auffassung von 3000 Teilnehmern.» Seine eigene Haltung gegenüber religiösen Fragen streift der VPM nur am Rand: «Es ist auch heute im VPM jedem Menschen selbst überlassen, was er glaubt; seine Privatsphäre wird absolut respektiert. (...) Religion ist im VPM kein Thema.» Dass der VPM heute auf Kriegsfuss mit den Leitungsgremien der beiden Landeskirchen in der Schweiz steht, zeigen die Auseinandersetzung mit der Bischofskonferenz sowie die Prozesse gegen Mitglieder der ökumenischen Arbeitsgruppe «Neue religiöse Bewegungen» und den Kirchenbund im Zusammenhang mit der Broschüre von Hansjörg Hemminger über den VPM. (vgl. Kapitel 14)

VPM zelebriert heilige Messe

Angesichts des gebrochenen Verhältnisses der «Lieblinge» zu Religionen und Kirchen überraschte der VPM an seiner Tagung vom 21. November 1992 in Zürich die Beobachter. Im Veranstaltungsprogramm hiess es nämlich unter dem Stichwort «Gottesdienst»: «Am Sonntag den 22. November lädt der geweihte Priester Prof. a. D. Dr. Alfons Benning zum Besuch der heiligen Messe ein, die er zelebrieren wird.» Die einst anarchistischen «Lieblinge» mit ihrem Hang zum Atheismus im Gebet zu Gott vereint – ein Gesinnungswandel auch in dieser Frage? Erhellend wirken vielleicht die Umstände, die den VPM zur Feier der heiligen Messe veranlassten: Der Gottesdienst fand im Rahmen einer Tagung statt, an der sich der VPM der Öffentlichkeit präsentierte. Gleichzeitig war es eine Gegenveranstaltung zu einer aufklärerischen Tagung über den VPM an der Paulus Akademie in Zürich, die zur selben Zeit stattfand. Es ist also zu vermuten, dass der VPM-Gottesdienst auch aus Imagegründen zelebriert wurde.

Der «Gesinnungswandel» scheint taktische Gründe zu haben und zeichnete sich bereits 1991 ab, als die «Lieblinge» zu einer Audienz beim umstrittenen Bischof Wolfgang Haas nach Chur pilgerten. Ausserdem suchte der VPM Kontakte zu kirchlichen Kreisen und klopfte dabei vor allem bei konservativen katholischen Institutionen an. (vgl. Kapitel 14)

Kapitel 14

Konflikt mit den Kirchen gipfelt in einer Klage gegen den Kirchenbund

Der VPM kennt kaum Beisshemmungen. In der Überzeugung, seiner «Wahrheit» zum Durchbruch verhelfen und einer gerechten Sache dienen zu müssen, scheuen sich Annemarie Buchholz-Kaiser und das VPM-Kader nicht, sich auch mit hochkarätigen Institutionen anzulegen. Wer ihre hohen ethischen Motive und die «wissenschaftlichen Erkenntnisse» nicht zu würdigen weiss, scheint in den Augen der «Lieblinge» a priori einer Irritation anheimgefallen zu sein. So ziehen sie gegen die «Neue Zürcher Zeitung» mit gleicher Verbissenheit ins Feld wie gegen das Bundesamt für Gesundheitswesen und die Zürcher Schulbehörden.

Als sich die ersten Konflikte mit kirchlichen Gremien abzuzeichnen begannen, beobachteten Kenner der Szene den neuen Schauplatz mit grösster Aufmerksamkeit. Ihnen stellte sich die Frage, ob sich der VPM diesmal offen zeigen und sich mit kritischen Anmerkungen von dieser unverdächtigen Seite auseinandersetzen würde.

Der Konflikt zwischen den Kircheninstanzen und den VPM-Anhängern entzündete sich an einer Ende 1991 veröffentlichten 46seitigen Broschüre über den VPM, die die Arbeitsgruppe «Neue religiöse Bewegungen» der Schweizerischen Bischofskonferenz und des Schweizerischen Evangelischen Kirchenbundes sowie die beiden entsprechenden Arbeitsgemeinschaften von Deutschland und Österreich herausgegeben haben. Die Schrift ist Teil der Werkmappe über Sekten und Sondergemeinschaften der Arbeitsgruppe. Verfasser Hansjörg Hemminger, Sektenspezialist der Evangelischen Zentralstelle für Weltanschauungsfragen (EZW) in Stuttgart, setzt sich kritisch mit dem VPM auseinander und kommt zum Schluss, dass Friedrich Liebling nie eine Lehre verfasst, sein therapeutisches Konzept und die Methode jedoch als Krönung der wissenschaftlichen Psychologie betrachtet habe. Laut Hemminger weckte Liebling bei den Anhängern die Hoffnung, in der «Zürcher Schule» könnte ein neuer Menschentypus entstehen. Im Zentrum habe die Utopie vom «neuen Menschen» gestanden, der durch die Wissenschaft erzeugt werde. Nach Hemminger hat sich Liebling im Alter als alleiniger Hüter der rettenden psychologischen Wahrheit gesehen, weshalb ein

Liebling-Kult entstanden sei: Im Innern verfestigte sich eine fatale Kluft zwischen der übermächtigen Führungsfigur und der abhängigen Gefolgschaft, die direkt ins Sektierertum führte, heisst es in der Broschüre.

Hemminger spricht im Zusammenhang mit dem VPM von einer psychologistischen Ideologie. Ausserdem mache die absolute Stellung Friedrich Lieblings in der Gruppe die Bezeichnung Psychosekte möglich. Ähnlich verhalte es sich bei Annemarie Buchholz-Kaiser und dem VPM. Es gebe Hinweise, dass sich der VPM ebenso absolut und allein als Bewahrer der heilsstiftenden «psychologischen Menschenkentnis» verstehe.

Steht in einer Beziehung einer der Partner dem VPM kritisch gegenüber, ist laut Hemminger eine Trennung zwangsläufig. Die Abhängigkeit von der Gruppe und die Isolation seien erheblich. Im VPM werde klar zwischen Mitgliedern und Aussenstehenden unterschieden, die Grenze der Gruppe werde zur Grenze der Lebenswirklichkeit. Darin besteht nach Ansicht von Hemminger das Wesen einer Sekte. Er ist auch überzeugt, dass die Gruppenphantasie der linksfaschistischen Verschwörung gegen den VPM eine Entsprechung im Innern des VPM hat. Auch dort herrsche Verschwörung, auch dort seien dunkle Kräfte am Werk. Hemminger bezeichnet den VPM als totalitär. «An den gruppeninternen Disziplinierungs- und Säuberungsmechanismen muss meines Erachtens scharfe Kritik geübt werden, ein menschlicher Umgang mit den eigenen Anhängern und mit Aussenstehenden muss vom VPM gefordert werden», schreibt der Sektenspezialist.

Mit Abwehrstrategien wird die Auseinandersetzung verhindert

Solche Aussagen eines Kirchenvertreters trafen den VPM im Mark. Mit hektischen Aktivitäten nach aussen lenkten Annemarie Buchholz-Kaiser und ihre Mitarbeiter von einer kritischen Auseinandersetzung mit den Argumenten Hemmingers ab. Der Autor wurde als angeblicher Politaktivist in die Verschwörungstheorie eingebaut. Mit einer Reihe von Aktionen wollten die VPM-Leute sich und der Aussenwelt beweisen, dass Hemmingers Broschüre voll von Diffamierungen und Lügen sei.

Der VPM reagierte mit den üblichen Abwehrstrategien. Da die Broschüre in Deutschland, Österreich und der Schweiz vertrieben wurde, reichte der VPM in allen drei Ländern das Begehren auf Erlass eines Superprovisorischen Verbreitungsverbotes ein. Eines der angerufenen Gerichte im Rheintal untersagte dem katholischen Co-Präsidenten der ökomenischen Arbeitsgruppe «Neue Religiöse Bewegungen», die Broschüre weiterzugeben. Das gleiche Verdikt fällte ein Gericht in Wien, ohne inhaltliche Prüfung der umstrittenen Aussagen. Gleichzeitig ging der VPM auf einer zweiten Ebene gegen Hemminger und die Evangelische Kirche vor und beantragte eine vorsorgliche Massnahme gegen eine von ihnen verbreitete Presseerklärung vom Oktober 1991. Das Landgericht in Stuttgart wies die Klage jedoch am 16. Januar 1992 vollumfänglich ab.

Ausserdem versuchte der VPM, Hansjörg Hemminger mit harten Strafandrohungen zum Schweigen zu bringen. Die «Lieblinge» wollten mehrere Aussagen Hemmingers, die er an einem Vortrag geäussert hatte, gerichtlich verbieten lassen. Sie verlangten vom Gericht eine Busse von bis zu 500'000 DM oder eine Ordnungshaft von bis zu sechs Monaten Gefängnis, falls der Autor der Broschüre seine Behauptungen wiederholen sollte. Die VPM-Anhänger strebten die Verfügung unter anderem gegen Hemmingers Aussagen an, der VPM sei ein Beispiel für die Möglichkeit einer totalitären Entwicklung. Ausserdem seien beim VPM Totalitarismus nach innen und Aggressivität nach aussen entstanden. Das Landgericht Stuttgart wies auch diese VPM-Klage am 17. März 1992 ab.

VPM will offenen Konflikt mit den höchsten Kirchengremien abwenden

Parallel zu den gerichtlichen Massnahmen versuchte der VPM, mit Verlautbarungen, Flugblättern, Pressecommuniqués und Briefen die Broschüre und den Autor zu diskreditieren. Die Briefe verschickten die VPM-Anhänger hundertfach an Politiker in Deutschland, Österreich und der Schweiz sowie an Pfarrämter, Synodalräte, kirchliche Institutionen, Schulbehörden und andere Gremien. Im Zusammenhang mit der Broschüre griff der VPM auch Journalisten und Medien an, die über die Schrift der Arbeitsgruppe «Neue religiöse Bewegungen» der Bischofskonferenz und des Kirchenbundes berichtet hatten.

In einem Brief vom 14. Januar 1992 wurde Hemminger vorgeworfen, er habe zusammen mit Gleichgesinnten «grosses menschliches Unglück angerichtet». Professor Georg Schmid, Co-Präsident der Arbeitsgruppe «Neue Religiöse Bewegungen», ist laut einem anderen VPM-Schreiben ein Drahtzieher der übelsten Sorte.

Als sich nach den Angriffen auf die ökumenische Arbeitsgruppe eine Konfrontation mit der Bischofskonferenz und dem Evangelischen Kirchenbund abzuzeichnen begann, zeigte der VPM erstmals Beisshemmungen. Er schlug vorübergehend mildere Töne an und versuchte, die höchsten kirchlichen Instanzen zu besänftigen. Annemarie Buchholz-Kaiser und das VPM-Kader ahnten, dass der Konflikt mit den Kirchengremien zu starken

Imageverlusten führen könnte. Die Auseinandersetzung mit diesen Institutionen über den Sektenbegriff und sektiererische Elemente beim VPM enthielt Sprengstoff.

In der Hoffnung, den offenen Konflikt mit den beiden Kirchen abwenden zu können, begann der VPM zu krebsen. Aufschlussreich sind die Bemühungen, Hemmingers Broschüre als Einzelaktion darzustellen und einen Keil zwischen den Autor und seine vorgesetzten Instanzen und Auftraggeber aus der Schweiz zu treiben. In einem an die Pfarrämter verschickten Brief vom 31. Dezember 1991 heisst es dazu: «Es ist undenkbar, dass die Kirche zu solchen Machenschaften Hand bietet. In Wirklichkeit handelt es sich um ein skandalöses Manöver einer kleinen Gruppe entschlossener Aktivisten innerhalb der Kirche. (...) Der VPM ist das Opfer einer äusserst perfiden und verantwortungslosen Kampagne einiger weniger. Diese sind aus politischen Motiven wild entschlossen, den VPM vor die Existenzfrage zu stellen. Unzählige Mitläufer (...) lassen sich vor den Karren dieser linksideologisch motivierten Volksverhetzer spannen. Willfährige Medien beteiligen sich in Zusammenarbeit mit entsprechenden politischen Kräften an der intendierten Agitation und rufen dazu auf, Stosstrupps zu bilden.»

Haben VPM-Anhäger eine Pressemitteilung gefälscht?

Am 3. Januar 1992 verschickte der VPM eine Pressemitteilung, die bestätigen sollte, dass Autor Hansjörg Hemminger angeblich im Alleingang gehandelt habe. Die Mitteilung wurde auf Briefpapier seines Arbeitgebers, der Evangelischen Zentralstelle für Weltanschauungsfragen, geschrieben. Darin heisst es, Hemminger habe «trotz mehrfacher Ermahnung wiederum in grober Weise Gottes Gebot sowie die rechtsstaatlichen Grundlagen gebrochen». Die Beschäftigung mit dem VPM habe ihn auf Wege leiten lassen, die die Zentralstelle nicht mehr billigen könne und wolle. Gegen Hemminger sei ein internes Disziplinarverfahren eingeleitet worden. Ausserdem habe er sich auch den rechtlichen Konsequenzen zu beugen.

Es stellte sich rasch heraus, dass die Pressemitteilung gefälscht war. Der VPM behauptete postwendend, damit nichts zu tun zu haben. In einer Presseerklärung stellte die Zentralstelle am 22. Januar 1992 aber fest, dass in der gefälschten Meldung als einzige Gruppe der VPM erwähnt sei. Aufgrund einer Indizienkette kommt Hemmingers Arbeitgeber zum Schluss: «Die Vermutung liegt nahe, dass die Fälschung von dem VPM nahestehenden Personen ausging.» Weiter schrieb die Evangelische Zentralstelle, die kritischen Äusserungen Hemmingers zum VPM seien mit vollem Einverständnis der Aufsichtsbehörde der Zentralstelle erfolgt. In einer späteren Stellungnahme hiess es: «Ausserdem beziehen sich die Diffamierungen gegen Dr. Hemminger auf einen Prozess, den der VPM soeben in erster Instanz gegen die EZW verlor. Von daher liegt die Vermutung nahe, dass die Fälscher in Beziehung zum VPM stehen. (...) Auf Schreiben des Kirchenamts der EKD (Evangelische Kirche Deutschlands) und der EZW-Anwältin hin erklärte der VPM (bzw. seine Schwesterorganisation GFPM in Hannover) verbindlich, er werde die Fälschung nicht mehr verwenden und alle Adressaten über die Fälschung informieren. Der Verein habe die Fälschung zugesandt bekommen und sie für echt gehalten.»

Diese Version des VPM muss allerdings angezweifelt werden. Aufgrund der Fälschung liess sich nämlich rekonstruieren, woher der EZW-Briefkopf für die Fälschung mit grosser Wahrscheinlichkeit stammte. Die Spur führte zu Eugen Sorg, dem Autor der «Lieblings-Geschichten». Unbekannte Täter hatten seine Wohnung aufgebrochen und sämtliches Material über den VPM gestohlen. (vgl. Kapitel 11) Dabei fiel ihnen auch ein Brief der EZW in die Hände, dessen Briefkopf höchstwahrscheinlich mit demjenigen der Fälschung identisch ist. Die Polizei hat sich des Falles angenommen.

Trotz allem scheute sich der VPM nicht, in einer weiteren Mitteilung zu behaupten, die Zentralstelle habe sich von Hemminger distanziert. Parallel dazu versuchte der VPM in einem Schreiben, den Konflikt mit den Landeskirchen einzugrenzen. In dem unter anderem an kirchliche Vertreter verschickten Brief vom 14. Januar 1992 steht über den Autor der Broschüre: «Dabei missbraucht er erneut seine kirchliche Anstellung, um seinem Privatkrieg einen offiziellen Anstrich zu geben: Er gibt vor, im Namen der Kirche zu sprechen, obschon seine Broschüre weder im Auftrag noch mit Kenntnis der Bischofskonferenzen bzw. der Evangelischen Kirche veröffentlicht wurde.»

VPM zieht Kirchenleitungen in den Konflikt hinein

Dieses Schreiben zeigte nicht die erwünschte Wirkung. Statt Hemminger zu isolieren, zog der VPM die beiden höchsten Kirchengremien der Schweiz in den Konflikt hinein. In einer gemeinsamen Stellungnahme schrieben diese, der VPM greife seit einiger Zeit in einer Briefkampagne die ökumenische Arbeitsgruppe «Neue religiöse Bewegungen der Schweiz» der Bischofskonferenz und des Kirchenbundes an. Er versuche, Verbündete in den Kirchen zu gewinnen und den Eindruck einer Nähe zu den Kirchenleitungen zu erwecken. «Eine solche Nähe besteht nicht. Im Gegenteil werden derzeit in Deutschland, Österreich und der Schweiz durch den VPM mehrere Prozesse gegen kirchliche Stellen angestrengt.» Weiter heisst es in der Stellungnahme, der Kirchenbund und die Bischofskonferenz unterstützten die Arbeitsgruppe und stellten sich hinter deren Mitglieder.

Nun geriet der VPM in einen Argumentationsnotstand, hatten doch die Bischofskonferenz und der Kirchenbund seine Behauptungen widerlegt. Annemarie Buchholz-Kaiser und ihre Anhänger ergriffen bereits zwei Tage danach definitiv die Flucht nach vorn und versuchten, mit einer weiteren Pressemitteilung die Authentizität der kirchlichen Stellungnahme anzuzweifeln. Der VPM schrieb, die vom Kirchenbund verschickte Mitteilung erwecke einen falschen Eindruck. Die Bischofskonferenz habe nämlich eine moderatere Formulierung verabschiedet. Ausserdem seien sich die Bischöfe nicht einig gewesen: «Diejenigen, die sich der Erklärung nicht anschliessen konnten, waren sich des daraus entstehenden schweren Schadens für unschuldige Menschen – Angehörige beider Kirchen – bewusst. Auf sie gründet sich die Hoffnung, dass die Ethik der Nächstenliebe dem Zeitgeist nicht völlig geopfert wird», interpretierte der VPM die angebliche Haltung einzelner Bischöfe.

Ausserdem verstieg sich der VPM in der Mitteilung zu folgender Behauptung: «Auch ‹stellte sich› die Bischofskonferenz mit keinem Wort ‹hinter› die Arbeitsgruppe ‹Neue religiöse Bewegungen›. Es trifft nicht zu und entspricht auch in keiner Weise der Art des VPM, kirchliche Stellen oder eine Arbeitsgruppe ‹anzugreifen›.» In der gleichen Pressemitteilung wetterte der VPM aber gegen die beiden Co-Präsidenten der Arbeitsgruppe, die mit ihrem Vorgehen gegen die Bergpredigt verstossen würden. «Sie arbeiten ausserdem einer linksextremen Gruppierung in die Hände und unterstützen damit deren gesellschaftszerstörende Ziele», schrieben die «Lieblinge» und stellten am Schluss der Mitteilung den Sachverhalt auf den Kopf: «Der VPM versucht nicht, ‹den Eindruck einer Nähe zu den Kirchenleitungen zu erwecken›, sondern es besteht in vielen Bereichen eine enge Zusammenarbeit. Der VPM geht nirgends gegen die Kirchen vor und strengt wegen der gemeinsamen Interessen auch keine Prozesse gegen ihre Einrichtungen an. Im Gegenteil: Der VPM legt grossen Wert auf eine gedeihliche Zusammenarbeit mit allen seriös arbeitenden kirchlichen Kreisen, um so das gemeinsame Anliegen einer mitmenschlichen Gesellschaft und ihrer Werte zu fördern.»

Bereits am Tag darauf verschickte der VPM eine weitere Stellungnahme. Darin wurden erneut die beiden Co-Präsidenten angegriffen: «Ihre Unredlichkeit geht soweit, dass sie einerseits eigenmächtig vorgehen, andererseits, sobald es ihnen opportun erscheint, nicht als eigene Körperschaft existieren wollen, um keine rechtliche Verantwortung für ihre eigenen Taten übernehmen zu müssen. Es verstösst zutiefst gegen den Geist des Evangeliums, gegen Menschen zu hetzen, sie sadistisch zu quälen, einen vernichtenden

Feldzug zu führen und ihre Existenzen zu zerstören. (...) Es trifft nicht zu, dass die Schweizerische Bischofskonferenz etwas mit diesen Machenschaften zu tun hat. (...) Wenn der Vorstand des Evangelischen Kirchenbundes sich hinter solche Machenschaften stellen will, ist dies ein trauriges Kapitel. Wer spielt hier mit so unchristlichem Vorgehen Stellvertreter Gottes?»

Mit der wiederholten Behauptung des VPM, die Bischofskonferenz habe sich nicht hinter die Presseerklärung gestellt, forderte er die Kirchengremien erneut heraus. In einer Stellungnahme vom 3. Februar 1992 schreiben der Kirchenbund und die Bischofskonferenz, die Mitteilung sei mit dem von ihnen verfassten Communiqué identisch. Sie verwahrten sich entschieden gegen die ehrenrührigen Angriffe auf die beiden Präsidenten der Arbeitsgruppe. Die beiden Gremien sahen im Versuch des VPM, «Bischofskonferenz und Vorstand des Kirchenbundes gegeneinander auszuspielen und kirchliche Mitarbeiter an den Pranger zu stellen, einen Verstoss gegen die vom VPM propagierte ‹Ethik der Nächstenliebe›. Im weitern trifft die vom VPM gemachte Feststellung nicht zu, dass ‹in vielen Bereichen eine enge Zusammenarbeit› zwischen VPM und Kirchenleitungen bestehe.»

Höhepunkt der Auseinandersetzung mit den höchsten kirchlichen Gremien bildete die Klage des VPM beim Richteramt in Bern gegen den Schweizerischen Evangelischen Kirchenbund, dem die Verbreitung der Hemminger-Broschüre einstweilig verboten werden sollte. Das Gericht wies am 14. Mai 1992 das Gesuch einer vorläufigen Massnahme ab. Der VPM rekurrierte beim Appellationshof des Kantons Bern, der am 16. September 1992 zum gleichen Schluss wie die Vorinstanz kam. Die Therapiegemeinschaft um Annemarie Buchholz-Kaiser zog den Fall weiter und reichte beim Bundesgericht eine Staatsrechtliche Beschwerde ein, die am 28. Dezember 1992 ebenfalls abgelehnt wurde.

Überraschenderweise verschonte der VPM die Bischofskonferenz und konzentrierte sich im Kampf gegen die Schrift auf den Kirchenbund. Vermutlich sahen die VPM-Anhänger von einer Klage gegen die höchste katholische Behörde ab, weil sie den umstrittenen Churer Bischof Wolfgang Haas und die rechtskatholischen Kreise, zu denen sie in jüngster Zeit gute Kontakte geknüpft hatten, nicht vor den Kopf stossen wollten. Tatsächlich hatte der dem Opus Dei nahestehende Bischof während den Auseinandersetzungen um die Broschüre von Hansjörg Hemminger eine VPM-Delegation zu einer Audienz in Chur empfangen. Über das Gespräch waren keine Informationen erhältlich. Es ist möglicherweise der Schlüssel für die Behauptung des VPM, dass sich die Bischöfe bei der Beurteilung der Broschüre nicht einig gewesen seien und sich nicht alle kirchlichen Würdenträger hinter die weiter oben erwähnte Presseerklärung des Kirchenbundes und der Bischofskonferenz gestellt hätten.

In jüngster Zeit steht der VPM auch offen dazu, dass er mit verschiedensten Vertretern der Kirchen sehr gut zusammenarbeite. In der Tat finden sich in rechtskatholischen Publikationen immer wieder Artikel von VPM-Anhängern zu Aids- und Drogenfragen. Nach der gescheiterten Anlehnung an die Zürcher SVP sucht der VPM offensichtlich in religiösen Kreisen neue Verbündete. Der Gesinnungswandel der einst anarchistisch denkenden «Lieblinge» wird auch in diesem Aspekt augenfällig.

Wie bereits erwähnt, haben die Anhänger von Annemarie Buchholz-Kaiser auch den Autor der VPM-Broschüre mehrfach gerichtlich eingeklagt und ihn in Stellungnahmen und Flugblättern diffamiert. Eine einstweilige Verfügung versuchte der VPM, vertreten durch Annemarie Buchholz-Kaiser und Ralph Kaiser, auch beim Landsgericht Rottweil bei Stuttgart zu erwirken. Für den Fall einer Zuwiderhandlung beantragten sie eine Busse von bis zu 500'000 DM, im Wiederholungsfalle eine Ordnungshaft bis zu zwei Jahren. Das Gericht wies die Verfügung vollumfänglich ab. Der VPM wollte 16 Aussagen verbieten lassen. Zur Aussage Hemmingers, im VPM herrsche eine paranoide Denkweise und der Ablauf eines Schriftenwechsels unter Vereinsmitgliedern folge dem Muster stalinistischer Kaderprozesse, schreibt das Gericht im Urteil vom 23. Dezember 1991: «Die Bildung dieses Werturteils ist aufgrund der tatsächlichen Gegebenheiten vertretbar und bei einer Abwägung zwischen der Aufklärung der Allgemeinheit und der Beeinträchtigung des Persönlichkeitsrechts des Antragstellers gerechtfertigt.»

Im Sommer 1992 erhielt Hansjörg Hemminger einen Brief, der im Wallis abgeschickt worden war. Das anonyme Schreiben enthielt eine indirekte Morddrohung. Der Absender erklärte, einen entsprechenden Auftrag erhalten zu haben und warnte den Autor der VPM-Broschüre davor, an zwei bereits terminierten Veranstaltungen aufzutreten, in denen Hemminger über die Sektenproblematik sprechen sollte. Der anonyme Briefschreiber erwähnte, er habe den Auftrag abgelehnt. Gleichzeitig liess er durchblicken, dass an den beiden Vorträgen trotzdem Gefahr für ihn bestehe. Da der Absender genaue Kenntnis von Hemmingers Plänen hatte, nahm die Polizei den Hinweis ernst und gewährte dem Bedrohten an den Veranstaltungen Polizeischutz.

[redacted]

Kapitel 15

Der VPM schüchtert die Kritiker mit Prozessen ein

Die VPM-Anhänger dokumentieren in den Schriften, Büchern, Flugblättern und Inseraten übersteigerte Verfolgungsängste. Der VPM baut um die Insel seiner Therapiegemeinschaft zahlreiche Bedrohungsszenarien auf. Die damit verbundenen Wahrnehmungsverschiebungen deuten auf Realitätsverluste hin. Bei vielen «Lieblingen» hat die vermeintliche Bedrohung existentielle Ängste ausgelöst. Die rigorose Ausgrenzung der «bösen Aussenwelt» hat im VPM eine extreme Ausprägung erfahren, die sektiererische Entwicklungen begünstigt.

Dass die ideologische Weltsicht von Annemarie Buchholz-Kaiser und ihren Anhängern nicht nur im Kopf der «Lieblinge» steckt, sondern bereits auch ihr Handeln bestimmt, zeigen die Gerichtsdossiers. In der realitätsfremden Überzeugung, nicht nur das moralische Recht auf ihrer Seite zu haben, sondern auch juristisch am längeren Hebelarm zu sitzen, klagen der VPM und seine Exponenten Kritiker reihenweise und selbst wegen Lapalien ein. In einer beispiellosen Prozessflut haben der VPM und seine Anhänger bis Ende 1992 Dutzende von Einzelpersonen und Institutionen vor den Richter gezerrt.

Wer einen Leserbrief schreibt, muss mit einer Klage rechnen

Bei den meisten Rechtshändeln geht es um Ehrverletzungsverfahren (Verleumdung, üble Nachrede) oder zivilrechtliche Persönlichkeitsverletzungsklagen. Die VPM-Anhänger sind überzeugt, ihre Positionen seien wissenschaftlich fundiert und entsprächen weitgehend einer objektivierbaren Form von «Wahrheit». So schleppten sie sogar einen Leserbriefschreiber vor die Schranken des Gerichts, der lediglich Aussagen von einem Sektenspezialisten zitiert hatte. Die Anhänger von Annemarie Buchholz-Kaiser reagieren auf kritische Bemerkungen in einer Weise, als stünden die humanistischen Werte der abendländischen Kultur auf dem Spiel. Die Hemmschwelle, das juristische Schwert zu zücken, ist ausgesprochen tief.

Der VPM und seine Anhänger versuchen mit den Prozessen, die Kritiker ins Unrecht zu versetzen und ihren subjektiven «Erkenntnissen» zum

Durchbruch zu verhelfen. Ausserdem sind die Prozesse ein durchaus taugliches Instrument, die Kritiker einzuschüchtern und mundtot zu machen. Wer die Strapazen eines Ehrverletzungsprozesses gegen VPM-Anhänger überstanden und selbst bei einem Sieg die Kosten verkraftet hat, scheut im Normalfall jede weitere Auseinandersetzung mit dem VPM wie der Teufel das Weihwasser.

Unter den Dutzenden von Prozessen finden sich ein paar Monsterverfahren, die die Gerichte schon seit Jahren beschäftigen und noch Jahre dauern werden. Als Beobachter erhält man den Eindruck, dass die zahlreichen Niederlagen vor den Gerichtsschranken den «Lieblingen» in die Knochen gefahren sind und dass sie nun die übrigen Verfahren mit juristischen Mitteln bewusst verzögerten. So überrascht es kaum, dass sie gegen die meisten Gerichtsentscheide Rechtsmittel einlegen.

Die Prozesswelle kostet ein Vermögen

Die Prozesswelle hat den VPM und verschiedene seiner Anhänger bisher ein Vermögen gekostet. Die Gerichts- und vor allem die Anwaltskosten summieren sich durch die ausgedehnten, über mehrere Instanzen gezogenen Verfahren zu riesigen Beträgen. Die Kosten der schätzungsweise hundert Prozesse könnten in den nächsten Jahren zu einem Millionenbetrag anwachsen. Die beispiellose Prozessfreudigkeit kommt aber auch die öffentliche Hand teuer zu stehen.

Die ernüchternde Prozessbilanz Anfang der 90er Jahre und die gewaltigen Aufwendungen scheinen die VPM-Anhänger im Laufe des Jahres 1992 auf den harten Boden der Realität heruntergeholt zu haben: Da der VPM über keine Juristen mit einem Anwaltspatent verfügt, musste er teure Rechtsverteter engagieren. Die bisherigen Prozesse hat der VPM – soweit eine Übersicht möglich ist – mehrheitlich verloren.

Die meisten Prozesse sind im Umfeld der Medien angesiedelt. Autorinnen und Autoren von Zeitungsartikeln und Fernsehsendungen laufen am ehesten Gefahr, mit missliebigen Äusserungen den Zorn der «Lieblinge» auf sich zu ziehen. Neben vielen Urhebern von Artikeln und Sendungen haben sie über ein Dutzend Zeitungen, Verlage und Fernsehanstalten eingeklagt. Hinter den Medien halten die Prozesse im Bereich der Schule und des Bildungswesens den zweiten Rang in der VPM-Klageliste. Ausserdem führen «Lieblinge» verschiedene Verfahren nach Auseinandersetzungen mit sozialen Institutionen. (Mehrere Prozesse werden in andern Kapiteln dieses Buches behandelt.)

Monsterverfahren mit 1800 Zeugen

Neben zahlreichen einfachen Prozessen mit einem oder wenigen Klagepunkten rissen der VPM und seine Anhänger auch Monsterverfahren mit Hunderten von Zeugen und Schränken voller Gerichtsakten vom Zaun. Der gerichtliche Bannstrahl soll vor allem den Verein Psychostroika, der sich die Aufklärung über den VPM auf die Fahne geschrieben hat, und vier seiner Exponenten treffen. Besonders ins Visier genommen hat das VPM-Kader Iris Ritzmann, Markus Meier und Dagobert Onigkeit, die seit Jahren mit viel Engagement Aufklärungsarbeit leisten. Die gerichtliche Forderung der «Lieblinge»: 100'000 Franken Schadenersatz, 50'000 Franken Genugtuung und Veröffentlichung des Gerichtsurteils in drei Zeitungen auf Kosten der Angeklagten.

Gegenstand des Prozesses und der Persönlichkeitsverletzungsklagen sind zwei Pressedokumentationen von Psychostroika sowie ein Vortrag von Iris Ritzmann über den VPM. Die Angeklagten wurden im Februar 1990 in bis zu 65 Punkten eingeklagt und dürfen laut Verfügung den VPM vorläufig nicht mehr als Psychosekte bezeichnen, bis das Gericht das Sachurteil gefällt hat. Welche Dimension solche Verfahren annehmen, zeigen die Schriften: Die Klageschrift des VPM umfasst 142 Seiten, die Replik gar deren 250. Zweieinhalb Jahre nach Einreichen der Klage war die erstinstanzliche Behörde noch nicht in der Lage, die Zeugen zu befragen. Der VPM hatte bei Gericht eine Liste mit rund 1800 Zeugen eingereicht und war deshalb aufgefordert worden, sich auf eine Liste der Hauptzeugen zu beschränken. Verzögert hat der VPM das Verfahren auch mit Ausstandsbegehren gegen das Gericht und seine Sekretäre. Dieses Verfahren zog der VPM erfolglos bis vor das Bundesgericht, das keine Befangenheit der Richter feststellten konnte.

Einen umfangreichen Prozess löste auch Eugen Sorg mit seinem Buch «Lieblings-Geschichten» aus. Der VPM wollte das Werk ebenfalls mit einer superprovisorischen Verfügung von den Tischen der Buchhandlungen verbannen, doch blieb er damit sowohl beim Bezirks- als auch beim Obergericht chancenlos.

Was dem VPM versagt blieb, gelang hingegen Sorg. Seine Superprovisorische Verfügung gegen den VPM wurde gutgeheissen, und das VPM-Kader hätte das 660seitige Werk «Der VPM – was er wirklich ist» eigentlich einstampfen müssen. Darin zog der VPM auf über 40 Seiten gegen Sorg vom Leder und verbreitete aus dem Privat- und Intimbereich kolportierte Episoden. Verfasst haben das Kapitel drei ehemalige Wohnkollegen, die sich nicht scheuten, Sorg mit dem Mittel der persönlichen Verunglimpfung zu diffamieren und selbst seine Beziehung zu den Eltern und zum Bruder auf entwürdigende Weise zu verzerren.

Wie wenig es braucht, um vom VPM eingeklagt zu werden, erlebte der eingangs erwähnte Leserbriefschreiber in Vaduz im März 1992. Im Rahmen einer Tagung hielt die VPM-Anhängerin Franziska Haller, Mitglied der Eidgenössischen Kommission für Drogenfragen, ein Referat über das Drogenproblem. Ein Mitarbeiter der Jugendarbeitsstelle des Dekanates von Liechtenstein hielt in einem Leserbrief seine Gedanken zur Tagung und zur Drogenproblematik fest und erwähnte auch, dass der VPM eine umstrittene Organisation sei. Diese Behauptung untermauerte der Tagungsbesucher mit einem Zitat aus der Broschüre von Hansjörg Hemminger über den VPM: «‹Die gegenwärtige Praxis, nicht die Lehre des VPM, verstösst in einer besonderen Weise (...) gegen Gottes Gebot und gegen den Geist des Evangeliums (...)› Also auch bei Referentinnen gilt, vorher informieren ist Prävention!»

Der kirchliche Mitarbeiter fiel aus allen Wolken, als ihm eine Klage von Franziska Haller und dem VPM, vertreten durch Annemarie Buchholz-Kaiser und Ralph Kaiser, ins Haus flatterte. Dabei hatte er doch nur einen Satz aus einer von kirchlichen Gremien in Auftrag gegebenen Schrift zitiert...

Dass der VPM mit seinen Kritikern nicht zimperlich umspringt, haben die zahlreichen VPM-Zitate in den bisherigen Kapiteln gezeigt. Einzelnen Adressaten solcher Schmährufe gingen die schriftlich verbreiteten Verbalattacken des VPM und seiner Anhänger zu weit, weshalb sie die VPM-Exponenten einklagten. Auch diese Verfahren waren bei Drucklegung noch hängig. Zu den Beklagten gehören auch Annemarie Buchholz-Kaiser und Ralph Kaiser, die zahlreiche Pamphlete unterzeichnet haben. So wehrte sich beispielsweise Dagobert Onigkeit mit einer Zivilklage gegen die schriftlichen Angriffe in zahlreichen Publikationen des VPM und des Studenten Forums an der Universität Zürich (SFU), einer VPM-nahen Studentenorganisation. Onigkeit klagte unter anderem die Behauptungen der VPM-Anhänger ein, er sei Faschist, Links-Faschist, Stasi, linksmilitant, stalinistisch, linksextrem. Ausserdem will er die VPM-Anhänger für die Äusserungen zur Rechenschaft ziehen, er verleumde, diffamiere, intrigiere, zerstöre, betreibe eine Hetzkampagne und verbreite Lügen.

Kapitel 16

Psychologenverbände wollen mit dem VPM nichts zu tun haben

Mit seinem uneinlösbaren Anspruch an die eigene «wissenschaftliche Wahrheit» und der daraus resultierenden Selbstüberschätzung eckt der VPM nicht nur in Schul-, Drogen- und Aidsfragen in der Öffentlichkeit an, sondern er stösst auch in psychologischen Fachkreisen auf Widerspruch. Die Psychologen verfolgten die weltanschaulichen und ideologischen Tendenzen der Therapiegemeinschaft schon zu Zeiten Friedrich Lieblings mit Skepsis. Verschiedene Psychologenverbände und Gesellschaften übten sich zwar in vornehmer Zurückhaltung und enthielten sich weitgehend eines Kommentars, doch sorgten sie sich um die Entwicklung, die die Lehr- und Beratungsstelle Friedrich Lieblings und später der VPM nahmen. Was die «Lieblinge» im Namen der Psychologie propagieren und praktizieren, konnte ihnen nicht gleichgültig sein. Sie befürchteten, die «Zürcher Schule» und der VPM könnten dem Ansehen des Berufsstandes und der Psychotherapie als wissenschaftliche Disziplin schaden.

Trotz der Bedenken gegenüber den «Lieblingen» scheuten sich die meisten Berufsverbände, öffentlich Stellung zu nehmen und offiziell auf Distanz zu gehen. Sie hatten auch Angst vor den Reaktionen und allfälligen Prozessen der «Zürcher Schüler» oder VPM-Anhänger. Als aufmerksamen Beobachtern war ihnen nicht entgangen, mit welchen Mitteln die «Lieblinge» gegen Kritiker vorzugehen pflegten. Obwohl sich die Fachverbände bemühten, eine Auseinandersetzung zu vermeiden, kam es zu Spannungen und Konflikten.

Die Schweizerische Gesellschaft für Individualpsychologie nach Alfred Adler (SGIPA) und das Alfred Adler Institut Zürich (AAI) wurden als erste mit den «Lieblingen» konfrontiert. Da sich Friedrich Liebling auf Adler berief, ergaben sich Berührungspunkte mit dem Adler Institut. Daraus entstand allerdings kein fruchtbarer Meinungsstreit, sondern ein unlösbarer Konflikt. Denn in Interpretation und Anwendung der Adlerschen Lehre klafften Welten zwischen der «Zürcher Schule» resp. dem VPM und dem Adler Institut.

Adler Institut befürchtet Unterwanderung durch «Lieblinge»

In den 70er Jahren bemühten sich einzelne Psychologen unter den «Lieblingen» um die Aufnahme in die Adler-Gesellschaft oder um den Lehrgang am Institut. Dagegen hatten die beiden Institutionen vorerst nichts einzuwenden. 1982, nach dem Tod Lieblings, änderte sich dies schlagartig, denn die Anmeldungen für die Ausbildung am Institut und die Mitgliedschaft in der Gesellschaft stiegen sprunghaft an. Noch bevor die Richtlinien für den neuen Kurs gedruckt waren, beanspruchten die «Lieblinge» fast die Hälfte aller Ausbildungsplätze. Das AAI befürchtete, dass schliesslich der grösste Teil der Studienplätze durch Teilnehmer der «Psychologischen Lehr- und Beratungsstelle» (PLB) belegt werden könnten. Die Situation wurde für die Gesellschaft und die Institution bedrohlich, zumal sich die Verwechslungen häuften. Sie wollten auf keinen Fall in Verbindung mit der «Zürcher Schule» gebracht oder von ihr unterwandert werden.

Im Januar 1983 entschieden sich die beiden Adler-Organisationen, sich von der PLB abzugrenzen und deren Mitglieder nicht mehr aufzunehmen. Doch damit waren die Probleme nicht aus der Welt geschafft. In den folgenden drei Jahren kam es – trotz der Abgrenzung – vermehrt zu Verwechslungen, die zu beruflichen Benachteiligungen von Fachmitgliedern der SGIPA führten. Ausserdem erschlichen sich «Lieblinge» wiederholt Ausbildungsplätze beim AAI.

Diese Erfahrungen mit den «Zürcher Schülern» veranlasste die Adler-Gesellschaft, Stellung zu beziehen und Klartext zu sprechen. In einem Beschlussprotokoll wurden die psychische Abhängigkeit von der Gruppe, die soziale Abkapselung und die einheitliche Weltanschauung kritisiert: «Negative Erfahrungen wurden mit Schülermehrheiten der PLB in Schulen gemacht. Der starke Zusammenhalt solcher Gruppierungen und die gegenseitige Förderung untereinander ergab für die anderen Schüler eine erhebliche Drucksituation. Der PLB angehörende Lehrer machten für die Beratungsstelle Propaganda, indem sie ahnungslose Eltern, die mit Erziehungsschwierigkeiten kämpften, ohne sachliche Aufklärung dorthin wiesen. Therapeuten machten immer wieder die Erfahrung, dass Menschen, die aus der Gruppe der PLB ausgestiegen waren, massive Störungen aufwiesen und sich ohne den Rückhalt der Gruppe völlig verloren fühlten, auch wenn sie sich zu diesem Schritt entschlossen hatten.»

Dieses Verständnis von einer Gruppe oder Gemeinschaft laufe der individualpsychologischen Auffassung des Gemeinschaftsgefühls zuwider und sei im Irrtum befangen, heisst es im Beschluss weiter. In diesem Zusammenhang wird Alfred Adler zitiert, der schrieb, «als ob das, was wir Gemeinschaft nennen, etwa ein Privatzirkel in unserer Zeit wäre oder ein grösserer Kreis, dem man sich anschliessen müsse».

Auch andere Verbände grenzen sich ab

Das Adler Institut und die Gesellschaft hatten auch Angst, dass sie der PLB anheimfallen könnten, standen doch 3000 «Lieblinge» etwa 300 Adlerianern gegenüber. Die Abgrenzung dränge sich auch aus Verantwortung gegenüber den AAI-Studenten und bisherigen Absolventen auf, da die Bedeutung des Zertifikats gewahrt werden müsse, schrieb das AAI. «Ohne klare Abgrenzung werden nicht nur die vergangenen und gegenwärtigen Abschlüsse wertlos, sondern die Betreffenden müssen zudem riskieren, in Misskredit zu geraten und in ihrer Berufssituation beeinträchtigt statt gefördert zu werden», heisst es im Protokoll. Trotz der klaren Bestimmungen schlichen sich zwei VPM-Anhänger in den Lehrgang des AAI ein. Laut Informationen des Instituts wurde die Herkunft der beiden Absolventen erst bei der Diplomierung im Sommer 1991 bekannt.

Annemarie Buchholz-Kaiser hat es nach der Gründung des VPM nicht verstanden, das schlechte Image der «Lieblinge» aus der Zeit der «Zürcher Schule» zu korrigieren und das Misstrauen der Verbände und Gesellschaften abzubauen. Die scharfen Angriffe auf die Kritiker und die Auseinandersetzungen in der Öffentlichkeit in den letzten paar Jahren haben dazu geführt, dass weitere Verbände und Organisationen den VPM mehr oder weniger offen anprangern oder sich von ihm abgrenzen. So hat zum Beispiel der Schweizerische Berufsverband für angewandte Psychologie (SBAP) den VPM-Anhängern an der Generalversammlung wiederholt die Aufnahme verweigert. Begründet wurde die Sanktion unter anderem mit dem Hinweis auf die ethischen Richtlinien des Verbandes. Auch die Föderation der Schweizer Psychologen (FSP), der grösste Verband mit rund 3000 Mitgliedern, wehrt sich gegen die Aufnahme von VPM-Anhängern im grossen Stil und hat laut Angaben von «Lieblingen» auch schon VPM-Psychologen ausgeschlossen. Der Kantonalverband der Zürcher Psychologinnen und Psychologen (ZüPP) wehrt sich ebenfalls gegen eine Invasion der VPM-Leute. Im Beitrittsformular wird ausdrücklich gefragt, ob die Kandidatinnen oder Kandidaten Mitglied des VPM seien.

Der grösste deutsche Verband wirft dem VPM menschenverachtendes Verhalten vor

Die beiden Dachverbände der Psychologen in der Schweiz wagen es nicht, die Abgrenzung mit klaren Worten auch nach aussen hin zu begründen. Weniger Berührungsängste zeigt der grösste deutsche Verband der Psychologen. Als der VPM seine Aktivitäten in verschiedenen deutschen Städten in den Bereichen Drogen, Aids und Schule verstärkte, kam es bald zu ähnlichen Auseinandersetzungen mit der Öffentlichkeit wie in der Schweiz. Deshalb sah sich der Berufsverband Deutscher Psychologen, in dem die grosse Mehrheit der psychologisch ausgebildeten Fachkräfte zusammengeschlossen ist, im Juni 1992 zu einer Stellungnahme veranlasst. Darin heisst es, der VPM versuche, durch seinen Namen und bei seinem Auftreten den Eindruck einer psychologisch-wissenschaftlichen Fachgesellschaft zu erwecken. Dabei missbrauche er seine Weltanschauung für angeblich psychologische Erklärungen und (Lehr-)Meinungen. Ausserdem vertrete der VPM Auffassungen, die durch die psychologische Wissenschaft weder begründet seien, noch gerechtfertigt werden könnten. Das gleiche gelte für die unter der Bezeichnung «Psychotherapie» vollzogenen Betätigungen.

Zur Frage des Gruppenklimas schreibt der Verband mit den 17'000 Mitgliedern: «Der VPM vertritt ein in sich geschlossenes Weltbild, das er als die absolute Wahrheit in aggressiver Weise durchzusetzen und gegen jegliche Infragestellung und Kritik zu verteidigen sucht. Im VPM herrscht ein Freund-Feind-Denken vor, das sich zur Verschwörungstheorie steigert, sobald Kritik an Struktur, psychologischer Fachkompetenz oder Ideologie geäussert wird. Seriösen Informationen zufolge regiert im Innern des Vereins ein starker Gruppenzwang, nach aussen wird auf Ablehnung oder sachliche Anfragen in überzogener Weise reagiert, indem man Kritikern u.a. unredliche Absichten unterschiebt und sie als Anhänger einer ‹linksfaschistischen› Verschwörung diffamiert.»

Nicht minder deutlich äussert sich der Berufsverband Deutscher Psychologen zur psychotherapeutischen Betätigung des VPM. Diese entbehre jeglicher fachlichen Grundlage. Die Art ihrer Ausübung sei weder mit der Berufsordnung für Psychologen noch mit allgemein geltenden Gesetzen vereinbar. «Wenn zum Beispiel Tonbandmitschnitte von Gruppensitzungen, in denen Mitglieder ihr Innerstes offenbaren, missbraucht werden, um Abweichler zu disziplinieren, mundtot zu machen oder gar zu erpressen, dann ist dies ein eindeutiger Verstoss gegen die strafrechtlich sanktionierte Schweigepflicht und ausserdem ein Beleg für das menschenverachtende Verhalten des VPM. Für den Berufsverband Deutscher Psychologen steht fest, dass weder der Anspruch noch die Praktiken des VPM mit der Würde des einzelnen, mit der pluralistisch-demokratischen Ordnung unserer Gesellschaft und mit der Psychologie als Wissenschaft und Beruf vereinbar sind», heisst es in der Stellungnahme. Der Verband warnt davor, VPM-Anhänger in sozialen Berufen zu engagieren. Es sei nicht verantwortbar, wenn sie Jugendliche betreuten und soziale Aufgaben übernehmen würden.

Die schmerzlichste Erfahrung im Umgang mit Fachgesellschaften dürfte der VPM gemacht haben, als er sich bei der Internationalen Individualpsychologischen Vereinigung ins Abseits manövrierte. Der Konflikt entzündete sich an einem Briefwechsel zwischen dem VPM-Kader und Professor Walter Spiel aus Wien, Präsident der Vereinigung. In einer Antwort an den VPM schrieb Professor Spiel 1988 unter anderem: «Ich habe eine solche geifernde und unsachliche Stellungnahme noch nie gelesen, und ich kann Ihnen als alter erfahrener Individualpsychologe nur sagen, versuchen Sie ein bisschen in sich zu gehen, was denn die inneren Gründe dafür sind, dass Sie in dieser Art sich an mich gewendet haben.»

Beim Briefwechsel ging es unter anderem um private Angaben, die der VPM über einen seiner ehemaligen Anhänger verbreitet hat. Professor Spiel stellte die Frage, ob die persönlichen Daten aus dem Protokoll der Aufnahmegespräche stammten. «Wenn dem so wäre, würde es sich um einen kriminellen Tatbestand handeln, denn der Datenschutz über persönliche Aussagen bei einem zu Beginn einer Psychotherapie geführten Gespräch steht wohl ausser Zweifel.» Zur Frage des Gruppendrucks meinte Professor Spiel: «Seitdem ich Ihre Gruppe kenne, weiss ich, dass von dorther ein sagenhafter persönlicher Druck auf die Kandidaten ausgeübt wird.» Weiter erwähnte er, «dass unerhörte Bindungen und Unterordnungen an der Tagesordnung waren und sogar gefördert wurden (gemeinsame Urlaube), alles Dinge, die ein seriös arbeitender Psychotherapeut perhorresziert (verabscheut), denn das Ziel einer Psychotherapie, wenn ich Ihnen ein bisschen Nachhilfe geben darf, ist die Verselbständigung des Menschen, die Freisetzung seiner Kräfte und nicht die Einbindung in eine Gemeinschaft, die dann für ihn zu denken beginnt.»

Kapitel 17

Wirbel um «Lieblinge» auch an der Uni

In den vergangenen 30 Jahren haben mehrere hundert «Lieblinge» an der Universität Zürich ein Studium absolviert. Die überwiegende Mehrzahl wählte für ihre akademische Karriere geisteswissenschaftliche Disziplinen. Für die Studenten der Therapiegruppe, die sich die Förderung der «psychologischen Menschenkenntnis» zum Lebensinhalt gemacht haben, stand das Psychologie-Studium im Vordergrund ihrer Interessen. Da die Ärzte unter den «Lieblingen» schon zu Zeiten Friedrich Lieblings ein hohes Ansehen genossen, drängen heute mehr und mehr VPM-Anhänger in die medizinische Fakultät. Prestigeträchtig ist auch das Pädagogik-Studium.

Bis gegen Ende der achtziger Jahre fielen die «Lieblinge» an der Universität Zürich einzig dadurch auf, dass sie gruppenweise die Vorlesungen und Seminarien besuchten, sich zusammen auf Prüfungen vorbereiteten und Semesterarbeiten oft gemeinsam schrieben. Das ausgeprägte Gruppenleben zeigte sich auch über Mittag in der Mensa, wo sie regelmässig gemeinsam assen. Bevor etwa um 1988 die öffentliche Auseinandersetzung um den VPM begann, kümmerten sich die «Lieblinge» unter den Studenten nicht um inneruniversitäre Belange. So ereigneten sich bis zu diesem Zeitpunkt keine nennenswerten Konflikte mit den Studentenorganisationen oder universitären Institutionen.

Kampf des Studenten Forums gegen den «linkslastigen Medienfilz»

Als der VPM ins Schussfeld der Kritik geriet und mit seinen Reaktionen zusätzlich für Aufsehen sorgte, traten auch die Studenten unter den VPM-Anhängern als Gruppe in Erscheinung. Bereits bei den ersten Auftritten zeigten sie, dass sie die ideologische Lektion ihrer VPM-Therapeuten und Mentoren verinnerlicht hatten, wie ein Flugblatt des Studenten Forums, einer Organisation von VPM-Studenten, zeigt: «Die journalistische Anwaltschaft des linkslastigen Medienfilzes schafft wieder einmal neue ‹Wahrheiten› und Volksmeinungen. (...) Die linke Propagandamaschinerie arbeitet auf Hochtouren. (...) Warum heulen die Wölfe und geifern die Schakale?»

Das Studenten Forum an der Universität (SFU) wurde im Dezember 1988 gegründet. Überraschenderweise ereiferte es sich im erwähnten Flugblatt nicht nur über die Studentenpolitik, sondern in einem Rundumschlag vor allem über die Medien, die Präsidialabteilung der Stadt Zürich, das Kanzleizentrum und die Linken allgemein. Originalton: «Gesinnungsterror, Gesellschaftszersetzung, Wertezerstörung, Unterwanderung, Rechtsüberdehnung, Rufmordkampagnen, Politisierung des Privaten samt Schnüffeleien, Bespitzelung und Denunziation sind ihre beliebten Methoden. Und wer es immer noch nicht glaubt, wird bald ein böses Erwachen haben! Der Vergleich mit dem Faschismus östlicher und westlicher Machart drängt sich auf. (...) Jawohl, das ist Links-Faschismus und führt zur roten Diktatur! Wer sich dagegen auflehnt, wird vom Tisch gefegt, niedergebrüllt, mundtot gemacht. Wer soll auf dem Platz Zürich unter der rot-grünen Diktatur liquidiert werden?»

Das Studenten Forum hatte allerdings nicht die Absicht, sich zu tarnen, behauptete es doch am Schluss des Flugblattes, die Stadtregierung «mobilisiere die Strasse» und habe sich zum Ziel gesetzt, «den VPM und das SFU auszuradieren», und ihre Schergen und Helfershelfer, Hintermänner und Gesinnungsgenossen operierten mit linksfaschistoiden Schändlichkeiten.

Marsch der VPM-Studenten durch die Fachvereine

Angesichts solcher Ängste hatte sich der akademische Nachwuchs des VPM zum Ziel gesetzt, dem angeblich links unterwanderten Verein der Stu-dierenden der Universität Zürich (VSU) in der Studentenpolitik die Stirn zu bieten und wenigstens auf dem Gebiet der Universität den linken Vormarsch zu stoppen. Die «Lieblinge» begannen 1988, also vor der Gründung des Studenten Forums, den Marsch durch die Fachvereine und studentischen Organisationen beim Fachverein Psychologie. An der Mitgliederversammlung vom 9. Juni 1988 wunderte sich dessen Vorstand, dass die Zahl der Teilnehmer weit höher war als gewöhnlich. Der Grund dafür blieb ihm vorerst schleierhaft. Anträge, die Wahlen in den Vorstand vorzuziehen und statt der üblichen Kollektivwahl Einzelwahlen durchzuführen, fanden eine Mehrheit. Als das Vorstandsmitglied Dagobert Onigkeit abgewählt wurde, löste sich das Rätsel: Der betroffene Student hatte wiederholt vor dem VPM gewarnt und mit seiner aufklärerischen Tätigkeit den Zorn der «Lieblinge» auf sich gezogen.

Der Student wollte seine Abwahl zum Gegenstand einer Diskussion machen, ein Mehrheitsbeschluss stoppte ihn jedoch ein zweites Mal. Die VPM-Studenten schienen in der Mehrzahl zu sein. Nun gaben von den fünf verbliebenen Vorstandsvertretern drei den Rücktritt, worauf sich spontan drei Anwesende als Ersatz zur Verfügung stellten und prompt gewählt wurden. Später zeigte sich, dass die drei neuen Vorstandsmitglieder dem VPM angehörten.

Der Konflikt im Vorstand der Fachschaft spitzte sich zu. Die drei nicht dem VPM angehörenden Vorstandsvertreter stiessen sich nach eigenen Angaben vor allem am Umstand, dass die «Lieblinge» ihre Zugehörigkeit zum VPM verheimlichten und so taten, als würden sie sich nicht näher kennen. An der nächsten Mitgliederversammlung vom 13. Dezember 1988 nahmen über 300 Studentinnen und Studenten teil und wählten die drei VPM-Vertreter im Vorstand ab.

Nach dieser Abfuhr hielten sich die «Lieblinge» im Fachverein längere Zeit zurück. Am 3. Juli 1990 streute eine bis dahin unbekannte «Arbeitsgemeinschaft gegen Diskriminierung des Fachvereins Psychologie» ein Flugblatt, in dem es unter anderem hiess: «Wann klirren die ersten Scheiben? Wann werden die ersten Übergriffe auf Personen durchgeführt werden? Das ist Linksfaschismus nach dem ‹bewährten› Vorbild einiger westdeutscher Grossstädte. Er ist in Zürich bereits in zahlreichen Beispielen Wirklichkeit geworden.» Eingeleitet wurde das Flugblatt mit einen geschichtlichen Exkurs über den Nationalsozialismus, den stalinistischen Terror und den Linksfaschismus Mussolinis. Der Stil liess kaum Zweifel offen, wer hinter der Arbeitsgemeinschaft steckte.

Die VPM-Studenten wurden nicht nur im Fachverein Psychologie aktiv, sondern nahmen auch bei den Medizinern, Pädagogen und Historikern Einfluss. Die VPM-Studenten wollten die Strukturreform des Verbandes Studierender an der Universität (VSU) verhindern, mit der die Beziehungen zu den Fachvereinen verstärkt und auf eine formelle Basis gestellt werden sollte. Die Fachvereine mussten über den Kollektivbeitritt zum VSU abstimmen. Dies war das Signal für die VPM-Studenten, in den Fachvereinen aktiv zu werden.

Bei den Fachvereinen Medizin und Pädagogik brachten die «Lieblinge» die Strukturreform auch tatsächlich zu Fall. Die Historiker und Psychologen hatten bei starker Präsenz der VPM-Studenten in einer ersten Abstimmung den Kollektivbeitritt abgelehnt, den Entscheid später jedoch umgekippt.

Studentenzeitung spurlos verschwunden

Der Konflikt zwischen den VPM-Anhängern und dem VSU begann sich bereits Ende November 1988 abzuzeichnen. Innerhalb von zwei Tagen waren rund 5000 Exemplare der Studentenzeitung «Zürcher Student/in

ZS», die an Uni und ETH aufgelegt worden waren, spurlos verschwunden. Die Publikation enthielt unter anderem Artikel über die Tätigkeiten der «Lieblinge» an der Uni. Die Redaktion des ZS reagierte auf den Vorfall mit einem Flugblatt, in dem die Frage gestellt wurde: «Welche totalitären Gruppierungen sind daran interessiert», dass Themen wie die Neustrukturierung des VSU «nicht allen Studenten zugänglich werden?» Ein Vertreter des VSU meinte, es spreche einiges dafür, dass die «Lieblinge» ihre Finger im Spiel gehabt hätten.

Im April 1990 entstand ein weiterer Konflikt um die VPM-Studenten an der Uni, der sich an einem Zeitungsartikel über den VPM entzündete. Das Semesterblatt «Unikum» des VSU befasste sich auf fünf Seiten mit den «Lieblingen». Die VPM-Anhänger wollten mit einer superprovisorischen Verfügung die Auslieferung der 22'000 Exemplare verhindern. Das Bezirksgericht lehnte das Begehren jedoch ab, worauf die «Lieblinge» mit einer vorsorglichen Massnahme nachdoppelten. Der VSU verschickte die Studentenzeitung in einer Blitzaktion. Mit Störaktionen hatten Unbekannte noch versucht, den Postversand zu unterbinden. Sie hatten bei verschiedenen Poststellen interveniert und behauptet, die umstrittene «Unikum»-Nummer enthalte ehrverletzende Artikel. Die Studentenzeitung wurde zum Teil erst verschickt, nachdem die Redaktion bei der Postdirektion den wahren Sachverhalt erklärt hatte. Als die «Lieblinge» den Versand nicht stoppen konnten, zogen sie den Antrag zurück.

Wenige Monate nach den Abstimmungen in den Fachvereinen sorgten die VPM-Studenten erneut für Schlagzeilen. Viele von ihnen meldeten ihr Interesse für das studentische «Parlament», den Erweiterten Grossen Studentenrat, an und kandidierten auf den «Pragmatiker-Listen». Von den 70 Sitzen eroberten die «Lieblinge» fünf.

Institutsleiter unterstützt VPM-Studenten

Nach den Auseinandersetzungen mit dem VSU und verschiedenen Fachvereinen konzentrierten sich die VPM-Studenten bei ihrem inneruniversitären Engagement vorwiegend auf die Institute. So braute sich im Laufe des Jahres 1991 am Pädagogischen Institut ein Konflikt zusammen, in den auch die Professoren verwickelt wurden, und der das Institut in zwei Lager spaltete. Schliesslich musste sich auch der Kantonsrat mit den Ereignissen befassen.

Ausgelöst hat die Auseinandersetzung ein Artikel im PIK, dem Kurier des Pädagogischen Instituts, den die neue «Fachgruppe Pädagogik im Studenten Forum an der Universität (SFU)» verfasst hatte. Der namentlich nicht gezeichnete Beitrag feuerte eine Breitseite gegen vorherrschende Lehrmeinungen am Institut ab: «Mit grosser Besorgnis beobachten wir die Auswirkungen populärer vulgärpädagogischer ‹Theorien› und die damit verbundenen Attacken gegen die traditionelle Pädagogik, wie sie zurzeit auch an unserem Institut propagiert wird. Anti- und Gestaltpädagogik sowie neue Lernformen sind wissenschaftlich nicht belegt und führen bei der Umsetzung in der Schule zu einer Generation von ungebildeten, orientierungslosen, gefühlsarmen und verrohten jungen Menschen.» Damit wollten die Linken das Bildungs- und Gesellschaftssystem von innen heraus auflösen, schrieb die Fachgruppe.

Der Artikel wies auf eine Vortragsreihe der Fachgruppe im Wintersemester 91/92 hin, die im Institut stattfinden und in deren Rahmen die «richtige» Pädagogik vorgestellt werden sollte. Der Institutsleiter, Professor Fritz-Peter Hager, hielt seine schützende Hand über den Text und die Vortragsreihe. Er nahm selbst an der ersten Veranstaltung teil und ergriff einleitend das Wort.

Professoren kritisieren Institutsleiter

Der Beitrag im PIK löste bei vielen Professoren, Assistenten und Studenten Empörung aus, zumal Hager als leitender Redaktor des Mitteilungsblattes den Beitrag der VPM-Studenten mitverantwortete. Drei Pädagogik-Professoren schrieben an alle PIK-Empfänger einen Brief, in dem sie die pauschalen Diffamierungen kritisierten und die Unterstellungen zurückwiesen. «Den Versuch, alle Bemühungen um die Verbesserung unserer Schulen als Unterwanderung von links abzutun, halten wir für absurd», schrieben die drei Professoren. Institutsleiter Hager konterte ebenfalls mit einem Rundschreiben. Der Geist der Toleranz sei es gewesen, der ihn bewogen habe, den Text im PIK abzudrucken: «Ich habe als Redaktor in dem Text nichts gefunden, was aus moralischen oder intellektuellen Gründen dessen Zurückweisung erforderlich gemacht hätte.»

Im nächsten Akt richtete die Fachgruppe des Studenten Forums eine Protestnote an einen der drei protestierenden Professoren, der seinerseits mit einem Rundschreiben reagierte. Schliesslich beteiligten sich auch noch die Assistentinnen und Assistenten am schriftlichen Pingpong. Der Streit spitzte sich zunehmend auf die Frage zu, welche Verbindung zwischen Institutsleiter Hager und den «Lieblingen» bestehe. Ein Pädagogik-Professor meinte gegenüber dem «Tages-Anzeiger»: «Dass es bestimmte Beziehungen zum VPM gibt, scheint mir offensichtlich zu sein.» Fritz-Peter Hager formulierte sein Verhältnis mit folgender Aussage: «Ich bin nicht Mitglied des VPM. Als Professor habe ich ein Verhältnis und Beziehungen zu allen Studenten, unter denen es auch VPM-Mitglieder hat.» Die Rolle des Institutsleiters kam auch im Kantonsrat zur Sprache. Eine entsprechende Anfrage hatte Kantonsrat Ueli Mägli am 25. November 1991 eingereicht. In seiner Antwort schrieb der Regierungsrat am 26. Februar 1992, die Erziehungs-direktion verzichte bewusst auf eine Stellungnahme im Zusammenhang mit den Differenzen innerhalb der Professorenschaft. Es treffe nicht zu, dass der Vorsteher des Instituts die Aussagen der Fachgruppe inhaltlich unterstützt habe, schrieb der Regierungsrat.

Kapitel 18

Für die «Lieblinge» beginnt der linksfaschistische Umsturz in den Schulen

Die pädagogischen Vorstellungen der «Lieblinge» gehen auf den Gründer der «Zürcher Schule» zurück. Für Friedrich Liebling war das Lernen ein Eckpfeiler seiner psychologischen Ideen, die der VPM weitgehend adaptiert hat. Die «Lieblinge» messen dem Lernen eine zentrale Bedeutung für die Persönlichkeitsentwicklung zu. Abgeleitet hat Friedrich Liebling die pädagogische These des Lernens von der Milieutheorie, die besagt, dass der Mensch weitgehend von der Umgebung und den sozialen Faktoren geprägt wird. Daraus entwickelte der Gründer der «Zürcher Schule» das Axiom, der Mensch sei praktisch unbegrenzt lernfähig. Wer seiner Ansicht nach nicht den Wunsch und den Willen aufbringt, ein Leben lang zu lernen und die Bildungsmöglichkeiten optimal zu nutzen, hat ein Lernproblem. Ein solches sei immer Ausdruck psychischer Schwierigkeiten oder charakterlicher Schwächen.

Laut VPM müssen sich verantwortungsbewusste Menschen vor allem psychologisch weiterbilden. Ein optimales Umfeld bietet seiner Ansicht nach die Gemeinschaft um Annemarie Buchholz-Kaiser mit ihren Seminarien, Kongressen, Ferienlagern, Gruppentherapien usw. Somit übt der VPM nicht nur die Funktion einer Therapiegemeinschaft aus, sondern deckt auch das Bedürfnis nach permanenter Weiterbildung und der Anwendung der psychologischen Prinzipien in allen Lebensbereichen ab.

Annemarie Buchholz-Kaiser und mit ihr Hunderte von Akademikern reduzieren mit ihren pädagogischen Vorstellungen komplexe psychische Prozesse auf weltanschaulich geprägte Lehrsätze, die einer wissenschaftlichen Überprüfung kaum standhalten. Die These, dass der Lernfähigkeit und indirekt auch der Bildung wesentliche Anteile an der psychologischen Entwicklung und der Charakterbildung zukommen, weist elitäre Züge auf.

Mit dieser Theorie läuft der VPM Gefahr, die Pädagogik und die psychologischen Aspekte des Lernens ideologisch zu vereinnahmen. Der Schritt zur Interpretation, dass Personen ohne akademischen Titel und «psychologische Menschenkenntnis» lediglich begrenzte charakterliche Entwicklungsmöglichkeiten aufweisen, ist klein. Der psychologischen These vom Lernen ist es unter anderem zuzuschreiben, dass schätzungsweise über 90

Prozent der «Lieblinge» eine Hochschule oder eine Lehrerausbildung absolviert haben oder auf dem Weg dazu sind.

Erziehung und Lernen bilden im VPM also das Fundament der «psychologischen Menschenkenntnis». Dieser Grundsatz wird derart zugespitzt, dass viele «Lieblinge» an ihrer Fähigkeit zur Erziehung eigener Kinder zweifeln. Unter anderem mit diesem Argument legitimierten sie schliesslich zu Zeiten Lieblings die Vasektomie, der sich viele junge Männer unterzogen haben (vgl. Kapitel 6). Auch im VPM gibt es nur wenige Anhängerinnen, die in der Zeit ihres Engagements im Verein ein Kind zur Welt gebracht haben.

Das «befreiende Prinzip» via Schule in die Breite tragen

Der hohe Stellenwert der Erziehung und des Lernens machen deutlich, welche Bedeutung der VPM der Schule beimisst. Kommt hinzu, dass im Klassenzimmer auch der dritte zentrale Faktor der VPM-Lehre eine wichtige Rolle spielt: das gruppenbezogene Gemeinschaftsgefühl, das im VPM eine Grundbedingung zur seelischen Entwicklung und Gesundung des Individuums darstellt. Die Schule bietet beste Voraussetzungen, um die psychologischen und pädagogischen Prinzipien des VPM anzuwenden. Da die VPM-Anhänger glauben, im Besitz des befreienden Prinzips der «psychologischen Menschenkenntnis» zu sein, fühlen sie sich in besonderer Weise berufen, ihre pädagogischen Erkenntnisse als Lehrerinnen und Lehrer den Schülern angedeihen zu lassen.

Die Pädagogen geniessen neben den Ärzten und Psychologen im VPM denn auch das höchste Ansehen. Sie haben die Möglichkeit, ihre psychologischen Konzepte via Schule in die Breite zu tragen. Laut VPM-eigenen Angaben sollen sich mehrere hundert Lehrkräfte in seinem Umfeld engagieren. VPM-Pädagogen arbeiten vom Kindergarten bis zur Berufs- und Mittelschule auf allen Schulstufen. Viele bewältigen lediglich ein Teilzeitpensum oder arbeiten in einem anderen Beruf. Nach Auskunft der Erziehungsdirektion unterrichten an der Volksschule im Kanton Zürich rund 100 VPM-Lehrer.

Ein detailliertes pädagogisches Konzept findet sich in den Schriften der Gemeinschaft nicht, obwohl der VPM 1991 vier Bücher mit insgesamt 2200 Seiten Umfang zum Thema Schule unter dem Gesamttitel «Standort Schule» herausgegeben hat. Die dicken Wälzer sind in erster Linie eine Streitschrift, eine gehässige Abrechnung in rechtskonservativem Politjargon mit gestaltpädagogischen Strömungen und Schulreformern, die nach Ansicht des VPM die Schule abschaffen und zum Instrument des politischen Umsturzes machen wollen. 200 VPM-Autoren – mehrheitlich Pädagogen –

reiten in den vier Bänden Verbalattacken gegen angebliche Verfechter der Anti- und Gestaltpädagogik sowie die Vertreter der «Neuen Linken» im Schuldienst und in den bildungspolitischen Institutionen.

Marx als Einflüsterer der heutigen Schulreformer in der Schweiz?

Laut VPM muss die «Mehrung von Bildung und Wissen» das höchste Ziel und Anliegen einer menschlichen Gesellschaft sein. Heute seien die in Jahrhunderten erworbenen Kulturgüter dem Zerfall preisgegeben. Die Schulreformer verfolgen nach Ansicht der VPM-Anhänger die Strategie und das Ziel, die Schule zu untergraben oder zu zerstören. Die Wurzeln dieser Umsturzpläne haben sie bei Karl Marx geortet, der den Wert der Erziehung geleugnet habe und auf dessen Kritik an der Aufklärung die Reformer sich berufen würden: «Die theoretischen Traditionslinien knüpfen dabei an Marx, Lenin, Stalin an; die praktischen Anleitungen stammen von Sorel, Mussolini, Marcuse, Che Guevara, Goodman, Foucault», heisst es in Band I von «Standort Schule».

Von Marx schlägt der VPM den Bogen über die «neomarxistisch-freudianischen Theorien der Frankfurter Schule» zur französischen Strömung des Antihumanismus eines Foucault und Deuleuze bis zu den «vulgäranarchistischen Ansätzen eines Goodman, Leonard und Illich», die mit Versatzstücken der Anti- und Gestaltpädagogik vermischt seien. Um Einfluss auf die Bewusstseinsbildung und das Erziehungssystem nehmen zu können, gehöre die Vereinnahmung des Bildungswesens wesentlich zur neulinken Taktik. Als Kronzeuge führt der VPM Rudi Dutschke an.

Als Vollstrecker der zusammengeklitterten Verschwörungstheorie im Schulzimmer haben die VPM-Anhänger die Gestaltpädagogen ausgemacht, die mit den Methoden der Gestalttherapie aus den Schülern von heute den revolutionären Mob von morgen heranzüchten würden. Die Begründer dieser Therapieform, Fritz und Laura Pearls sowie Paul Goodman, hätten für ihre Theorie Teile der Psychoanalyse, der Reichianischen Charakteranalyse, der Existenzphilosophie, der Gestaltpsychologie und östlicher Religionen benutzt. Durch Verwirrung und den Abbau zwischenmenschlicher Werte sowie durch gezieltes Schüren der Aggression soll «die Bereitschaft zu asozialem Handeln im Gemüt des einzelnen Menschen gezüchtet werden». Mit der Doppelstrategie von Subversion und Provokation würden die Gestaltpädagogen heimlich mit «Psychoterror und verdeckt eingesetzter Gewalt» arbeiten.

Verdummung und Gefühlsverrohung seien die katastrophalen Auswirkungen davon, die Schüler würden so «aggressiv und gewalttätig gemacht», interpretiert der VPM die Verhältnisse. Die Gestaltpädagogik mache ihren Einfluss auch in den drei Bereichen Lehrertraining, Unterrichtskonzept und Organisationsentwicklung geltend. Den besten Nährboden und Multiplikator fänden die subversiven Gestaltpädagogen in der Junglehrerausbildung, Mentorierung, obligatorischen Fortbildung und der Supervision der Lehrer, wo sie ihre menschenverachtenden Methoden systematisch anwendeten. Mit diesen Trainings würden die Lehrer manipuliert, um die Schule zu untergraben.

Ideologischer Umgang mit der Gestaltpsychologie

Die Auseinandersetzung des VPM mit der Gestaltpsychologie entbehrt jeder wissenschaftlichen Grundlage und ist ideologisch verzerrt. Die «Lieblinge» erwecken in ihren Schriften den Eindruck, Paul Goodman sowie Fritz und Laura Pearls gehörten zu den Mitbegründern dieser psychologischen Lehre und seien deren wichtigste Repräsentanten. In Wirklichkeit haben die drei Psychologen eigene Therapieformen auf der Basis der Gestaltpsychologie entwickelt und stellen einen Zweig innerhalb dieser 1912 von M. Wertheimer begründeten Lehre dar. In der Brockhaus-Enzyklopädie sind die Namen zahlreicher Gestaltpsychologen aufgeführt, die Namen Goodman und Pearls finden hingegen keine Erwähnung. Zieht man in Betracht, dass die Gestaltpsychologie lediglich eine von vielen Lehrrichtungen ist, wird die ideologische Überzeichnung durch den VPM deutlich. Dass der VPM Paul Goodman, Laura und Fritz Pearls als Kronzeugen seiner Umsturztheorien bemüht, hängt mit dem sozialpolitischen Engagement der drei Psychologen zusammen. Ihre Schriften enthalten gesellschaftskritische Analysen und die entsprechenden psychologischen Zusammenhänge. Für den VPM gaben ihre sozialpolitischen Ideen eine ideale Grundlage ab, sie als geistige Urheber und Chefideologen der sogenannten «Neuen Linken» zu brandmarken.

Die Gestaltpsychologie wendet sich in erster Linie gegen die Zergliederung psychischer Geschehnisse in Elemente. Sie konzentriert sich auf «die Erforschung der als Welt unmittelbar vorgefundenen gestalthaften Gegebenheiten» (Brockhaus 1989). Es geht in erster Linie um eine ganzheitliche Erfassung der psychologischen Zusammenhänge.

Gestalttherapie: «Eine regelrechte Gehirnwäsche»

Für die VPM-Anhänger degenerieren Menschen, die gestalttherapeutisch beeinflusst werden, restlos. Von der menschlichen Lernfähigkeit bleibe nur noch eine «elende Kümmerform» übrig. «Der seiner Natur entfremdete, vergewaltigte Gestaltmensch bleibt zeitlebens eine mutlose, hilflose, von unverstandenen Bedürfnisregungen getriebene und dementsprechend manipulierbare Kreatur voller Ängste und Aversionen. Ein würdiges, nach einer menschlichen Ethik orientiertes Zusammenleben ist nicht möglich», schreiben sie. Der VPM behauptet sogar, es gebe kaum einen Menschen, der den gestalttherapeutischen Angriffen auf die innersten Gefühle – «verbunden mit einer regelrechten Gehirnwäsche» – standhalten könne; so habe die Gestaltbewegung innert kürzester Zeit einen dominierenden Einfluss in den Schulen sowie in der Aus- und Weiterbildung der Lehrer gewonnen.

Das Fazit des VPM: «Die Auswirkung der Gestaltpädagogik ist grundsätzliche Pervertierung der menschlichen Natur schlechthin. (...) Folge ist eine vollständige Verdummung, gepaart mit Verrohung und Verwahrlosung. (...) Die Schule wird von Gestaltern umfunktioniert in eine Brutstätte für Systemzerstörer, Verwahrloste, Gewalttätige, Alltagsverweigerer, Drogensüchtige und so weiter. (...) Der Leser mag sich fragen, was all dies mit der heutigen Situation in unserem Bildungswesen zu tun hat. Es ist nicht zu übersehen, dass die destruktiven Ideen der beschriebenen Politstrategen keineswegs blosse Theorie geblieben sind», schreiben die «Lieblinge» in Band I von «Standort Schule».

Als Beispiel wird die Lehrerfortbildung des Pestalozzianums Zürich angeführt: «Was dort unter dem irreführenden Titel Fortbildung geschieht, ist nichts anderes als eine systematische Politisierung von Lehrern, Lehrerberatern, Supervisoren, Visitatoren und so weiter, die – wo immer sie tätig sind – mit Hilfe von gestalttherapeutischen Methoden den Abbau der bestehenden Schule vorantreiben sollen. Dabei muss man sich vor Augen führen, dass eine einzige gestalttherapeutische Sitzung die Auflösung der Persönlichkeitsstruktur des Teilnehmers initiieren kann. Der Mensch wird durch extrem autoritäre Methoden zutiefst verunsichert und manipulierbar. Unter Einsatz derart gewalttätiger Methoden wird der Lehrer zum Multiplikator gesellschaftszerstörerischen Gedankengutes gemacht, das er an Kindern und Jugendlichen – unter dem Schutz der Erziehungsdirektion – praktizieren darf.»

Philosophen und Politiker als Söldner der «Neuen Linken»

Zu den neulinken Pädagogen in der Schweiz zählt der VPM den Philosophen Hans Saner, die «philosophische Referenzfigur der Neuen Linken im Kampf gegen das Schulsystem», sowie den Dozenten Gerhard Fatzer. Der ehemalige SP-Nationalrat Hans Zbinden wird als eine der zentralen Figuren der Antipädagogik vorgestellt: «Was hat Zbinden mit unserer Jugend vor, wenn er ihnen Sex und Gewalt zu Vorbildern macht? Wenn ein Kind oder eine ganze Schulklasse diese Art von ‹Schule› nur ein Jahr über sich ergehen lassen muss, wird das kindliche Gemüt geschädigt und damit seine Zukunft gefährdet. Verroht, abgestumpft im Gefühl, freudlos – etwa so wird man sich diese neue Generation Mensch vorstellen müssen, ganz so, wie sie auch dem marxistischen Psychoanalytiker Emilio Modena für seine Zukunftsstadt ‹Utopia› vorschwebt», heisst es im gleichen Buch.

Weiter zählt der VPM Urs Peter Meier, Lektor für allgemeine Didaktik an der Universität Bern, den Heilpädagogen Felix Mattmüller, den Lehrer und Schriftsteller Jürg Jegge (er «reduziert so die Schule auf ein Instrument von Herrschenden über Beherrschte und verzerrt sie zur Folteranstalt»), den Autor Hans A. Pestalozzi sowie den Lehrerausbildner und Autor Paul Michael Meyer dazu, dessen Äusserungen «von Gewalt und Menschenverachtung geprägt» seien. Der VPM scheut sich nicht, all diese Autoren in ehrverletzender und teils tatsachenwidriger Weise darzustellen. Sie werden in ein abenteuerliches Umsturzkonstrukt gepresst, für das der VPM keinerlei Beweise vorlegt. Zur Zeit Friedrich Lieblings galt Jürg Jegge noch als lesenswerter Autor. Ausserdem wurden seine Lieder in den sogenannten Verbier-Liederheften abgedruckt und mit den Kindern der «Zürcher Schüler» eingeübt.

Einzeln betrachtet würden diese sogenannten neulinken Pädagogen das Bild von ein paar verwirrten Einzelgängern abgeben, welche die schulpolitische Landschaft mit skurrilen Ideen «bereichern» wollten, führt der VPM weiter aus. «Gemäss dem Konzept des langen Marsches durch die Institutionen, der direkt ‹ins Gehirn des Monsters› (= des Staates/Che Guevara) führen soll, um dort dessen Zerstörung herbeizuführen, schleuste sich die ehedem lauthals krakeelende ‹studentische Elite› in aller Stille, verdeckt und scheinbar angepasst in die Schaltstellen des öffentlichen Lebens ein», verkündet der VPM in Band I von «Standort Schule». Zur Destabilisierungstaktik gehöre die Schaffung von Freiräumen, in denen zum Beispiel Felix Mattmüller seine «Guerillastrategie» verwirklichen und das Schulzimmer zu einem Schlachtfeld des Klassenkampfes verwandeln wolle.

«Ein gefährliches Kampfmittel bei der Abschaffung unserer Schulen ist der individualisierende Unterricht, der die Auflösung der Klassengemeinschaft und die Vereinzelung des Schülers zur Folge hat», heisst es wörtlich. Solche Schüler seien desorientiert und würden zur «Manipuliermasse in den Händen aller möglichen Machtstrategen». Dieser Zerstörungsprozess sei schon sehr weit fortgeschritten, wie Vandalenakte in Schulhäusern und chaotische Zustände in Klassenzimmern zeigten. Die Brisanz und Gefährlichkeit der Lage werde unterschätzt, «und so kann in der Schweiz in besonderem Ausmass das demokratische Gemeinschaftswesen ausgehöhlt werden».

Der VPM bleibt auch in diesem Punkt die Belege für seine Behauptungen und Spekulationen schuldig und diffamiert zahlreiche anerkannte Pädagogen und Autoren. Die meisten von ihnen wichen einem Meinungsstreit auf diesem Niveau aus und scheuten sich vor Auseinandersetzungen mit dem VPM über die ehrverletzenden Anschuldigungen, da solche Konflikte in anderen Fällen wiederholt in kostspielige Rechtshändel ausgeartet sind.

Leitfunktion der Erziehungsdirektion bei der Auflösung der Gesellschaft

Auch in der Schweiz wird laut VPM die Strategie einer kulturellen Attacke vor allem in den Bereichen Schule und Erziehung zielbewusst verfolgt: «Als institutionelle Schaltstellen für die schul- und gesellschaftsauflösenden ‹Reformen› dienen der Neuen Linken die von ihnen zum grössten Teil unterwanderte Pädagogische Abteilung der Erziehungsdirektion des Kantons Zürich, das Pestalozzianum und die schulpsychologischen Dienste von Stadt und Kanton Zürich», heisst es in Band I von «Standort Schule».

Laut VPM erwägen die Vertreter der Pädagogischen Abteilung der Erziehungsdirektion des Kantons Zürich «weder einen Umsturz marxistischer Machart noch eine gesellschaftspolitische Revolution neomarxistischer Prägung», sondern wenden die «Graswurzel-Strategie zur Durchsetzung von Reformen» an. Paradoxerweise führe die gleiche Abteilung Schulversuchsprojekte in zentralistischer Manier durch. Eine der Koordinationsstellen solcher strategischer Manöver sei die Abteilung Volksschule, die unter der Leitung Gerhard Kellers stehe. «Auch an diesen Stellen werden für die Graswurzeln Samen gestreut, die Strukturen aller Art sprengen sollen», begründen die VPM-Anhänger ihre unbelegten Unterstellungen. Auch in diesem Beispiel stellt der VPM die Realität auf den Kopf, gilt doch Erziehungsdirektor Alfred Gilgen seit je als «Klassenfeind der Linken».

Abrichtung der Kinder zu Einzelkämpfern

Nach Ansicht der VPM-Anhänger verfolgen Mitglieder der Pädagogischen Abteilung Zielsetzungen, die sie aus taktischen Überlegungen mit wohlklingenden Begriffen wie «Individualisierung» und «Humanisierung» verschleierten. Die subversiv tätigen Mitarbeiter strebten «die Abrichtung der Kinder zu Einzelkämpfern» an. Die von der Pädagogischen Abteilung geforderte Einführung der Informatik in der Oberstufe diene der Strategie, die Individualisierung zu erzwingen und generell echte Bildung abzubauen. Die

Abteilung sei im Begriff, die Schule letztlich aufzulösen. «Ihr Hauptangriff gilt der heutigen Gesellschaft, die mit einer künstlich aufgehetzten und verunsicherten Jugend aus den Angeln gehoben werden soll», heisst es in Band IIIb von «Standort Schule».

In die Verschwörungstheorie wird auch, wie bereits angetönt, das Pestalozzianum eingebaut, das laut VPM zu einem «wichtigen Sammelbecken gestalttherapeutisch agitierender Pädagogen des linken Spektrums» geworden sei. Über die Praxisberatung werden laut VPM die Lehrer, Schüler und Eltern politisiert, wobei «zwischenmenschliche Werte, Normen und Umgangsformen sowie Achtung vor der Individualität des Mitmenschen zerstört» würden. Der Einfluss des Pestalozzianums auf die Lehrer über die Fortbildung ist laut VPM gross: «Bedenkt man, dass künftig jeder Lehrer durch diese Institution hindurchgeschleust wird (...), ist zu befürchten, dass sich das Pestalozzianum zu einer ideologischen Zwangsanstalt entwickeln wird» (Band I «Standort Schule»).

Der VPM stellt die unbelegte Behauptung auf, die Verantwortlichen bestimmter Abteilungen am Pestalozzianum hätten das Ziel, ein Kontrollsystem zu schaffen, um Einfluss auf jedes Schulhaus im Kanton Zürich zu nehmen. Dazu würden ausgewählte Lehrer zu externen Mitarbeitern ausgebildet. «Als dezentrale Stützpunkte sollen sie die Gestaltideologie vom Pestalozzianum in die Schulen des Kantons tragen», heisst es in Band IIIb von «Standort Schule». Die Lehrer- und Behördenfortbildung in grossem Stil ist laut VPM eingebettet in eine noch grössere «Gesamtreform». Darunter verstehen die VPM-Anhänger die Abschaffung der Armee, der Schule und zum Schluss die Abschaffung der Schweiz. Dass ihr geistiger Vater Friedrich Liebling ein entschiedener Gegner des Militärs war, verschweigen die VPM-Anhänger.

Die VPM-Autoren kommen zum Schluss, die Schulreformen entpuppten sich als taktische Manöver, «die im Rahmen der übergeordneten gesellschaftszerstörenden Strategie ihren Zweck einer Neuauflage des Klassenkampfes erfüllen». Der Erziehungs- und Bildungssektor sei der entscheidende Hebelarm, um «die Gesellschaft zu destabilisieren und schliesslich aus den Angeln zu heben». Der Lehrer werde der Lächerlichkeit preisgegeben und mit allen erdenklichen Mitteln entwertet, «indem man ihn als Sadisten, Machthaber, Autoritätsperson, gefühlskalten Dealer des Unterrichtsstoffes oder Dompteur des Schülermaterials bezeichnet. (...) Tatsächlich werden so der Status des Lehrers und die herkömmliche Schule liquidiert!» schreiben die Pädagogen unter den VPM-Anhängern. «Neolinke Wortführer schicken Kinder und Jugendliche in den Kampf gegen Eltern, Lehrer, die Schule und den Staat, unter Missachtung des Lebens und des Schicksals des einzelnen.» Unterstützt beim Umsturz würden sie von den

Randgruppen, dem «revolutionären Mob», den die neulinken Strategen mobilisiert hätten. Diese abenteuerlichen Behauptungen deuten einmal mehr auf die paranoiden, ideologisch überzeichneten Vorstellungen des VPM und die Wahrnehmungsverschiebungen der Autoren hin.

VPM: Schüler sollen sich den Lehrern verweigern

Ein in Band I von «Standort Schule» angeführtes Beispiel verdeutlicht die ideologische Sichtweise des VPM. Ein gestalttherapeutisch unterrichtender Lehrer lässt die Schüler das Gedicht «Das schwarze Schaf» von James Krüss lesen. Es handelt von einem schwarzen Tier, das in einer Herde weisser Schafe verspottet wird. Durch seinen Mut im Kampf mit dem Wolf zieht es kurzfristig die Bewunderung auf sich, wird aber bald wieder in die alte Rolle gedrängt. Um den Mechanismus der Ausgrenzung des Andersartigen nicht nur intellektuell, sondern auch emotional zu erfahren, führt der Lehrer ein Rollenspiel durch. Die Schülerinnen und Schüler sollen sich in das schwarze Schaf einfühlen, es zeichnen und im Rollenspiel darstellen. Andere Schüler schlüpfen in die Rolle der weissen Schafe, diskutieren darüber und mimen deren Verhalten. Um die Abläufe der Ausgrenzung hautnah erleben zu können, spielen die Kinder abwechslungsweise die weissen Schafe und das unterdrückte schwarze Tier.

Der VPM verurteilt diese Unterrichtsweise radikal: «Dieses auf den ersten Blick verlockende Lernziel erweist sich bei psychologischer Betrachtung als glatter Betrug: Es wird vorgetäuscht, dass die Kinder sich auf solche Weise in einen andern Menschen einzufühlen lernen und ihn dann verstehen würden. In Wirklichkeit lernen sie, sich als Opfer demütigen zu lassen, und ebenso lernen sie, als Täter zu demütigen, indem sie sich in die vorgesetzte Geschichte hineinphantasieren und schliesslich die vorgegebenen Rollen übernehmen müssen. (...) Indem die Phantasien und Affekte des einzelnen ganz im Vordergrund stehen, kommt es nie zu einem gemeinsamen Gespräch über den Inhalt des Gedichtes, und die Schüler können nicht zu einer Gemeinschaft zusammenwachsen. Im Gegenteil: Durch kontinuierliches ‹affektives Aufladen› des ursprünglichen Stoffes wird die Grenze zwischen der Fiktion im Gedicht und den Abläufen unter den Schülern so weit verwischt, bis aus dem ‹Rollenspiel› schliesslich Ernst wird», heisst es in Band I von «Standort Schule».

Die einzig richtige Antwort eines Schülers auf dieses Unterrichtsbeispiel sehen die «Lieblinge» in der Verweigerung: «Wer bis zu diesem Punkt mitgemacht hat, wird sich kaum mehr ernstlich für den einzig würdigen Ausweg entscheiden können: Dem Lehrer die weitere Gefolgschaft zu verweigern, auszusteigen und vor den übrigen Klassenkollegen, die diesen Schritt nicht zu machen wagen, den Schimpf als Spielverderber zu ertragen.»

Kapitel 19

Der Kampf des VPM gegen neue Unterrichtsmethoden

Die Auseinandersetzung des VPM mit den Gestaltpädagogen und ihren Methoden erfolgt aus einer einseitigen weltanschaulichen Perspektive. Die «Lieblinge» rücken mit unbelegten Behauptungen pauschal alle Schulreformer in die Nähe der Gestaltbewegung, obwohl viele von ihnen mit dieser psychologischen Richtung keine Erfahrung haben. Kommt hinzu, dass die Gestalttherapie in breiten Fachkreisen einen guten Ruf geniesst. Ausserdem pressen die VPM-Anhänger selbst Fachleute in ein angebliches politisches Umsturzkomplott, die nie zusammengearbeitet haben und sich nicht einmal persönlich kennen. Vor dem Hintergrund dieser unbelegten Ideen stemmt sich der VPM vehement gegen alle Ideen und Anregungen zur Modernisierung des Schul- und Bildungswesens. Ihre Wertung nehmen die VPM-Pädagogen in einem Untertitel von Band II in «Standort Schule» vor: «Abschaffung des Klassenunterrichts durch neue Unterrichtsmethoden».

Was der VPM damit meint, wird in der Einleitung deutlich: «Durch die Einführung individualisierender Unterrichtsformen soll die Schule selbst abgeschafft werden.» Darunter verstehen die VPM-Pädagogen den Projektunterricht, den Werkstattunterricht, die Plan-, Lern- und Schulspiele, das themenzentrierte Theater und die Rollenspiele. Die VPM-Anhänger behaupten, dass die Einführung dieser Methoden den Lehrern praktisch aufgezwungen würde, weil in der Lehrerausbildung und in der Weiterbildung diese Neuerungen dominierten. «Unter dem Deckmantel einer scheinbar harmlosen Aktivität, dem Spielen, werden Kinder und Jugendliche manipulierenden Techniken ausgesetzt, die bleibende persönlichkeitsschädigende Gefühls-, Einstellungs- und Verhaltensänderungen erzeugen können und sollen», heisst es wörtlich.

Führt der Werkstattunterricht zum Chaos?

Im Werkstattunterricht stellt der Lehrer den Schülerinnen und Schülern fächerübergreifende Arbeitsaufgaben, die sie zum Teil selbstständig lösen können. In der Übungswerkstatt geht es ums Üben und Anwenden bereits erlernten Stoffes, in der Erfahrungswerkstatt ums Erleben und Erarbeiten neuer Phänomene und Fachgebiete. Für die VPM-Pädagogen bedeutet der Werkstattunterricht, dass der Lehrer «die Verantwortung für ein geordnetes, effizientes, zielgerichtetes Lernen» abgibt. Dies führe zu einer Desorientierung der Schüler und ende letztlich im Chaos. «Der Verzicht auf Wissensvermittlung ist ein kultureller Rückschritt», heisst es in Band II von «Standort Schule». Die Gemeinschaftsbildung werde verunmöglicht und der Schüler unterstützt, «sich entgegen seiner Natur vom andern abzuschotten und sich beziehungslos-autistisch nur um seine eigenen Angelegenheiten zu kümmern».

Der Werkstattunterricht stellt laut VPM lediglich eine Vorstufe zur totalen Individualisierung des gesamten Unterrichts dar, wie sie in der Wochenplanschule angestrebt werde. In ihr würden nur noch wenige Fächer im Klassenverband unterrichtet. In den übrigen erarbeite der Lehrer mit jedem Schüler einzeln einen Wochenplan, den die Schüler nach eigenen Bedürfnissen ausgestalten könnten. Der Lehrer stelle Arbeitsunterlagen und Materialien zur Verfügung, mit denen die Schüler nach eigenem Arbeitstempo den Stoff erarbeiteten. Auch hinter dieser Unterrichtsform wittert der VPM eine politische Verschwörung: «Das Konzept der Wochenplanschule ist nur vor dem Hintergrund der neulinken Ideologie zu verstehen, die auf die Zerstörung der Gesellschaft und auf die Vernichtung aller humanistischen Werte abzielt, wobei die verwahrlosten, verrohten und ungebildet-unwissenden Schüler von heute als revolutionäres Potential von morgen eingesetzt werden sollen.» (Band II, «Standort Schule»)

Projektunterricht als politisches Kampfmittel

Als Formen des individualisierenden Unterrichts empfindet der VPM auch die «freie Arbeit», die unter dem Leitbegriff des «offenen Unterrichts» eine tiefgreifende Veränderung des ganzen Schulsystems anstrebe. Laut VPM fördert die freie Arbeit nicht den Lernerfolg, wie dies die Befürworter behaupteten, sondern verhindere diesen und bedeute einen Schritt auf dem Weg zur Abschaffung der Schule überhaupt.

Der VPM sieht auch im Projektunterricht ein politisches Kampfmittel der «Neuen Linken». Er ist seines Erachtens das übergreifende Prinzip, das sämtliche Methoden des offenen Unterrichts umfasse und einbeziehe. Der Projektunterricht öffne der Manipulation Tür und Tor und bereite blindem Aktionismus den Boden. Die Schüler würden am Aufbau von Bindungen systematisch gehindert und bestehende zwischenmenschliche Beziehungen, zum Beispiel innerhalb der Familie, zerstört. «Die Schüler werden zur blossen, jederzeit aktionsbereiten Manipulationsmasse herabgewürdigt, um als willfähriges Instrument bei der ‹Umgestaltung›, will sagen Zerstörung, von Staat und Gesellschaft eingesetzt werden können», heisst es in Band II von «Standort Schule».

Der VPM empfindet das Spiel als gefährlich

«Ich will keine intellektuelle Erziehung. Mit Wissen verderbe ich mir die Jugend. Am liebsten liesse ich sie nur das lernen, was sie, ihrem Spieltriebe folgend, sich freiwillig aneignet.» Mit diesem Zitat von Adolf Hitler leiten die VPM-Pädagogen das Kapitel über die Plan-, Lern- und Schulspiele ein und rücken die «Neue Linke» mit einem historischen Salto in die Nähe des faschistischen Diktators. Der VPM glaubt, dass die Schulreformer mit dem harmlosen Begriff des Spiels ein politisches Programm verwirklichen wollen. Dazu benutzten sie jede Art von Simulations- und Rollenspielen. Die spielorientierten Gestaltpädagogen machen laut VPM alles, um an die Schaltstellen der Gesellschaft zu gelangen und die Lehrer zu Handlangern einer unmenschlichen Ideologie zu machen. «Wer glaubt, diese Ausführungen seien ein weltfremdes, phantastisches Szenario, ist bereits Opfer dieser Strategie, deren Durchsetzung im Kanton Zürich schon in vollem Gange ist», behaupten die VPM-Lehrer.

Der VPM charakterisiert die Schulversuche und neuen Unterrichtsmethoden mit dem gleichen ideologischen Vokabular, das er benutzt, um die Schulreformer zu diffamieren. In den zahlreichen Schriften zu Bildungs- und Schulfragen findet sich kein Reformbeispiel, das die «Lieblinge» positiv beurteilen oder als sinnvollen Fortschritt begrüssen. Die VPM-Pädagogen wittern hinter den Erneuerungsbestrebungen im Kindergarten, in der Volksschule oder in den Berufs- und Mittelschulen subversive Absichten der Schulreformer. Selbst im neuen Besoldungskonzept für Lehrer im Kanton Zürich vermag der VPM einen Angriff auf die traditionelle Schule und die nach bewährter Methode unterrichtenden Lehrer auszumachen. «Alle Lehrer werden antipädagogisch und linksideologisch gleichgeschaltet – dadurch nämlich, dass ‹reaktionäre› Lehrer, die der Beurteilung nicht entsprechen, mit Lohnkürzungen zermürbt, ins Abseits geschoben und schliesslich aus dem Schuldienst entfernt werden», schreiben die VPM-Pädagogen in Band IIIb von «Standort Schule».

Hitler und Stalin im Zeugenstand des VPM

Den Vorschlag eines nicht näher genannten Elternvereins nimmt der VPM zum Anlass, ein Horrorszenarium zu zeichnen. Der Verein soll an einer Versammlung die Idee geäussert haben, ihre Kinder über die Lehrer zu befragen und das Resultat an die Schulpflege weiterzuleiten. Die VPM-Pädagogen erwecken in Band IIIb von «Standort Schule» den Eindruck, die «Schülerbewertung» werde in der Volksschule schon bald Realität: «Lehrer müssen ständig die ‹Denunziation› durch Schüler bei Eltern und Behörden befürchten. (Hitler und Stalin lassen grüssen! Man ist sich vielleicht zuwenig im klaren darüber, dass bis heute keine Diktatur auf diese Mittel der Korruption und der geistigen Kontrolle ihrer Lehrkräfte verzichtet hat.)»

Dieser Vorschlag eines einzelnen Elternvereins stilisiert der VPM ein paar Seiten weiter als Forderung linksorientierter Kreise hoch. Der Lehrer, der sich nach Ansicht der VPM-Anhänger den Schülern und Kollegen nicht beuge, werde als autoritärer, konservativer oder faschistoider Pauker verschrien. «Das Qualifikationssystem eröffnet die Möglichkeit, Lehrer, die ideologisch nicht passen, aus dem Schuldienst entfernen zu lassen. (...) So erfolgt die ideologische Gleichschaltung der Lehrerschaft mit einem Schlag. Dabei werden Erinnerungen an düstere Zeiten der Geschichte wach, in denen sich Lehrer einer ideologisch-politischen Gesinnungsprüfung unterziehen mussten; waren sie anderer Meinung oder weigerten sie sich, dann wurde ihnen Berufsverbot erteilt», heisst es in «Standort Schule».

Zusammenfassend versteigt sich der VPM zur Behauptung, die Schweiz sei zum «Tummelplatz und Experimentierfeld linksradikaler, revolutionärer Gruppierungen geworden, die sich heute allerdings nicht mehr so bezeichnen. (...) Die Vertreter der ehemaligen linksradikalen Gruppierungen findet man heute in der Grünen Partei, in der SP, bei den Alternativen, bei den Feministinnen, in verschiedenen ‹Projekten› und seit geraumer Zeit vor allem auch in den Medien und allen Bereichen des Sozial- und Erziehungswesens.» Die Reformer würden mit psychischer Manipulation gefährliche Eingriffe in die Persönlichkeit des Menschen vornehmen. «Die Identität der Menschen wird aufgeweicht oder aufgelöst, so dass sie nicht mehr stark genug sind, sich gegen manipulative Eingriffe zu wehren.» In der Lehrerausbildung werde die Verelendung der Schule geplant und vorangetrieben. Der VPM spricht von Indoktrination und Zwangstherapie. Die gruppendynamischen Übungen seien «Menschenrechtsverletzungen im Sinne von Art. 3 und Art. 8 der Europäischen Menschenrechtskonvention, welche auch in der Schweiz unmittelbar gilt». Wer gegen diese neuen Lernformen Gegenargumente vorbringe, werde nach «bewährtem faschistisch-stalinistischem Vorbild persönlich attackiert und an den Rand gedrängt», schreiben die VPM-Pädagogen.

Primarlehrerseminar «zum gestaltideologischen Arbeitslager umfunktioniert»

Laut VPM wird auch die Persönlichkeit der zukünftigen Lehrer am Primarlehrerseminar, Abteilung Irchel, und der Schüler «ständig den persönlichkeitsauflösenden Einflüssen gestalt- und antipädagogischer Tendenzen ausgesetzt». Die Lehrerausbildung sei «zu einem gestaltideologischen Ausbildungslager umfunktioniert worden». Auch am Real- und Oberschullehrerseminar sind die Studenten nach Ansicht der VPM-Pädagogen unfreiwillig antipädagogischen Ideologien ausgesetzt. «Die am Seminar praktizierten Methoden stellen eine Verletzung der persönlichen und familiären Sphäre (...) dar», heisst es in Band IIIa von «Standort Schule».

Namentlich an den Pranger gestellt werden die Dozentin Rita Häfliger, Doktorandin bei Professor Bruno Krapf, der gestaltpädagogische Auffassungen vertrete. Dieser präge auch die Sekundar- und Fachlehrerausbildung an der Universität Zürich mit antipädagogischen Ideologien. Als Hauptpropagandist der Gestaltpädagogik wird Ruedi Signer erwähnt. Zum Kreis der Antipädagogen an der Universität Zürich zählen die VPM-Anhänger zudem Sabine Richebächer und Hans Berner.

Die Ausbildung der Lehrer fassen die VPM-Pädagogen mit der Bemerkung zusammen, es sei «abstossend zu sehen, mit welchen abstrusen und antihumanen Ideologien sie zu politischen Zwecken missbraucht und um eine seriöse Berufsausbildung betrogen werden».

Kindergartenseminar erzieht Diktatorinnen im Stil des Dritten Reichs

Der VPM ist überzeugt, dass die «Neue Linke» nicht nur die Volksschule im Griff hat, sondern auch den Kindergarten. So beurteilt er die Leitideen 1990 des Verbandes Schweizerischer Kindergärtnerinnen im Buch «Kindergarten – ein Ort für Kinder» als in höchstem Mass bedrohlich. Die Autorinnen verfolgten «eine kompromisslose linksideologische Linie». Sie ignorierten bewusst bestehende Werte und leisteten einen Beitrag zu deren Abschaffung. «Sollte diese Saat aufgehen, werden die Auswirkungen für die kommenden Generationen katastrophal sein; Analphabetentum, Gewalt und Verrohung im Umgang untereinander, Verwahrlosung und Drogenelend», heisst es im 560seitigen Band IIIa von «Standort Schule».

Der VPM wehrt sich auch gegen die Einführung von Blockzeiten im Kindergarten. Diese strukturellen Veränderungen gäben zwar vor, familienfreundlich zu sein, in Wirklichkeit zerstörten sie die traditionelle Familienstruktur. «Die Kinder werden dem Einfluss des Elternhauses bewusst entzogen, um sie der politischen Beeinflussung zugänglich zu machen. Mit der neuen Pädagogik wird dann der politische Zweck erreicht und ein Keil zwischen Kinder und Eltern getrieben. Ohne ihr Wissen werden sie für ideologische Ziele skrupellos missbraucht», schreiben die VPM-Anhänger in ideologischer Verdrehung der offiziellen Kindergartenpolitik.

Noch tiefer in die Sprachkiste griffen sie bei der Bewertung eines Vortrages von Luise Pusch an der Tagung der Zürcher Kantonalen Kindergärtnerinnen-Konferenz vom 24. Juni 1991, an der die Referentin feministische Anliegen vortrug. Zitat aus «Standort Schule»: «Diese Erziehung bringt Diktatorinnen hervor, die den Männern des Dritten Reiches in keiner Weise nachstehen werden.»

Auch den Mittelschulen droht angeblich der Zerfall

Die VPM-Pädagogen finden auch in den Reformbestrebungen für die Mittelschulen keinen positiven Ansatz. «Die schweizerischen Mittelschulen laufen Gefahr, im Zuge einer Totalrevision der Maturitätsanerkennungsverordnung und der Reformen im gesamten Schulwesen in ihrem historisch gewachsenen Fundament zerstört zu werden», behaupten sie in Band IIIa von «Standort Schule». Sie warnen auch vor dem Begriff des exemplarischen Lernens, dem Ruf nach Stoffreduktion und der von verschiedenen Feministinnen vorgeschlagenen Abschaffung der Koedukation in naturwissenschaftlichen Fächern. Die geplanten Reformen seien schädlich und geprägt von einer intellektfeindlichen, antipädagogischen Grundeinstellung. Hochschulreife bedeute, «sich bewusst zu sein, dass Akademiker gegenüber der Gesellschaft eine besondere Verantwortung haben. Mittelschüler sollten auch in Zukunft befähigt werden, die humanistische Tradition unseres Gymnasiums in ihren wissenschaftlichen und kulturellen Anteilen weiter zu pflegen», ist zu lesen. Da zahlreiche VPM-Anhänger an Berufsschulen unterrichten, verfolgen die «Lieblinge» auch die Lehrlingsausbildung aufmerksam. (vgl. Kapitel 12) Dazu gehört der an verschiedenen Berufsschulen durchgeführte «Schulversuch Allgemeinbildung 2000», der beim VPM ebenfalls keine Gnade findet.

200 Autoren mit der gleichen Stimme

In den vier Bänden von «Standort Schule», die der VPM als wissenschaftliches Werk bezeichnet, erwecken die «Lieblinge» den Eindruck, sämtliche Bildungsinstitute und Schulen in Zürich und in anderen Teilen der Schweiz seien im Würgegriff von antipädagogischen, gestalttherapeutischen und linksfaschistischen Kräften. Die uniformen Angriffe erstaunen um so mehr, als rund 200 im Bildungsbereich tätige VPM-Anhänger einzeln oder in Gruppen die verschiedenen Kapitel der vier Bände von «Standort Schule» verfasst haben.

Zieht man allerdings in Betracht, dass die angebliche Unterwanderung in vielen politischen und gesellschaftlichen Bereichen durch «linksfaschistische Kräfte» seit mehreren Jahren ein zentraler Gesprächsstoff in den Wohngemeinschaften, Gruppentherapien und Veranstaltungen des VPM ist, überrascht die Übereinstimmung der Argumentation nicht mehr. Tatsächlich projizieren viele VPM-Anhänger ihre selektive Wahrnehmung nach aussen und pressen die reformerischen Kräfte im Bereich von Schule und Bildung in das politische Umsturzkomplott.

Somit ist auch erklärbar, weshalb die VPM-Pädagogen selbst kleine Versuche mit neuen Lernmethoden als subversiven Akt empfinden und nicht zu differenzieren vermögen. Wie aus den Schriften hervorgeht, können sich die VPM-Anhänger offensichtlich nicht vorstellen, dass viele Reformkräfte Neuerungen im Bildungswesen tatsächlich zum Wohl der Schülerinnen und Schüler anstreben. Die ideologische Fixierung, die der VPM den Schulreformern vorwirft, erweist sich als Projektion. Sie übertragen ihre weltanschaulich verzerrte Sichtweise auf die «Gegner».

Ultrakonservative Ideen von Schule und Bildung

Wie sieht das pädagogische Konzept des VPM aus? Eine zusammenhängende Abhandlung dazu findet sich in den Büchern nicht. Die Thesen lassen sich anhand von Beispielen und der Abgrenzung von den Schulreformern am besten ablesen. Unterrichtsmethoden und erzieherische Ziele können auch von Lehre und Praktiken des VPM abgeleitet werden. Als bewahrende, angeblich der «humanistischen Tradition» verpflichtete Gemeinschaft klammert sie sich an ultrakonservative Vorstellungen von Schule und Bildung.

Die VPM-Pädagogen versuchen, die gruppendynamischen Erfahrungen aus dem VPM im Schulzimmer anzuwenden. Gewohnt, Friedrich Liebling und Annemarie Buchholz-Kaiser als Führungsfiguren anzuerkennen, erwarten die Lehrer von ihren Schülern eine ähnliche Ausrichtung auf ihre Person. Eine disziplinierte, auf den Lehrer ausgerichtete Klasse bietet nach Ansicht der VPM-Anhänger praktisch den einzig wirkungsvollen Rahmen für sinnvolles Lernen. Das Geschehen im Unterricht soll sich um die Lehrerpersönlichkeit drehen. Eine ihrer wichtigsten Aufgaben ist die Vorbildwirkung. Diese kann vor allem im Frontalunterricht voll zur Geltung gebracht werden. Es sei eine anthropologische Tatsache, dass sich der Schüler auf den Lehrer ausrichte, behaupten die «Lieblinge». Für einen Lehrer sei es unerlässlich, «mit Hilfe psychologischer Menschenkenntnis ein differenziertes Bild über seine Schüler» zu erarbeiten. Der Klassenunterricht erlaube einen optimalen Überblick über die Klasse. Gruppenarbeiten ordnen VPM-Lehrer deshalb nur in speziellen Fällen an.

Der VPM erklärt, dass die Schüler besonders im Rahmen des Klassenunterrichts in hohem Masse zu kameradschaftlichem und kooperativem Arbeiten und Lernen angeleitet werden können. Er wehrt sich gegen den Vorwurf, diese Unterrichtsform fördere die Konkurrenz unter den Schülern. Wenn die Zusammenarbeit unter Menschen zwangsläufig und in erster Linie aus Rivalitäten und Konflikten bestünde, hätte unsere hochentwickelte Kultur und Technik nicht den heutigen Lebensstandard bewirkt. Die VPM-Anhänger zum Frontalunterricht: «Alle Vorwürfe gegen den Frontalunterricht – Unterdrückung der Individualität, Kopflastigkeit, Behinderung beziehungsweise Verunmöglichen selbständigen Denkens, Fühlens und Handelns, Schüren der Konkurrenz, Lehrerzentriertheit – erweisen sich als falsch und unhaltbar», heisst es in Band II von «Standort Schule».

Die Unterrichtsmethoden lassen sich ebenfalls aus der These ableiten, wonach der Mensch praktisch unbegrenzt lernfähig sei. Intensives Einüben der erlernten Fertigkeiten und Auswendiglernen sind die Eckpfeiler des didaktischen Konzeptes.

«Schüler bei Schulexperimenten als Versuchskaninchen missbraucht»

Die im Zusammenhang mit der Lehrplanrevision vom Zürcher Erziehungsrat formulierte Lernerfahrung, welche die Schülerinnen und Schüler gleichzeitig in geistiger, gefühlsmässiger und körperlicher Hinsicht fördern soll, ist für den VPM unakzeptabel. Die damit verbundenen Übungen haben laut VPM «nichts zu tun mit einer harmonischen, körperlichen und geistigen Ausbildung des Kindes zu einer möglichst einheitlichen und lebenskräftigen Persönlichkeit, wie sie im Zweckartikel aus dem Jahr 1905 gefordert wurde». Dabei würden «die Schüler bei Schulexperimenten als Versuchskaninchen missbraucht». Im Vergleich zum alten Lehrplan falle auf, dass Formulierungen wie «intensive und stete Übung ist unerlässlich» oder «die Leistungen des Schülers müssen festgestellt werden», fehlten.

Unter Lernen wird nach Ansicht der VPM-Pädagogen nicht mehr Üben, Trainieren, Auswendiglernen, Sich-Wissen-Aneignen verstanden. Sie kritisieren, dass nach dem neuen Lehrplan nicht nur messbare Fertigkeiten, sondern auch Arbeits-, Lern- und Sozialverhalten berücksichtigt werden sollen. «Diese neue Schülerbeurteilung macht den pädagogischen Auftrag des Lehrers zunichte. Die Abschaffung von Noten zur Beurteilung von Leistung wird hier vorbereitet», schreiben die VPM-Anhänger. Pikant ist, dass teilweise die gleichen «Lieblinge» zur Zeit der «Zürcher Schule» die Zeugnisse aus der Schule verbannt haben wollten. Somit rückt der VPM den Zürcher Erziehungsrat in die Nähe der neulinken Schulreformer. «Betrachtet man die Veränderungen im Schulwesen des Kantons Zürich insgesamt, zeigt es sich, dass nach zwanzig Jahren Vorarbeit mit der Zerstörung unserer Schule ernst gemacht werden soll», heisst es in « Standort Schule».

Im Schulzimmer zählt vor allem die Leistung

Die VPM-Lehrer plädieren uneingeschränkt für eine leistungsorientierte Schule. Der Begriff der Leistung nimmt bei ihnen eine beinahe ideologische Dimension an. «Eine werte- und leistungsorientierte Lernkultur ist unabdingbares Fundament für eine demokratische und freie Gesellschaft!» heisst es in Band I von «Standort Schule».

Die Lehrer stellen die grösste Berufsgruppe im VPM dar. Wie dem Jahresbericht von 1988 zu entnehmen ist, waren schon damals 800 Lehrer im VPM aktiv. Der Grund, weshalb so viele VPM-Anhänger in den Lehrerberuf drängen, muss unter anderem bei den weltanschaulichen Vorstellungen des VPM gesucht werden. Viele VPM-Lehrer zeigen im Schulzimmer einen Hang zum Missionarischen.

Kapitel 20

Die Handschrift der VPM-Lehrer im Schulzimmer

Wie wirken sich die pädagogischen und psychologischen Methoden und Ideen der VPM-Lehrer auf ihre Schulführung und die Atmosphäre im Klassenzimmer aus? Da nicht alle «Lieblinge» mit dem gleichen missionarischen Eifer die VPM-Ideen im Klassenzimmer umsetzen, fallen sie nicht einheitlich durch eine uniforme Unterrichtsweise mit klar erkennbaren Merkmalen auf. Ausserdem sind der Umgang mit den Schülern und die Anwendung der pädagogischen Prinzipien zu stark von der Persönlichkeit der Lehrkraft abhängig, als dass Eltern bei sämtlichen Lehrern die VPM-Muster in gleich starker Ausprägung bemerken könnten. Hingegen haben die «Lieblinge» aus ihrer Überzeugung heraus das Ziel, die psychologischen VPM-Grundsätze mehr oder minder prägnant im Schulzimmer zu verwirklichen. Der Unterricht der VPM-Pädagogen ist deshalb von gewissen methodischen und didaktischen Elementen geprägt.

Das Verhalten der VPM-Lehrer hat sich in den letzten Jahren gewandelt. Zur Zeit Friedrich Lieblings und der «Zürcher Schule» verschwiegen sie normalerweise die Zugehörigkeit zu den «Lieblingen», selbst wenn sie gefragt wurden. Damit lieferten sie Zündstoff für Auseinandersetzungen mit Lehrerkollegen und Schulbehörden. Ausserdem nutzten sie oft ihre berufliche Stellung, um für die «Psychologische Lehr- und Beratungsstelle» (PLB) Friedrich Lieblings Propaganda zu machen. Damals empfahlen Lehrer den Eltern auffälliger Schülerinnen und Schüler oft die PLB. Im weitern wurden Eltern lernschwacher Kinder auf das Nachhilfe-Angebot der PLB aufmerksam gemacht. Durch die Elternberatung zogen die «Lieblinge» ganze Familien in die «Zürcher Schule» hinein.

Schon zur Zeit Friedrich Lieblings waren einige Lehrer in Konflikte verwickelt. Als überzeugte Revolutionäre anarchistischen Zuschnitts verfolgten sie damals aber kein starres pädagogisches Konzept und fielen eher durch eine progressive Schulführung auf. Im Gegensatz zu heute lehnten sie eine autoritäre, auf Leistung getrimmte Klassenführung ab. Den pädagogischen Kurswechsel vollzogen jene Lehrer, die zum inneren Kreis des VPM gehören, erst etwa um 1988 mit der politischen Kehrtwende im VPM. Mit dem Anpassungsprozess an die neue Gruppendoktrin begannen sich die Konflikte mit den VPM-Lehrern zu häufen.

Als die Erziehungsdirektion des Kantons Zürich realisierte, dass die «Lieblinge» ihre Vertrauensstellung benutzten, um für ihre private Organisation zu werben, erliess die oberste Erziehungsbehörde 1983 Richtlinien und wies die «Zürcher Schüler» in die Schranken. Der Erziehungsrat verbot die Propaganda für private Beratungsstellen. Ende der achtziger Jahre änderte das VPM-Kader die Politik und riet seinen Lehrern, die Teilnahme im VPM nicht mehr zu kaschieren. Gleichzeitig vollzog der VPM auch als Organisation eine Art Coming-Out. Durch die Aufklärungsarbeit von Psychostroika in die Defensive gedrängt, wagten sich die VPM-Anhänger im Zusammenhang mit den Drogen- und Aidsfragen aus ihren Therapie- und Studierräumen am Zürichberg heraus und machten sich vehement in der Öffentlichkeit bemerkbar. Dazu gehörten auch Inseratekampagnen, mit denen sie der wachsenden Kritik begegnen wollten. Um ihre Potenz und Schlagkraft zu demonstrieren, veröffentlichten sie Inserate mit Namenslisten samt Berufsangabe. Unter eine ganzseitige Anzeige mit dem Titel «Gegen den organisierten Schreibtischmord», das am 24. Januar 1991 in der «Züri Woche» erschienen war, setzten rund 1500 VPM-Anhänger ihren Namen. Seither ist es ein offenes Geheimnis, welche Lehrer im VPM organisiert sind.

VPM-Anhänger geraten zunehmend in Bedrängnis

Seit der Verschärfung der Auseinandersetzungen um den VPM in der Öffentlichkeit sitzen die VPM-Lehrer im Glashaus. Viele Eltern sind auch durch die unüberhörbaren öffentlichen Auftritte des VPM, die beispiellosen Flugblattaktionen und die Konflikte im Schulbereich sensibilisiert worden. Ausserdem gehen verschiedene Zürcher Schulpflegen aufgrund eigener Erfahrungen auf Distanz zu den VPM-Lehrern und wollen keine «Lieblinge». Aus Angst, Auseinandersetzungen auszulösen, den Arbeitsplatz zu verlieren oder keine Stelle zu finden, wagen sich viele «Lieblinge» heute nicht mehr auf die Äste hinaus und setzen die VPM-Ideen zurückhaltend im Unterricht um.

Die dogmatischen VPM-Lehrer führen die Klasse heute jedoch äusserst straff. «Die Tendenz zur autoritären Schulführung hat im VPM in den letzten Jahren zugenommen», erklärt eine ehemalige VPM-Lehrerin. «Die Disziplin wird allerdings nicht mit der Zuchtrute angestrebt, sondern mit subtilen psychologischen und pädagogischen Mitteln. Die oberste VPM-Devise lautet, die Klasse eng zu führen. Viele VPM-Lehrer setzen diesen pädagogischen Leitsatz um, indem sie äusserst streng sind», ergänzt sie.

Strikte Disziplin ist für die VPM-Lehrer eine wichtige Voraussetzung für effizientes Lernen. Sie legen grosses Gewicht auf das erkenntnismässige

Lernen und rationelle Arbeitsweisen. Diskussionen mit den Schülern über ausserschulische Fragen oder Ereignisse werden meist als unnötig betrachtet. Ausnahmen bilden Aids-, Drogen- und Hygienefragen.

Auflockernde Elemente oder spielerische Übergänge zwischen den einzelnen Unterrichtsblöcken sind verpönt und gelten als reine Zeitverschwendung. Musse im Unterricht ist für viele VPM-Pädagogen eine Bankrotterklärung der Schule. In Band IIIa von «Standort Schule» schreiben sie dazu: «Warum wird in einer Zielbestimmung der Schule der ‹Musse› der Stellenwert einer eigenen Grundhaltung eingeräumt? Jeder ernsthafte Pädagoge weiss, dass Schüler unter entsprechender Anleitung gerne lernen und daraus viel Kraft und Genugtuung ziehen. Warum sollten sie in der Schule Freiräume zum Nichtstun nötig haben? Von welchen Zwängen soll dabei die Mussezeit frei sein?» Entspannungsübungen stören nach Ansicht der VPM-Lehrer die Klassenatmosphäre. «Sie beruhen auf der Meinung, dass es den Schülern unendlich schwerfalle, sich auch kurzfristig auf die Anforderung einzustellen. Schüler, die miteinander im Austausch sind, werden in dieser Einstimmungsphase aus ihrem sozialen Bezug herausgerissen.» (Band I, «Standort Schule»)

Die Betonung intellektueller Fähigkeiten führt zu einer kopflastigen Unterrichtsweise. Eltern fällt oft die unsinnliche, oft kühle und sterile Atmosphäre in den Klassenzimmern und die stereotype Unterrichtsweise von VPM-Lehrern auf. Sinnlichkeit und Herzlichkeit bekommen bei «Lieblingen» rasch einen gestalttherapeutischen Anstrich. Ihrer Ansicht nach verdrängt der Kontakt «im Sinne des Austauschens primärer Affekte wie Wut, Liebe, Trauer, Freude und Hass» vollständig die zwischenmenschliche Beziehung. Lachende Schüler machen sich bei manchen VPM-Lehrern verdächtig, weil sie angeblich nicht mit dem nötigen Lerneifer bei der Sache sind.

Für die «Lieblinge» gibt es nur angelernte Aggressionen

Auffällig ist auch die Einstellung von VPM-Anhängern zur Aggression. Laut VPM-Idee ist der Mensch an sich ein «gutes» oder vor allem aggressionsfreies Wesen. Die Anhänger von Annemarie Buchholz-Kaiser glauben, Aggressionen seien «angelernt», also ein Produkt von Umwelt und Erziehung. Schülerinnen und Schüler mit aggressiven Verhaltensmustern werten VPM-Lehrer als charakterlich deformiert. Menschen, die sich im Sinne des VPM «gefunden haben», können nach Ansicht der «Lieblinge» sanfte Strategien zur Abwehr von Frustrationen entwickeln.

Aus dem milieutheoretischen Ansatz heraus sind VPM-Lehrer bestrebt, teilweise mit disziplinarischen Mitteln eine harmonisch wirkende Atmosphäre im

Klassenzimmer zu schaffen. Impulsive, spontane und temperamentvolle Schülerinnen und Schüler laufen Gefahr, als aggressiv beurteilt und zurückgebunden zu werden. Gleichzeitig präsentieren viele VPM-Lehrer der Klasse die zurückhaltenden und fleissigen Schüler als Vorbilder. Damit stellen sie die gruppendynamischen Strukturen auf den Kopf, was oft neue Aggressionen erzeugt. Ergreift der VPM-Lehrer weitere Sanktionen, setzt er einen Teufelskreis in Gang. Da der VPM aufgrund seiner Lehre eine solche Wirkungsweise verneint, suchen die «Lieblinge» die Ursachen des eskalierenden Konfliktes vor allem beim Aggressionspotential der Schüler.

Die VPM-Pädagogen versuchen, den Medienkonsum ihrer Schüler zu beeinflussen. Viele Comics-Hefte stehen auf der «schwarzen Liste». «Das Fernsehen mit seiner teils massiven Gewaltdarstellung stimuliert insbesondere bei Kindern und Jugendlichen aggressives Verhalten, stumpft ab und führt zu Gefühlsverrohung», heisst es im Buch «Der VPM – was er wirklich ist». Aggressivität sei Ausdruck einer geschwächten und irritierten Persönlichkeit.

Deshalb greifen VPM-Lehrer zu allen vermeintlich tauglichen Mitteln, um Aggressionen bereits im Keim zu ersticken. «Durch das Ausleben von Aggressionen findet ein fortwährendes Training aggressiver Verhaltensweisen statt. In einer Schulklasse kann dies verheerende Folgen haben, wenn der Lehrer nicht anleitend eingreift und gegen aggressive Handlungen der Schüler Stellung bezieht», heisst es in Band I von «Standort Schule».

Es steht ausser Zweifel, dass auch unter den «Lieblingen» Lehrer mit guten didaktischen und methodischen Fähigkeiten zu finden sind, die auf die Schülerinnen und Schüler eingehen können, und die Lernziele zur Zufriedenheit der Eltern und Schulbehörden erfüllen. Es versteht sich aber auch, dass VPM-Lehrer die psychologischen und pädagogischen Grundsätze des VPM ins Klassenzimmer einfliessen lassen. Selbstverständlich ist ausserdem, dass die VPM-Pädagogen wie alle Lehrer ihre Persönlichkeit in den Unterricht einbringen. Eine Persönlichkeit, die geprägt ist von der umstrittenen Lehre, Weltanschauung und den gruppendynamischen Prozessen des VPM. Eine Persönlichkeit aber auch, die auf Annemarie Buchholz-Kaiser fixiert ist und das Denken und Handeln auf die enge Gemeinschaft des VPM ausrichtet.

Wie steht es mit der Entscheidungsfreiheit der Lehrer?

Oft reicht der lange Arm des VPM direkt in den Unterricht. Durch die jahrelange Therapierung und die Verinnerlichung der VPM-Ideale haben viele Lehrer die individuelle Entscheidungsbereitschaft mehr oder weniger ausgeprägt eingebüsst. Bei Konfliktsituationen mit einzelnen Schülern, der Klasse oder mit Eltern holen viele zuerst den Rat der Therapeuten ein.

Manchmal telefonieren sie in der Pause mit ihnen oder ihrem VPM-Mentor. Ehemalige VPM-Lehrer berichten, dass verschiedene Junglehrer fast täglich mit der Gesprächspartnerin telefonisch Kontakt aufnehmen. Auch Eltern erlebten, dass VPM-Lehrer ihre Anfragen und Anregungen erst «überschlafen» mussten. Meist brauchen sie die Bedenkzeit, um die Entscheidung nicht allein fällen zu müssen und sich mit den Lehrergruppen absprechen zu können.

Ein ehemaliger VPM-Lehrer beschreibt den Einfluss der VPM-Pädagogik und seine Abhängigkeit von den VPM-Lehrergruppen folgendermassen: «Durch die vielen Therapien und Gruppengespräche hatte ich die Entscheidungsfreiheit abgegeben oder verloren. Dies wirkte sich auch im Unterricht aus. Ich hatte stets das Gefühl, in schwierigen Situationen nicht frei handeln zu können. So zögerte ich Entscheide hinaus und besprach das Problem abends mit meinem Mentor, der Gesprächspartnerin oder in einer Lehrergruppe. Den Entscheid konnte ich der Klasse erst am andern Tag bekanntgeben. Durch das Hinauszögern ist die Unruhe und Unsicherheit bei den Schülerinnen und Schülern gewachsen. Aus Angst, einen Fehler zu machen, wollte ich mich absichern. Hätte ich selbständig und nicht VPM-gerecht gehandelt, wäre ich später in der Lehrergruppe gerügt worden. Ich fühlte mich ständig beobachtet und mir war, als müsste ich vor der Lehrergruppe beichten und Rechenschaft über meine Schulführung ablegen. Viele VPM-Lehrer sind deshalb unselbständig und emotional abhängig von der Gruppe.»

Vom Hygienefimmel zum Sauberkeitswahn

VPM-Lehrer fallen auch durch ihr ausgeprägtes Hygieneverhalten auf, das sie im Klassenzimmer zur Norm machen. Die überspitzten und umstrittenen Ansteckungstheorien der VPM-Ärzte wirken bis in die Schulstuben hinein. (vgl. Kapitel 9) Aus Angst vor einer Infizierung mit einer ansteckenden Krankheit – dazu zählt besonders Aids – verlangen viele «Lieblinge» höchst umstrittene Verhaltensregeln. So müssen die Schüler vieler VPM-Lehrer sofort die Hände waschen, nachdem sie sich die Nase geputzt haben. Die Schülerinnen und Schüler haben einen persönlichen Trinkbecher, der namentlich gezeichnet ist. Damit wollen die VPM-Lehrer verhindern, dass die Kinder den Mund an den Wasserhahn führen und Speichelreste hinterlassen. Mit der gleichen Überlegung wird ihnen dringend empfohlen, nicht vom Apfel oder Znünibrot der Klassenkollegen abzubeissen. VPM-Lehrern wird auch empfohlen, stets Latex-Handschuhe griffbereit zu haben, um Wunden verbinden zu können, ohne mit Blut in Kontakt zu kommen. Verschiedene Eltern haben bei ihren Kindern einen wachsenden Hygienefimmel festgestellt, der zum Sauberkeitswahn auszuarten droht. Selbst der Körperkontakt in der Familie kann für Schüler von VPM-Lehrern zum Problem werden.

Uniforme Schulstunden der VPM-Lehrer

Die Fixierung der «Lieblinge» auf den VPM zeigt sich selbst bei der Vorbereitung der Schulstunden. Lehrer der gleichen Schulstufe arbeiten in Gruppen und bereiten zusammen die Lektionen in den Hauptfächern vor. Dies führt dazu, dass Schüler der gleichen Schulstufe von VPM-Lehrern in der Stadt Zürich und der näheren Umgebung in den Fächern Rechnen und Sprache zur gleichen Zeit identische Lektionen erhalten und praktisch auf die Minute die gleichen Aufgaben lösen.

Als in den 70er Jahren Lehrermangel herrschte und Berufsleute umgeschult wurden, nutzten viele «Lieblinge» die Gelegenheit, das Lehrerpatent zu erwerben. Ohne Maturität konnten sie den in der «Zürcher Schule» prestigeträchtigen Beruf erlernen. Die Gruppenerwartung hat somit die Berufswahl begünstigt und Fragen nach Neigung und Eignung in den Hintergrund gedrängt.

Da der VPM dem Beruf des Lehrers eine enorme Bedeutung zumisst, sind die Erwartungen und Anforderungen an die Pädagogen unter den VPM-Anhängern hoch. Sie sollten die Klasse stets im Blick und unter Kontrolle haben, gruppenpsychologisch richtig handeln, jeden Schüler einzeln beobachten und psychologisch richtig einschätzen. «Der VPM-Lehrer muss ein Universalgenie sein: Stoffvermittler, Pädagoge, Psychologe und Gruppentherapeut. Das ist nicht zu leisten, weshalb Erwartungen und Schulrealität oft weit auseinanderklaffen. So wächst bei vielen VPM-Lehrern das Gefühl, nicht zu genügen und trotz ständiger Begleitung durch die Gesprächspartner und Lehrergruppen ein schlechter Lehrer zu sein. Das Selbstvertrauen bröckelt ab und mit ihm die natürliche Autorität», erklärt eine ehemalige VPM-Lehrerin.

Die Angst der Eltern vor der Beeinflussung ihrer Kinder

Die Erfahrungen vieler Eltern, deren Kinder von VPM-Anhängern unterrichtet werden, decken sich oft bis ins Detail. Am meisten beunruhigen die Eltern die im Schulzimmer vermittelten Verhaltensnormen in Hygienefragen und die Überbewertung der intellektuellen Leistung. Zu Klagen Anlass geben vor allem jene Lehrer, die die pädagogischen VPM-Ideen dogmatisch umsetzen und sich im Gespräch mit Eltern und Schulbehörden nicht kompromissbereit zeigen. Häufig entzünden sich die Konflikte nicht nur an den pädagogischen Grundsatzfragen oder der Unterrichtsweise der VPM-Lehrer, sondern an ihrem missionarischen Eifer. «Lieblinge», die die VPM-Ideen nicht zum Credo im Schulzimmer machen, mussten bisher keine Sanktionen gewärtigen. Die folgenden Schilderungen von Eltern beziehen sich deshalb vor allem auf die «Hardliner» unter den VPM-Lehrern.

Die Angst vor dem eigenen Speichel

Die Mutter einer Kindergartenschülerin ist besorgt über den Hygienefimmel, den ihre Tochter in einem von VPM-Anhängern geführten Kindergarten entwickelt hat. Ihr Sauberkeitswahn wurde für die ganze Familie zur enormen Belastung. Das Kind wäscht sich nach Aussage der Mutter die Hände bis zu sechsmal hintereinander und lässt sich von einem Flecken auf dem Handtuch irritieren. «Jeden Morgen ist das Anziehen ein Drama, weil die Unterhose perfekt ‹sitzen› muss», erzählt sie. Bananen will das Mädchen nicht mehr essen, weil es die Kerne im Innern als Verunreinigungen empfindet. «Am stärksten ist A. mit dem Speichel gepeinigt. Sie weiss nicht mehr, wie sie ihren eigenen Speichel ‹entsorgen› kann. Sie hat Angst, er enthalte kleine Tierchen.» Ihre Freunde beurteile sie nur nach dem Kriterium der Sauberkeit, berichtet die Mutter.

Ähnliche Erfahrungen hat die Mutter einer Primarschülerin gemacht. Ihre Tochter und verschiedene Klassenkameraden werden von Ängsten vor möglichen Krankheiten beherrscht. Das Mädchen weigert sich selbst zu Hause, bereits benutztes Besteck von Familienmitgliedern zu brauchen. Schüler von VPM-Lehrern entwickeln häufig eine irrationale Angst vor Drogen. «Wenn wir am Familientisch über Drogen reden, hält sich unsere Tochter die Ohren zu oder beginnt zu weinen und bittet uns, nicht mehr darüber zu reden», erzählt eine Mutter.

Der Vater eines Schülers der 4. Klasse ist befremdet über das Verhalten des VPM-Lehrers. Dieser habe den Schülern gesagt, was die Medien über die Drogen schreiben würden, seien Lügen und dienten der Verführung der Leser zum Drogenkonsum. Schüler, die anderer Meinung waren, sind nach Aussagen des Sohnes vom Lehrer als stark drogengefährdet bezeichnet worden. Der Schüler wollte auf keinen Fall, dass sein Vater mit dem Lehrer darüber spreche: «Er wisse, dass der Lehrer alles abstreiten werde», fasst der Vater die Erfahrungen zusammen. Er suchte trotzdem das Gespräch mit dem Lehrer und erhielt die Antwort, sein Sohn habe mit seiner blühenden Phantasie alles frei erfunden.

Viele Eltern sind über den Leistungsdruck von VPM-Lehrern beunruhigt, der Lebensfreude, Spontaneität und Gefühle erdrücke. Die Mutter einer

Primarschülerin beschreibt die Unterrichtsweise der VPM-Lehrerin als streng und monoton. Ausserdem sei das Schulzimmer sehr nüchtern eingerichtet. Auch in den musischen Fächern herrsche eine kühle Atmosphäre. Schüler müssten nachsitzen, wenn sie ihre Arbeiten nicht erledigt hätten. Märchen erzähle die VPM-Lehrerin aus Prinzip keine. Die Mutter kam zur Überzeugung, dass schwierige Kinder im Unterricht noch schwieriger geworden seien: «Weil sie ihre Aggressionen unterdrücken müssen, ist die Eskalation praktisch vorprogrammiert.»

VPM-Lehrer strahlt wenig Herzlichkeit und Wärme aus

Einem Vater fiel auf, dass der VPM-Lehrer seines Sohnes wenig Herzlichkeit und Wärme ausstrahlt und auf eigenartig technokratische Art seine Psychokenntnisse demonstriert. Es sei nicht möglich, sich im Gespräch vertrauensvoll an ihn zu wenden. «Unser Sohn zieht sich immer mehr in sich zurück und klagt über heftige Kopfschmerzen», berichtet der Vater. Da der Lehrer die Schüler vor ansteckenden Krankheiten gewarnt habe, verlange der Sohn zu Hause einzeln verpackte Butter- und Konfitüreportionen zum Frühstück. Der Lehrer habe den Kindern auch verboten, vom gleichen Apfel abzubeissen. «Unser Sohn sieht sich immer mehr zwischen der Familie und der Schule hin und hergerissen», meint der Vater.

Eine Mutter, die fast drei Jahre lang keine Ahnung vom Engagement der Lehrerin ihres Sohnes beim VPM hatte, formuliert ihre Erfahrungen mit folgenden Worten: «Es fängt damit an, dass die Lehrerin bestimmt, wann ein Pullover in die Wäsche gehört; als nächstes wird festgelegt, welches Motiv auf dem T-Shirt genehm ist. Es gibt nichts Schlimmeres als Comics. Viele beliebte Kindersendungen im Fernsehen sind ebenfalls verpönt. Lachen in der Schule ist verboten. Nie ist klar, wie die Hausaufgaben zu lösen sind. Nun fängt die Telefoniererei unter den Kindern an. Alle sind verängstigt und verunsichert.»

Eine Elterngruppe hat die Erfahrung gemacht, «dass die psychologische und pädagogische Einmischung ins Familienleben durch VPM-Lehrer unerträglich werden kann». Schüler würden von der Familie entfremdet, und der VPM-Lehrer verlange von den Schülern, dass sie die gleiche Meinung vertreten würden. Wer in Drogenfragen andere Überlegungen äussere, werde blossgestellt und als gefährdet betrachtet, berichtet die Elterngruppe. Ausserdem habe der Lehrer die Autorität der Eltern untergraben und ihre Erziehungsfähigkeit mit dem Argument in Frage gestellt, ihnen fehle die «psychologische Menschenkenntnis».

Kapitel 21

Konflikte mit VPM-Lehrern spitzen sich zu

Die Konflikte zwischen VPM-Lehrern und Schulbehörden oder Lehrerkollegen füllen dicke Dossiers. In einzelnen Fällen mündeten die Auseinandersetzungen in Beschwerden oder Rechtshändel. VPM-Lehrer klagten wiederholt Beamte oder Vertreter von Schulbehörden beim Gericht ein. Häufig führten die Spannungen zu verhärteten Fronten und in verschiedenen Fällen zu Entlassungen von «Lieblingen».

Die Auseinandersetzungen mit VPM-Lehrern haben sich in den letzten Jahren verschärft. So reichten beispielsweise drei Elternpaare im Januar 1990 in Oberglatt eine Aufsichtsbeschwerde gegen eine VPM-Lehrerin bei der Bezirksschulpflege ein und kritisierten darin das pädagogische Verhalten der Lehrerin. Die Hauptvorwürfe lauteten, sie würde die Kinder zum Einheitsdenken erziehen, die Individualität unterdrücken sowie sich nachtragend und repressiv verhalten. Weiter warfen ihr die Eltern vor, sie schreie im Schulzimmer herum, intrigiere, dränge den Schülerinnen und Schülern Schuldgefühle auf, stelle einzelne an den Pranger, übe Psychoterror aus und betreibe panikmachende und fatalistische Aids- und Drogenaufklärung.

Die Eltern hatten keine Ahnung, dass diese Lehrerin eine VPM-Anhängerin ist. Im Buch «Der VPM – was er wirklich ist» haben die «Lieblinge» die Vorfälle beschrieben und als Hetzkampagne gegen den VPM bewertet. Diese Buchpassage öffnete den Eltern im Herbst 1992 die Augen.

Mitte 1990 entzündete sich in Küsnacht zwischen einer VPM-Lehrerin und ihren Kolleginnen und Kollegen ein heftiger Streit, in den auch die Schulbehörden einbezogen wurden. Laut Aussage der VPM-Lehrerin soll ihr die Schulpräsidentin vorgeworfen haben, sie sei lieblos und bedrohe die Kinder. Um die Konflikte im Lehrerzimmer zu lösen, suchten die Lehrer die Hilfe eines Supervisors des Pestalozzianums. Die VPM-Anhängerin weigerte sich, an den Sitzungen teilzunehmen. Die Auseinandersetzung verschärfte sich, weshalb die Präsidentin der Wahlkommission der VPM-Lehrerin mitteilte, sie bekomme im nächsten Schuljahr in Küsnacht keine Stelle mehr.

In Schwamendingen lehnte die Kreisschulpflege zweimal den Wahlvorschlag einer VPM-Lehrerin ab. Ende 1990 wurde sie mitten im Schuljahr entlassen. Auch im Schulkreis Zürichberg wurden wiederholt VPM-Lehrer entlassen oder nach Ablauf einer Verweserstelle nicht mehr beschäftigt. In Schlieren wählten die Stimmbürger an den Urnen gleich mehrere Lehrer ab.

Wahl eines VPM-Lehrers: «Linke SS marschiert»

Die heftigsten Konflikte brachen 1992 im Zürcher Schulkreis Waidberg aus. Die erste Auseinandersetzung entbrannte um die Wahl eines VPM-Lehrers. Anstelle der üblichen stillen Wahl verlangte eine Gruppe von Eltern eine offene Bestätigung an der Urne. Mit dieser ungewohnten Aktion lockten die Eltern den VPM aus der Reserve und lösten einen emotionsgeladenen Wahlkampf aus. Der VPM versuchte mit allen Mitteln, die Wahl ihres Kollegen zu sichern, während die Elterngruppe mit vergleichsweise bescheidenen Möglichkeiten die Quartierbewohner über ihre Motive informierten. In einem Flugblatt schrieb die Mutter des VPM-Lehrers: «Dabei kam ich doch extra nach Zürich, damit meine Kinder eine gute Ausbildung erhalten können. Und jetzt soll mein Sohn als Lehrer hinausgeekelt werden?! (...) Und welches Glück haben die Kinder, die zu so einem Lehrer wie meinem Sohn kommen.» Nicht erwähnt hat sie, dass sie selbst VPM-Anhängerin ist.

Ein in Schülerschrift geschriebenes anonymes Plakat mit dem Titel «Stop» bat die Bevölkerung, den VPM-Lehrer auf dem Wahlzettel nicht zu streichen. «Denn er ist ein guter Lehrer!! Wählen sie ihn!! Was die Zeitung geschrieben hat, stimmt nicht!!» Ein «überparteiliches Komitee für redliche Lehrerwahl und für eine drogenfreie Schule» schrieb in einem Flugblatt mit dem Titel «Vorsicht! Wahlmanipulation!», rot-grüne Quartierstrategen würden eine Rufmordkampagne gegen den zur Wahl stehenden Lehrer betreiben. «Wer den Rot-Grünen widerspricht, soll mundtot gemacht werden.» Wer sich für eine drogenfreie Jugend einsetze, werde ausgeschaltet.

Ein VPM-Anhänger schrieb einen Brief an die Vorstände der Parteien, die Stadträte, den Präsidenten des Gemeinderates und mehrere Chefredaktoren: «Da wird ein Gesinnungsterror offenbar, der mir persönlich Angst macht. (...) Still und leise wird ein weiteres Stück Demokratie zu Grabe getragen. Anstelle des Meinungspluralismus tritt der Meinungsterror linksalternativer Gruppierungen mit Hilfe einer Verleumdungsjournaille von Radio, Fernsehen und Presse. Ich bin entsetzt.»

Der zur Wahl stehende Lehrer meldete sich in einem Flugblatt und einem Leserbrief selbst zu Wort. Er bezeichnete den Wahlkampf als üble Verleumdungskampagne, bei der den Agitatoren kein Mittel zu schmutzig sei, seinen guten Ruf im Quartier zu ruinieren. «Wählen Sie einen Lehrer, der sich mit pädagogischem Engagement für seine Schüler einsetzt, sie fördert und unterstützt und zu ihrem Wohle mit Eltern und Behörden zusammenarbeitet», schrieb der VPM-Lehrer über sich selbst. Und Schulpräsident Alfred Bohren meinte in einem Schreiben an verschiedene Redaktionen: «Ich bin überzeugt, dass im Unterricht keine Beeinflussung der Schülerinnen und Schüler stattfinden wird.»

Der Wahlkampf warf aber nicht nur in Leserbriefspalten, Radiosendungen, auf Plakaten und Flugblättern hohe Wellen, sondern nahm auch im direkten Kontakt der Kontrahenten ungewohnte Formen an. Die Elterngruppe, die sich in der Auseinandersetzung um einen sachlichen Ton bemühte, wurde kontrolliert. An einem Sonntag steckten zwei Frauen Flugblätter in die Briefkästen der Kreise 6 und 10. Nach zehn Minuten sei ihnen ein Auto mit deutschen Kontrollschildern im Schrittempo gefolgt, wobei der Beifahrer sie beschimpft und fotografiert habe, berichteten die Frauen.

Seltsames ereignete sich am 13. Juni 1992 am Landenbergfest in Wipkingen. Als die Elterngruppe Flugblätter unter den Festbesuchern verteilte, entdeckten sie kurz darauf ein Spruchband an einem Baum mit der Aufschrift: «Die linke SS marschiert!»

Der VPM-Lehrer wurde am 21. Juni knapp gewählt. «Während auf die übrigen (Kandidaten) weit über 10'000 Ja- und nur einige hundert Nein-Stimmen entfielen, nahm I. die Hürde lediglich mit 7635 Ja gegen 6072 Nein», schrieb die NZZ zur Wahl. Der VPM-Lehrer profitierte höchstwahrscheinlich vom Wahlmodus. Denn auf der Liste waren alle zur Wahl stehenden Lehrerinnen und Lehrer aufgeführt. Wer den VPM-Anhänger nicht wählen wollte, musste seinen Namen kennen und ihn auf der Liste streichen. Nach dem Urnengang dankte der VPM den Stimmenden in Inseraten und weit herum verschickten Briefen, dass sie ihren Lehrer «klar gewählt» haben.

Schüler bestreiken VPM-Lehrer

Zur gleichen Zeit braute sich im gleichen Schulkreis ein weiterer Konflikt zusammen, der sich an einer VPM-Lehrerin entzündete. Anfang Juni 1992 sickerte im Milchbuckquartier das Gerücht durch, dass auf das neue Schuljahr hin eine VPM-Lehrerin eine der drei 4. Klassen übernehmen werde. Mehrere Eltern reichten bei Schulpräsident Alfred Bohren ein Gesuch um Umteilung ein. Ausserdem wandten sich weitere zwei Dutzend Eltern mit einem Schreiben an Bohren, in dem sie erklärten, dass sie ihre Kinder auf keinen Fall von einer VPM-Lehrerin unterrichten lassen wollen. Die kurze Antwort des Schulpräsidenten: «Umteilungen aus den von Ihnen angeführten Gründen lehne ich ab.» Als die Zuteilung bekannt wurde, erhoben zehn der betroffenen Eltern Einsprache bei der Bezirksschulpflege.

Von den Aktivitäten der Eltern aufgeschreckt, schickte ihnen Bohren einen Brief. Darin heisst es zur umstrittenen Lehrerin: «In einem Gespräch in der ersten Ferienwoche hat Frau B. festgestellt, dass sie nicht Mitglied des VPM sei. Sie hat dort Weiterbildungskurse besucht.» Diese Aussage beruhigte einzelne Eltern, weshalb sie keine rechtlichen Schritte unternahmen. Am 28. Juli, kurz vor Schulbeginn, erhielten die betroffenen Eltern eine negative Antwort auf ihren Rekurs. Die fragliche Lehrerin sei «eine talentierte, fähige und bereits im Schuldienst bewährte Lehrkraft», stand im Entscheid der Bezirksschulpflege.

Die Eltern misstrauten den Aussagen der Schulbehörden und begannen zu recherchieren. Dabei stiessen sie auf mehrere Widersprüche. Es stellte sich heraus, dass die Lehrerin eine engagierte VPM-Anhängerin ist, was Schulpräsident Bohren später auch zugeben musste. Eine weitere Information Bohrens, die er den betroffenen Eltern mündlich abgegeben hatte, geriet ins Wanken. Es stellte sich heraus, dass die VPM-Lehrerin in den vergangenen drei Jahren nicht an der Uni Zürich studiert, sondern in Oberglatt an der Mittelstufe unterrichtet hatte.

Dass der Schulpräsident diese Tatsache den Eltern vorenthalten hatte, hing vermutlich mit dem unrühmlichen Abgang der VPM-Lehrerin zusammen: Die Schulpflege von Oberglatt hatte ihr nahegelegt, die Stelle zu quittieren. Den Ausschlag gaben unüberbrückbare Konflikte mit den Eltern und Schulbehörden. Bei einem Schüler spitzte sich der persönliche Konflikt derart zu, dass seine Eltern ihn eines Tages nicht mehr in die Schule schickten. Bereits nach zwei Tagen teilte ihn die Schulpflege in eine andere Klasse um. Ausserdem fanden die Eltern heraus, dass die Lehrerin vorher in Hirzel wegen Auseinandersetzungen mit der Schulbehörde nach wenigen Monaten und mitten im Schuljahr entlassen worden war.

Zum Schulbeginn, am 17. August, erlebten die VPM-Lehrerin und Schulpräsident Bohren eine Überraschung. Statt 20 Schülerinnen und Schüler erschienen nur 13 im Klassenzimmer. Sieben Elternpaare und alleinstehende Mütter weigerten sich, ihre Kinder in den Unterricht zu schicken. Dafür legten sie zusammen mit drei weitern Eltern Rekurs beim Erziehungsrat ein. Die Eltern engagierten eine Lehrerin, welche die sieben Schüler in einem privaten Bastelraum unterrichtete. Der Schülerstreik führte zu heftigen Auseinandersetzungen zwischen den Eltern, dem Schulpräsidenten und dem VPM. Mit einer vorsorglichen Massnahme erlöste Erziehungsdirektor Alfred Gilgen die Eltern am 2. Oktober 1992. Er entschied, dass die elf Kinder den Unterricht der VPM-Lehrerin nicht besuchen müssen. Die Schülerinnen und Schüler erhielten eine eigene Lehrerin. Der VPM wertete den Entscheid als verhängnisvolle Kapitulation der Erziehungsdirektion.

Ein ähnlicher Konflikt bahnte sich zur gleichen Zeit in Rüti an. Ebenfalls sieben Eltern reichten Gesuche zur Umteilung in eine andere Klasse ein, weil ihre Kinder einer VPM-Lehrerin zugeteilt worden waren. Sowohl Primarschulpflege als auch Bezirksschulpflege lehnten das Begehren ab, weshalb die betroffenen Eltern beim Erziehungsrat rekurrierten. Aus Protest gegen die zögerliche Behandlung des Rekurses weigerten sich die Eltern für kurze Zeit, ihre Kinder in die Schule zu schicken. Am 20. Oktober 1992 lehnte der Erziehungsrat die Umteilungsgesuche ab. Im Unterschied zum ähnlichen Fall im Schulkreis Waidberg in Zürich war die Lehrerin in Rüti bereits ein paar Jahre in der Gemeinde tätig gewesen, so dass ihre Arbeitsweise von den lokalen Schulbehörden beurteilt werden konnte.

VPM-Lehrerin klagt Mütter ein

Die Lehrerin in Rüti war früher schon in Auseinandersetzungen mit Eltern und Schulbehörden verwickelt. Der Konflikt gipfelte in einer Klage, die die VPM-Anhängerin am 27. Dezember 1991 gegen zwei Mütter wegen Ehrverletzung (üble Nachrede, Verleumdung und Beschimpfung) beim Bezirksgericht Hinwil einreichte. Eine Schulpflegerin soll der Lehrerin am Telefon mitgeteilt haben, die beiden Mütter hätten sie mündlich in sechs Punkten beschuldigt. Laut Klage sollen die beiden Frauen unter anderem gesagt haben, die VPM-Lehrerin würde nur die guten Schüler fördern und die schlechten abschieben. Ausserdem mache sie den Sohn der Beklagten kaputt und setze die Kinder allgemein unter Druck. Im weitern müsse die Schulpflegerin darauf achten, dass die Lehrerin den Sohn der Beklagten nicht in den VPM schleuse. Aus Angst vor den Anwaltskosten gingen die beiden Frauen einen Vergleich ein, obwohl sie den von der VPM-Lehrerin geschilderten Sachverhalt entschieden bestreiten.

Konflikte ergaben sich ausserdem mit Schulpsychologen, die sich im VPM engagieren. Im schulpsychologischen Team der Zürcher Gemeinden Greifensee, Wangen, Brüttisellen, Dübendorf, Schwerzenbach, Fällanden und Uster kam es 1990 zu Spannungen, die zur Entlassung einer VPM-Schulpsychologin führten. Die Aufsichtsbehörde begründete die Kündigung mit tiefgreifenden Zerwürfnissen im Team, die zu einer untragbaren Situation geführt hätten. Fristlos entlassen wurde auch eine VPM-Psychologin, die für den Verein für Jugendfragen in Rümlang gearbeitet hatte.

Erziehungsdirektion weicht dem Konflikt mit dem VPM aus

Die Erziehungsdirektion des Kantons Zürich ist den Konflikten mit dem VPM bisher meist ausgewichen. Die betroffenen Eltern, Lehrer und Mitglieder verschiedener Schulpflegen hofften in den letzten Jahren vergeblich auf ein Signal der obersten Schulbehörde, das ihnen den Rücken gestärkt hätte. Es liegt einige Jahre zurück, dass sich die Erziehungsdirektion das letzte Mal zu den «Lieblingen», die damals in der «Psychologischen Lehr- und Beratungsstelle» organisiert waren, hat vernehmen lassen. In einer Antwort auf eine Kleine Anfrage von Werner Sieg im Zürcher Kantonsrat führte der Regierungsrat am 25. November 1981 aus, eine gewisse Isolation und Absonderung vieler «Lieblinge» von der übrigen sozialen Umwelt sei nicht zu übersehen, was vermutlich das Ergebnis einer einheitlichen Weltanschauung und interner Gruppenprozesse sei. Diese Tendenz führe im Erziehungswesen zu negativen Auswirkungen. Die Teilnahme an der «Psychologischen Lehr- und Beratungsstelle» sei nicht zu beanstanden, wenn sich im Unterricht keine negativen Auswirkungen zeigten. «Unzulässig hingegen ist etwa eine übertriebene Psychologisierung des Unterrichts», schrieb der Regierungsrat.

Am 30. März 1983 bezog die Erziehungsdirektion in einem Rundschreiben an die Gemeindeschulpflegen Stellung. Darin heisst es, die Lehrer dürften keine Propaganda für private Beratungsstellen machen. Gegen die Tatsache, dass Lehrer die «Psychologische Lehr- und Beratungsstelle» besuchten, lasse sich grundsätzlich nichts einwenden. Es müsse aber mit Entschiedenheit eingegriffen werden, wenn sie die persönliche Situation einzelner Schüler zum Gegenstand von psychologischen Erörterungen innerhalb der Klasse machten und den Intimbereich des Kindes verletzten. «Wegen des geradezu missionarischen Eifers einiger Lehrer, mit welchem diese die psychologischen Auffassungen und das dahinterstehende Menschenbild von Friedrich Liebling im Bereich der Volksschule zu verbreiten suchen, sind vereinzelt Konflikte zwischen Schule und Elternhaus, unter der Lehrerschaft sowie auch zwischen Schulbehörden und Lehrern entstanden», schrieb die Erziehungsdirektion. Eine institutionalisierte Zusammenarbeit des Schulpsychologischen Dienstes mit der PLB erschien ihr als nicht erwünscht.

Auch im Kindergarten Angst vor «kleinen Tierchen»

Parallel zu den Konflikten mit Volksschullehrern häuften sich in den letzten Jahren auch die Spannungen mit Kindergärtnerinnen. In verschiedenen Gemeinden beschwerten sich Eltern bei den Kindergartenkommissionen über die Unterrichtsweise und die Hygieneregeln von VPM-Kindergärtnerinnen, und häufig verlagerte sich der Disput auf die Behördenebene. In einzelnen Fällen gipfelte die Auseinandersetzung in der Entlassung der VPM-Anhängerinnen. Der Kündigungsgrund wurde jeweils nicht mit der Mitgliedschaft der Kindergärtnerin im VPM begründet, sondern mit der Arbeitsweise oder den Konflikten mit Eltern und der Kindergartenkommission.

In die Schlagzeilen kamen die VPM-Kindergärtnerinnen, als Marlies Baumgartner 1988 eine Hygienebroschüre mit dem Titel «Susanne und Andreas» herausgab, die als Lehrmittel aufgemacht ist. Zeichnungen illustrieren die Hygieneregeln: Nicht vom gleichen Apfel abbeissen, sondern ihn zerschneiden; beim Trinken den Mund nicht an den Wasserhahn führen, weil es unsichtbare Tierchen gebe, die dafür sorgten, «dass wir Husten, Halsweh oder schlimmere Krankheiten bekommen. Die Tierchen können überall sein, wo bei uns etwas fliesst.»

Die Kinder werden indirekt motiviert, die Verhaltensmassnahmen in die Familie zu tragen: «Ihr habt Gelegenheit, etwas zu lernen, was Erwachsene oft noch nicht können. Vielleicht lernen sie es einmal von euch!» heisst es in der Broschüre. Die Autorin warnt die Kinder davor, Pinsel, Bleistifte und Spielsachen in den Mund zu nehmen und eine blutige Wunde zu berühren. Die Schrift enthält auch einen Hinweis auf Gummihandschuhe, die Erwachsene beim Verbinden einer Wunde tragen sollten. Die Kinder werden ausserdem angeleitet, sich vor Spritzen, blutverschmiertem Verbandstoff, weggeworfenen Glacéstielen usw. zu hüten. «Willst du einem Freund zu trinken geben, giesse ihm das Getränk in einen zweiten Becher. Nach dem Trinken könnt ihr die Becher gemeinsam mit Spülmittel abwaschen. Das macht Spass!» empfiehlt die VPM-Kindergärtnerin. Auf der Schulreise sollen die Kinder ihre Becher beschriften. Und zum Schluss wird ihnen geraten, bei der Begrüssung oder Verabschiedung den Kuss auf die Wange zu geben. «Wenn ihr lernt, auf euch acht zu geben und auf eure Gesundheit zu achten, werdet auch ihr stolz sein», heisst es am Schluss der Broschüre.

In einem Schreiben vom 16. Mai 1991 an die Schulpflegen und Kindergartenkommissionen des Kantons Zürich empfiehlt Gerhard Keller, Leiter der Abteilung Volksschule der Erziehungsdirektion, die Broschüre im Unterricht nicht zu benützen. Und in einer Beurteilung kommt die Pädagogische Abteilung der Erziehungsdirektion, Sektor Kindergarten, zum Schluss, die Schrift diene nicht der Gesundheitserziehung: «Es ist eher ein Buch, das krank machen könnte, da es Angst erregt und rigide Verhaltensvorschriften enthält.» Ausserdem werde der Krankheitsbegriff in unhaltbarer Weise verzerrt. Die Kinder würden mit Schreckbildern von Viren und Bakterien verängstigt. Die propagierten Vorsichtsmassnahmen seien übertrieben und nützten in Wirklichkeit der Gesundheit nichts. «Die

Gebote und Verbote zeugen von einem rigiden Hygienefimmel und sind völlig untauglich für den Schutz der Gesundheit. Sie bremsen in unverantwortlicher Weise die gesunde Spontaneität der Kinder», heisst es in der Stellungnahme der Erziehungsdirektion.

VPM erhält Bewilligung für Privatschule

Anfang 1992 ging der VPM in Sachen Schulpolitik in die Offensive. Die in einem VPM-Haus eingerichtete Praxisgemeinschaft Toblerstrasse, in der die pädagogischen Aktivitäten des VPM zentriert sind, reichte beim Erziehungsrat zwei Gesuche für Privatschulen ein. Die VPM-Pädagogen planten eine Sondertagesschule für Kinder mit psychoorganisch bedingten Verhaltens- und Lernstörungen sowie eine Privatschule auf dem Niveau der Volksschule. Im August 1992 erteilte der Zürcher Erziehungsrat den VPM-Anhängern für die Sonderschule eine provisorische Bewilligung auf vier Jahre. Die Praxisgemeinschaft kann nun in ihren Räumen an der Toblerstrasse 72 in Zürich je eine Schulgruppe der Unter-, Mittel- und Oberstufe mit maximal 18 Schülern unterrichten.

Sollten die VPM-Pädagogen nach der Bewährungszeit die definitive Bewilligung erhalten, hätten sie Anrecht auf kantonale Subventionen, die ihnen einen hohen Anteil der Kosten decken würden. Da die Schulpflegen für die Zuteilung zuständig sind, kann theoretisch jeder Sonderschüler aus Zürich und der Umgebung auch gegen den Willen der Eltern der VPM-Schule zugewiesen werden. Das Gesuch für die Privatschule wird der Erziehungsrat zu einem späteren Zeitpunkt behandeln. Wird es gutgeheissen, erhält der VPM dafür sofort eine definitive Bewilligung.

Konflikt zwischen dem VPM und der Erziehungsdirektion bricht aus

Ende Oktober 1992 wurde die Erziehungsdirektion des Kantons Zürich durch mysteriöse Umstände gezwungen, aus der bisherigen Reserve herauszutreten und sich den Angriffen des VPM in der Öffentlichkeit zu stellen. Ausloser war das Buch «Das Paradies kann warten», das die Erziehungsdirektion in Auftrag gegeben hatte. Darin sollten neun Gruppierungen mit vereinnahmender oder totalitärer Tendenz porträtiert werden, unter anderem auch der VPM. Als Gerhard Keller, Chef der Abteilung Volksschule, eines morgens sein Büro betrat, war das Manuskript des geplanten Buches verschwunden. [redacted]

[redacted]

Am Freitag den 13. November brachten die Täter oder ihre Komplizen drei Pakete mit einem Gesamtgewicht von 12,1 Kilo zur Post von Zürich-Witikon und schickten sie per Express an den Zürcher SVP-Politiker Werner Stoller, damals Mitglied des Gemeinderates und des Kantonsrates. Neben Zeitungsartikeln über den VPM und Druckerzeugnissen der Therapiegemeinschaft enthielt die anonyme Post Personaldossiers über VPM-Lehrer. Stoller witterte einen Politskandal und begann, die geheimen Akten aus der Erziehungsdirektion politisch auszuschlachten.

Ins Visier nahm er in erster Linie Erziehungsdirektor Alfred Gilgen. Stoller zeigte die Personalblätter auch den Medien, deckte jedoch die meisten Eintragungen aus Gründen des Persönlichkeitsschutzes ab. Heftige Diskussionen lösten vor allem die drei Rubriken «Diary» (Tagesablauf), «Liaison» (Beziehungen) und «Organisation» auf den Formularen aus. Unklar war auch die Bedeutung eines Registers, das 1494 Nummern enthielt, denn es war ausgeschlossen, dass es sich dabei um die Zahl der VPM-Lehrer handeln konnte.

Werner Stoller greift Erziehungsdirektor Gilgen frontal an

Am 26. Oktober 1992 reichte Werner Stoller zusammen mit Bruno Bösel von der Auto-Partei eine Anfrage im Kantonsrat ein und verlangte Auskunft über die «Fichentätigkeit» der Erziehungsdirektion.

Nun war Regierungsrat Gilgen gefordert. An der Tagung der Zürcherischen Schulpräsidenten vom 12. November in Birmensdorf bezeichnete er den von Werner Stoller verbreiteten Fichen[1]-Verdacht als «maliziöse Falschmeldung». Er habe zwar ein besonderes Dossier über VPM-Lehrer anlegen lassen, doch seien die Informationen nicht auf illegalen oder unsittlichen Wegen beschafft worden. Als Quellen gab er Autorenverzeichnisse von VPM-Publikationen sowie Inserate an, die von Hunderten von VPM-Anhängern unterzeichnet worden waren. Informationen habe er lediglich an Schulpflegen weitergegeben, die bei Anstellungen von Lehrern Auskünfte erbeten hätten. Alfred Gilgen erklärte den Schulpräsidenten, der VPM stelle «das grösste und schwierigste personelle Problem im Zürcher Volksschulwesen» dar. Der Verein weise einen missionarischen Charakter auf und trage dogmatische Züge. Ausserdem zeigten gewisse VPM-Leute Wahrnehmungsverschiebungen.

Alfred Gilgen ordnete den VPM auch schulpolitisch ein: seine Haltung stehe «nicht im Einklang mit dem Sinn des Zweckparagraphen im Volks-

[1] Fiche = Personalblatt mit persönlichen Daten

schulgesetz und den vom Erziehungsrat formulierten Grundhaltungen im Leitbild der Volksschule». Gilgen ortete ausserdem einen Widerspruch des VPM zur im neuen Lehrplan formulierten pädagogischen Haltung der «weltanschaulichen Offenheit, der didaktisch-methodischen Freiheit, der Erziehungsgrundsätze betreffend Selbständigkeit und Selbstverantwortung sowie der Toleranz und des Gemeinschaftssinns».

Umstritten blieb Gilgens Erklärung, Schulpflegen dürften Lehrerkandidaten fragen, ob sie dem VPM nahestünden und sie eine entsprechende Erklärung unterschreiben lassen. Der Zürcher Erziehungsdirektor betonte aber auch, es dürfe «keine Pauschalverurteilung von VPM-Lehrkräften» geben. Die Schulpflegen könnten nicht davon ausgehen, dass ihre Gemeinde «VPM-frei» sein solle. Ein solches Bestreben nannte der Erziehungsdirektor rechtswidrig. Entscheidend für die Beurteilung von Lehrern bleibe die Arbeitsweise im Schulzimmer und der Umgang mit Behörden und Eltern.

In einer Pressemitteilung verwahrte sich der VPM gegen die «tatsachenwidrigen, schwer rufschädigenden Aussagen» Gilgens. Mit der Forderung, Stellenbewerber eine Erklärung unterschreiben zu lassen, «überschreitet der Erziehungsdirektor in erschreckender Weise das verfassungsmässig Zulässige, resp. rechtsstaatlich je Verantwortbare», schrieb der VPM.

Der Konflikt war lanciert. Zeitungsartikel, Pressemeldungen, Stellungnahmen und Dementis folgten sich Schlag auf Schlag. Auch ein Inseratekrieg ging los. Sogar die Bürgeraktion von Michael E. Dreher, Nationalrat der Auto-Partei, attackierte in Zeitungsanzeigen die Erziehungsdirektion. Ein bisher unbekanntes «Komitee für Rechtmässigkeit im Schulwesen» titelte: «Fichen-Keller führt den Fichen-Keller weiter!» Eine eigens gegründete «Interessengemeinschaft gegen Lehrer-Fichen», in der VPM-Anhänger besonders aktiv waren, nutzte verschiedene Kommunikationskanäle und war bald die lauteste Stimme im «Fichen-Konzert».

Der VPM findet die Bestätigung für seine Verschwörungstheorie

Der VPM witterte Morgenluft. Annemarie Buchholz-Kaiser und ihre Anhänger waren überzeugt, endlich handfeste Beweise für ihre Verschwörungstheorien gefunden zu haben. Den Höhepunkt des Kesseltreibens gegen die Erziehungsdirektion bildete eine Resolution des VPM, die er im Rahmen eines Kongresses vom 21. November 1992 in Zürich verabschiedete. Mehrere hundert VPM-Anhänger hatten sich zu einer Gegenveranstaltung zur gleichentags stattfindenden VPM-Tagung an der Paulus-Akademie zusammengefunden. Die Erklärung gipfelte in der Forderung nach der

Suspendierung von Regierungsrat Alfred Gilgen und dreien seiner Chefbeamten. Weiter warf der VPM dem Erziehungsdirektor gesetz- und verfassungswidriges Verhalten vor.

In einer am 26. November veröffentlichten Antwort auf eine Anfrage im Kantonsrat zum VPM stützte die Zürcher Gesamtregierung Alfred Gilgens Beurteilung der Therapiegemeinschaft weitgehend. Mit seinen Ansichten zum zürcherischen Bildungswesen untergrabe der VPM «das Vertrauen als Grundlage für das dauernd zu führende Gespräch zwischen Lehrkräften, Eltern und Behörden», schrieb der Regierungsrat. Wie die Erziehungsdirektion, erklärte auch er, die Haltung des VPM stehe nicht im Einklang mit dem Zweckparagraphen des Volksschulgesetzes und dem Leitbild der Volksschule. Abhängigkeiten von einseitigen pädagogischen Ideologien und Gruppierungen seien nicht mit den Grundhaltungen des Leitbildes zu vereinbaren. Wenn Schulpflegen bei der Wahl von VPM-Lehrern zurückhaltend seien, müsse sich der VPM diese Entwicklung weitgehend selbst anlasten. Aufgrund der bisherigen Erfahrungen könne aber «nicht von vornherein allein anhand der VPM-Mitgliedschaft auf ideologische Beeinflussung der Kinder geschlossen werden», erklärte der Regierungsrat.

An den Mittelschulen und am Technikum Winterthur sei bei der Wahl von VPM-Lehrern «die Frage der ideologischen Abhängigkeit und Fremdbestimmung und bei Autoren gewisser Schriften des VPM die Frage der Loyalität gegenüber dem öffentlichen Bildungswesen zu prüfen». Ein besonderes Augenmerk muss laut Regierungsrat auf Bewerber im Bereich der Lehrerbildung gerichtet werden, die einer Gruppierung angehörten, welche die Lehrplanziele nicht akzeptierten.

Stoller stolpert über seine «Fichen»

Mit brisanten Enthüllungen leitete der «Tages-Anzeiger» ein neues Kapitel im Konflikt um die Personalblätter ein. Reporter Daniel Suter wies am 30. November 1992 nach, dass Werner Stoller die den Medien vorgelegten Dossiers manipuliert hatte. Seine Recherchen hatten ergeben, dass der SVP-Politiker bei den sensiblen Rubriken schwarze Balken gemalt hatte, obwohl die Originalblätter meistens keine Eintragungen enthielten. Werner Stoller täuschte damit die Öffentlichkeit und unterstellte der Erziehungsdirektion eine umfangreiche Fichentätigkeit in Belangen, die zum Persönlichkeitsbereich der Lehrer zu zählen sind. Stoller wertete das Übermalen leerer Rubriken bis zuletzt als taktisches Manöver, mit dem er die Erziehungsdirektion zwingen wollte, alle «Fichenfakten» auf den Tisch zu legen. Dass er sich damit selbst eine politische Falle gestellte hatte, realisierte er nicht.

Seine Partei tat dies aber umgehend. Sie setzte einen Ausschuss ein, der die Geschichte mit den gestohlenen Personalblättern und den schwarzen Balken untersuchen sollte. Bevor die SVP das Untersuchungsergebnis präsentierte, warf Stoller – wenn auch widerwillig – das Handtuch: Am 7. Dezember verkündete der SVP-Politiker im Kantonsrat seinen Rücktritt aus dem kantonalen Parlament, und am 9. Dezember verlas er auch im Gemeinderat eine Rücktrittserklärung. «Auch eine Eiche widersteht dem Sturm nur so lange, bis sie entwurzelt wird, d. h. solange das eigene Lager zu einem hält und in der Sache zu Recht und Ordnung steht», verkündete der abgehalfterte Politiker.

Damit schrumpfte die «Fichenaffäre» zu einer Politposse, und die Felle des VPM schienen wieder davonzuschwimmen. Denn SVP-Fraktionschef Ernst Schibli distanzierte sich im Namen der Partei «vom fundamentalistischen Gedankengut des VPM». Die mit Stoller wiederbelebte Liaison mit der SVP war endgültig zerbrochen, und die Forderung des VPM, Alfred Gilgen müsse seines Amtes enthoben werden, schien in politischen Kreisen kein Thema mehr zu sein. Die erhoffte Solidaritätswelle verebbte rasch, und die Märtyrerpose des VPM wirkte nicht mehr glaubwürdig. Der VPM war definitiv zum Politikum geworden. Die unmissverständlichen Stellungnahmen des Erziehungsrates, der Erziehungsdirektion und des Regierungsrates bewirkten einen massiven Imageverlust. Die Talfahrt schien kaum mehr zu bremsen.

Telefon abgehört und Wanzen gesetzt

Mit einem nachträglich aufgetauchten Beweisstück versuchten VPM-nahe Kreise zwar erneut zu beweisen, dass die Erziehungsdirektion auch nach dem Wirbel um die Personaldossiers noch Akten an die Drahtzieher der angeblichen Hetzkampagne weitergeleitet habe, doch ging die Geschichte in der Nachrichtenflut unter. Später stellte sich heraus, dass das Dokument von einem VPM-Anhänger aus einem Briefkasten gestohlen worden war. Dieser hatte ausserdem das Telefon eines ehemaligen VPM-Mitgliedes abgehört und Wanzen in dessen Wohnung installiert. (vgl. Kapitel 11)

Am 17. Dezember gab es für den VPM doch noch einen Lichtblick. Aus der regierungsrätlichen Antwort auf zwei Anfragen von Werner Stoller und Bruno Bösel sowie Erhard Bernet ging nämlich hervor, dass nur 91 der 1494 mutmasslichen Anhänger des VPM 1991 im Dienst der zürcherischen Volksschule standen. (Insgesamt war bei 225 VPM-Anhängern die Berufsbezeichnung «Lehrer» eingetragen.) Die Erziehungsdirektion hatte die Personalangaben der «Lieblinge» auf einem elektronischen Datenträger gespeichert. Obwohl die Datenblätter keine geheimen Angaben enthielten und nicht im EDV-Dossier der Personalverwaltung lagerten, erweckte die Geschichte Erinnerungen an den Fichenskandal der Politischen Polizei.

Die Regierung räumte denn auch ein, dass die Rubriken «Organisation», «Diary» und «Liaison» unglücklich und überflüssig, jedoch «grösstenteils gar nicht benutzt» worden seien. Regierungsrat Gilgen begründete die Erfassung der VPM-Anhänger mit dem Argument, er habe «den Einfluss und die Verbreitung des VPM in den Schulen beobachten» wollen. Die Regierung erklärte in ihrer Antwort weiter, der VPM stelle «das grösste personelle Problem im zürcherischen Schulwesen» dar. Die Mitgliedschaft oder die Beratung einer im aktiven Schuldienst stehenden Lehrkraft beim VPM sei deshalb «nicht mehr als reine Privatsache» zu bezeichnen.

Gilgen begründete die Erfassung von fast 1500 VPM-Anhängern mit einem EDV-technischen Argument: Um herausfinden zu können, wieviele VPM-Lehrer in der Volksschule tätig sind, habe er alle verfügbaren Namen erfassen und mit den Daten des Personalcomputers der Erziehungdirekton vergleichen müssen. Dass die Erziehungsdirektion nicht nur die Lehrer datenmässig erfasst hatte, bestätigte dem VPM die Vorurteile der systematischen Unterwanderung des Bildungswesen durch die «Neue Linke». Das Bedrohungsszenario erhielt neue Konturen, und die VPM-Anhänger konnten wieder die Opferrolle übernehmen.

Der VPM musste allerdings bereits einen Tag später eine weitere Hiobsbotschaft entgegennehmen. Der Erziehungsrat des Kantons Aargau rief zur Wachsamkeit gegenüber dem VPM auf. In einer Stellungnahme zuhanden der Schulpflegen, Bezirksschulräte, Rektorate und Aufsichtskommissionen erklärten die Erziehungsbehörden, die Auffassungen des VPM widersprächen zum Teil dem aargauischen Schulgesetz und dem Lehrplan.

VPM vor der Schicksalsfrage

Die Konflikte um die VPM-Lehrer trifft die Therapiegemeinschaft im Mark. Eltern, Schulbehörden und Politiker sind erstmals gezwungen, sich ernsthaft mit dem VPM auseinanderzusetzen. Die Erkenntnisse, die sie daraus gewinnen, sind für den VPM kaum schmeichelhaft. Die jüngste Entwicklung zwingt selbst bisherige Gesinnungsfreunde, auf Distanz zu gehen. Der VPM hat sich gegen Ende des Jahres 1992 weiter in die Isolation manövriert. Die Schulfrage droht für Annemarie Buchholz-Kaiser und ihre Anhänger zur Schicksalsfrage zu werden.

Obwohl sich auch bürgerliche Kreise mehr und mehr vom VPM abwendeten, begründen die VPM-Anhänger die wachsende Front nach wie vor mit ideologischen Argumenten. Wenn Regierungsrat Alfred Gilgen zum Gehilfen der «Neuen Linken» emporstilisiert wird, können sich selbst rechtskonservative Kreise kaum mehr erlauben, in Verbindung mit dem VPM gebracht zu werden. Damit ist die Entwicklung des VPM in eine heikle Phase getreten: Immer mehr VPM-Anhänger schlüpfen in eine Märtyrerrolle.

Ein solcher Psychostress ist auf die Dauer ruinös. Die ideologische Interpretation der wachsenden Isolation wird sie möglicherweise zu noch extremeren Reaktionen hinreissen lassen. Bremst das VPM-Kader diese Konfliktspirale nicht – die Prognosen sind leider nicht günstig –, könnte sich die Therapiegemeinschaft schon bald in einem ausweglosen Labyrinth verirren. Sollte dieses Szenario eintreten, könnten sich die angestauten kollektiven Ängste und Aggressionen auf unheilvolle Weise entladen. Bleibt zu hoffen, dass die gemässigteren Kräfte des VPM ihre Autoritätsgläubigkeit rechtzeitig überwinden und von innen heraus abbauen helfen.

Kapitel 22

Deutsche VPM-Kolonien auf Expansionskurs

Zürich und die Schweiz erwiesen sich für Annemarie Buchholz-Kaiser nach der Gründung des VPM bald als ein zu enger Wirkungskreis, zumal die Rekrutierung neuer Anhänger im Stammgebiet mehr und mehr ins Stocken geriet. So lag die Expansion in den übrigen deutschen Sprachraum auf der Hand. Schon zu Zeiten der «Zürcher Schule» hatten deutsche Studenten in Zürich die Therapiegemeinschaft kennengelernt und bildeten später in der BRD kleine Zirkel, welche die Expansion des VPM in Deutschland Ende der achtziger Jahre vorantrieben.

Heute umfasst die deutsche Anhängerschaft gegen 1000 «Lieblinge». Da sich die Gruppen auf mehrere Städte verteilen und im Vergleich zur Zürcher Mutterorganisation relativ klein sind, hielten sich die öffentlichen Auseinandersetzungen um die deutschen Anhänger bisher in einem vergleichsweise engen Rahmen. Zwar setzten sich auch schon Fernsehsendungen mit dem VPM auseinander, doch beschäftigen sich die Medien noch nicht mit der gleichen Kadenz wie in der Schweiz mit der Gemeinschaft um Annemarie Buchholz-Kaiser. Das Phänomen VPM ist noch nicht ins Bewusstsein der breiten Öffentlichkeit gedrungen. Deshalb stossen die deutschen VPM-Anhänger kaum auf Widerstand, wenn sie neue Interessenten anpeilen. Sie versuchen, vor allem Studenten für ihre Ideen zu gewinnen. Im Vergleich zur Schweiz sind die deutschen Gruppen klar auf Erfolgskurs.

Die stärkste Kolonie mit über 200 Anhängern hat sich in Köln gebildet. Gemessen an der Anhängerschar folgen aufgrund von Schätzungen Berlin, Hannover, Hamburg, Erlangen, Freiburg, Frankfurt, Böblingen, Karlsruhe, Tübingen, München, Villingen und Konstanz. In Österreich betätigt sich auch eine Gruppe in Wien.

Die Ortsgruppen in Deutschland haben mehrheitlich eigene Vereine gegründet und treten nicht unter der Bezeichnung VPM auf. Das Erkennungsmerkmal aller Vereine ist aber das Anhängsel «Förderung der Psychologischen Menschenkenntnis». In Berlin und Hannover nennen sich die Gruppen beispielsweise «Gesellschaft zur Förderung der Psychologischen Menschenkenntnis» (GFPM). In andern Städten treten sie unter dem Namen «Arbeitsgemeinschaft» (APM oder AFPM) oder «Institut» auf. In Köln gründeten die VPM-Anhänger den «Europäischen Verein zur

Förderung der Psychologischen Menschenkenntnis» (EVPM) und signalisieren damit die internationale Ausrichtung. Der Vereinsname lässt vermuten, es handle sich bei dieser Gruppe um die Dachorganisation des VPM. In Wirklichkeit kommt ihr jedoch keine übergeordnete Funktion zu. Das Hauptquartier befindet sich nach wie vor am Zürichberg.

So pilgern denn unzählige deutsche «Lieblinge» Wochenende für Wochenende nach Zürich und besuchen am Samstagnachmittag die Gruppengespräche unter der Leitung von Annemarie Buchholz-Kaiser. Vor allem die Vorstandsmitglieder und «Therapeuten» der deutschen Gruppen sind regelmässige Gäste am Zürichberg. Sie bilden das Scharnier zur Mutterorganisation und wollen die Supervision bei der VPM-Leiterin nicht verpassen. Dabei rapportieren sie die Aktivitäten ihrer Gruppe und erhalten die Devisen für ihre Arbeit und den Umgang mit Behörden und Medien.

Der Führungsanspruch der Zentrale in Zürich kommt in der VPM-Broschüre «Seelisches Leid verhindern» zum Ausdruck: «Alle arbeiten mit dem VPM in Zürich zusammen. Die Grundlage ihrer Arbeit ist die Persönlichkeitsschulung und Ausbildung in psychologischer Hilfeleistung unter fachlicher Anleitung in Zürich. Die Schwerpunkte der Arbeit ergeben sich aus dem Lebenszusammenhang der Teilnehmer in den jeweiligen Gruppen. Sie führen kleinere und grössere Gesprächsgruppen sowie Kurse und Seminarien durch, an denen Eltern, Lehrer, Erzieher, Ärzte, Psychologen und psychologisch Interessierte aller Alters- und Berufsgruppen teilnehmen.»

Die Aktivitäten der deutschen Gruppen sind praktisch identisch mit denjenigen der Mutterorganisation, wie das erwähnte Zitat zeigt. Auch die nach aussen gerichteten Aktivitäten und Aktionen weisen ähnliche Muster auf. So treten die deutschen VPM-Anhänger ebenfalls vorwiegend dann in Erscheinung, wenn es gilt, ihre Vorstellungen von humanistischen Werten gegen die «Neue Linke» zu verteidigen. Wie in der Schweiz, droht nach Ansicht der VPM-Anhänger der politische Umsturz in den Bereichen Schule, Drogen- und Aids-Politik. So greifen die «Lieblinge» mit Vorliebe in die Diskussion um diese sensiblen Themen ein und treten immer wieder an öffentlichen Veranstaltungen auf. Dabei kam es wiederholt zu tumultartigen Auseinandersetzungen.

Im Kampf gegen die Schulreformer und Verfechter einer liberaleren Drogenpolitik gründen die deutschen VPM-Anhänger oft Arbeitskreise, die zum Teil die gleichen Namen wie die Schwesterorganisationen in der Schweiz führen. Ihre Arbeitsweise lässt sich am Beispiel des Arbeitskreises Suchtprophylaxe Tübingen (ASP) veranschaulichen, der laut eigenen Angaben «eng mit verschiedenen Vereinigungen gleicher Zielsetzung – auch in andern Staaten – zusammenarbeitet, insbesondere mit dem Verein zur Förderung der Psychologischen Menschenkenntnis». An einer vom Arbeitskreis organisierten Drogentagung vom 11. Januar 1992 in Reutlingen referierten neben deutschen Gegnern einer Drogenliberalisierung die beiden Zürcher VPM-Ärzte Ernst Aeschbach und Florian Ricklin.

Ein Fernsehteam des Süddeutschen Rundfunkes, das über das Symposium berichten wollte, wurde vom Veranstalter ausgesperrt. Der Sender war bei den «Lieblingen» in Ungnade gefallen, weil er zwei Tage zuvor einen Beitrag über den VPM ausgestrahlt hatte. Den VPM-Leuten waren vor allem Äusserungen des ARD-Moderators Ulrich Wickert sauer aufgestossen. Als Antwort auf seine Moderation verteilten die Mitglieder des Arbeitskreises an der Drogenveranstaltung ein Flugblatt mit dem Titel «Die Allmacht Medien». Darin heisst es, Wickert «machte schon früh durch seine politischen Aktivitäten in der linken Studentenszene auf sich aufmerksam und bekundete öffentlich seine Sympathie für den Terrorismus der RAF und den ‹phantasievollen Anarchismus› der Alternativen».

Als das Fernsehteam auch von der Pressekonferenz ausgeschlossen werden sollte, wehrte sich ausgerechnet einer der Referenten, der Kriminaldirektor vom Stuttgarter Landeskriminalamt, Klaus Mellenthin, für die Medienleute und protestierte laut Zeitungsberichten erfolgreich gegen ihren Ausschluss. Das «Schwäbische Tagblatt» berichtete am 13. Januar 1992 über die Drogentagung und titelte: «Menschenverachter mit Mafia-Hintergrund».

Viele deutsche VPM-Anhänger hegen den Wunsch, sich in Zürich niederzulassen oder dort zu studieren. Dies würde ihnen erlauben, die VPM-Gruppen nicht nur an den Wochenenden zu besuchen, sondern an allen Veranstaltungen teilzunehmen. Zürich als Zentrum übt eine Sogwirkung aus. Die einfachste Möglichkeit, eine Aufenthalts- und Arbeitsbewilligung zu erhalten, ist die Heirat. Tatsächlich haben zahlreiche deutsche VPM-Anhänger diesen Weg gewählt und leben seither in der Schweiz. Da die Frauen im VPM in der Überzahl sind, haben deutsche Männer eine gute Chance, via Heirat nach Zürich übersiedeln zu können. Abgesprungene VPM-Anhänger berichten, dass verschiedene solcher Paare nicht zusammenleben. Sie werten diese Verbindungen als Scheinehen

Kapitel 23:

Der VPM als Phänomen unter den Sondergruppen

Das Phänomen VPM ist nur schwer zu ergründen und einzuordnen. Erklärungsmuster, mit denen andere Gruppierungen mit vereinnahmender Tendenz charakterisiert werden können, greifen bei der Therapiegemeinde um Annemarie Buchholz-Kaiser nur bedingt. Zumindest im deutschsprachigen Raum findet sich keine vergleichbare Gemeinschaft. Wie kommt es, dass der VPM, der die wissenschaftliche Arbeitsweise und die Psychologie zum obersten Prinzip erhebt, ausgerechnet von psychologischen Fachkreisen als Bewegung mit sektiererischen Anteilen bewertet wird?

Tatsächlich sind die totalitären Züge des VPM auf den ersten Blick weder erkennbar, erklärbar noch nachvollziehbar. Was soll daran schon sektiererisch sein, wenn sich Ärzte, Psychologen, Lehrer und Studenten in Gruppen therapeutisch unterstützen und sich gemeinsam weiterbilden?

Für VPM-Anhänger, die ihre Bewegung nur aufgrund der Innenansicht wahrnehmen und beurteilen können, ist der Blick auf die Zusammenhänge erst recht verbaut. Die enge Gruppenbindung und uniforme Denkweise lassen eine differenzierte Bewertung der Methoden, Praktiken und gruppendynamischen Prozesse kaum zu. Aus ihrer Perspektive ist der VPM geradezu ein Garant dafür, dass keine Persönlichkeitsveränderungen im negativen Sinn und keine Entwicklungen hin zum Extremen passieren können. Die «Lieblinge» sind überzeugt, sich in den Einzel- und Gruppentherapien, an den Kongressen, Seminarien, Symposien und in den gemeinsamen Ferien psychologisch und beruflich optimal weiterbilden zu können. Sie wollen ihre Persönlichkeit ergründen, Unsicherheiten und Ängste angehen, unbewusste Charakteranteile analysieren. Ausserdem unternehmen sie vermeintlich alle Anstrengungen, um eine ausgeglichene und selbstbestimmte Persönlichkeit zu werden. Der Vorwurf, der VPM fördere sektiererische Tendenzen, erscheint seinen Anhängern als völlig absurd. Solche Einwände sind für sie ein klarer Beweis für die böswillige Stigmatisierung durch die Kritiker und angeblichen Gegner.

Wissenschaftlichkeit schützt nicht vor sektiererischen Entwicklungen

Die Realität sieht jedoch anders aus. Der Anspruch der Wissenschaftlichkeit schützt eine Bewegung nicht grundsätzlich vor sektiererischen Entwicklungen. Typische Beispiele sind die Scientology-Kirche, die ihre Lehre und Technologie als Wissenschaft versteht oder die Christliche Wissenschaft, die Jesus Christus als ersten christlichen Wissenschaftler betrachtet. Auch Gruppierungen wie die Transzendentale Meditation oder die Gesellschaft zur Verbreitung des Krischna-Bewusstseins (Hare Krischna) beanspruchen Wissenschaftlichkeit für ihre Heilstheorie. Dass Menschen im Namen der Psychologie manipuliert und in starke Abhängigkeit geführt werden können, demonstrieren auch die Psycho-Sekten mit ihren umstrittenen Therapien und Techniken, denen sie heilsbringende Wirkungen zuschreiben.

Im Gegensatz zu diesen Gruppen bewegt sich der VPM in einem vergleichsweise unauffälligen Rahmen der Psychologie. Die VPM-Anhänger haben an der Universität studiert und beherrschen das fachliche Vokabular, die wissenschaftliche Argumentation und die akademische Arbeitsweise. Dass die Therapiegemeinde trotzdem totalitäre Züge aufweist, macht sie einzigartig und gibt ihr innerhalb der Bewegungen mit vereinnahmender Tendenz eine Sonderstellung.

Ideologisierung der Lehrinhalte

Nach Ansicht der Anhänger von Annemarie Buchholz-Kaiser waren die Wissenschaftler bei der Umsetzung der psychologischen Menschenkenntnis bisher teilweise mit Blindheit geschlagen. Die «Lieblinge» sind überzeugt, dass ihnen unter der Führung von Friedrich Liebling und der fachlichen Leiterin des VPM diesbezüglich der Durchbruch gelungen ist. Sie betrachten «ihre» Psychologie als die Königswissenschaft, mit der praktisch alle individuellen und sozialen Probleme gelöst werden können. Mit dieser Interpretation und Anwendung der Psychologie verlassen die VPM-Anhänger den Boden der Wissenschaftlichkeit und ideologisieren ihre Lehrinhalte: Die Förderung der psychologischen Menschenkenntnis erhält die Funktion eines Heilsrezepts. Die Wissenschaft wird zur «Wahrheit» und erstarrt. Wenn eine Heilstheorie ins Spiel kommt, droht der Absolutheitsanspruch, und das Missionarische ist meist nicht mehr fern. Das erlösende Prinzip hat es in sich, dass es in die Breite getragen werden will. Es entzieht sich einer kritischen Hinterfragung und Anpassung an neue Erkenntnisse und Entwicklungen.

Die Betroffenen passen sich der Idee an und anerkennen die Gruppe als «höhere Instanz», die die Lehre am Leben erhält und letztlich verkörpert. Die Heilstheorie wird mit der Bewegung identifiziert, und die Bewegung wird zum Symbol der Idee. Diese Überlagerung auf der Bewusstseinsebene trübt die Wahrnehmung der Anhänger, sie überhöhen die Bedeutung der Gruppe. Die verdrängten Visionen vom Paradies machen sich wieder unbewusst bemerkbar, der vermeintliche Baum der Erkenntnis wächst himmelwärts. Die Sehnsucht, auf schmerzlose Weise erwachsen zu werden und die Existenzängste zu verlieren, macht Anhänger von totalitären Gruppierungen blind vor Glück. Ähnlich geht es vielen VPM-Anhängern.

Der VPM ist keine Sekte im klassischen Sinn

Ist der VPM also eine Sekte im psychologisch-wissenschaftlichen Gewand? Eine Sekte im klassischen Sinne ist er nicht, da religiöse Inhalte keine wichtige Rolle spielen. Allerdings muss er klar als Gruppierung mit vereinnahmender Tendenz bewertet werden, die verschiedene sektiererische Züge entwickelt hat. Der Glaube an die Wirkung der «psychologischen Menschenkenntnis» nimmt beim VPM beinahe religiösen Charakter an.

Vergleicht man Wesensmerkmale herkömmlicher Sekten und totalitärer Gruppierungen mit den vereinnahmenden Tendenzen des VPM, ergeben sich durchaus gewisse Parallelen:

• Die Fixierung auf eine Führungsfigur ist auch im VPM ausgeprägt.
• Für die VPM-Anhänger wird die Förderung der psychologischen Menschenkenntnis zu einer Art Heilsrezept, und sie messen ihr teilweise eine abolutistische Bedeutung zu.
• Die Einbindung in die Gruppe und der kollektive Druck lassen sich auch beim VPM beobachten.
• Die teilweise Kontrolle durch die Gesprächsgruppen, Therapeuten und Wohnpartner ist durch die internen Strukturen und Hierarchien gegeben.
• Durch das grosse zeitliche und ideelle Engagement im VPM und die Ausrichtung auf die Therapiegemeinde ist die Isolation von der Umwelt vieler VPM-Anhänger beträchtlich. Sie wird auch durch das Beschwören des Bedrohungsbildes von aussen und die allgegenwärtige Umsturztheorie gefördert.
• Die Expansion mit teilweise missionarischen Mitteln und der Versuch, bei Institutionen und Organisationen einen möglichst grossen Einfluss zu gewinnen, lassen sich auch beim VPM beobachten.
• Die Gründung von Unter- oder Nebenorganisationen wie Aids-Aufklärung Schweiz (AAS), Arbeitskreis Drogenfreie Schule, Für Familie und Gesell-

schaft, Gruppe für Führungskräfte im Berufsleben, Studenten Forum an der Universität usw. ist ein typisches Merkmal von Gruppen mit vereinnahmender Tendenz.

• Die Angst vor der inhaltlichen Auseinandersetzung mit den eigenen Ideen und Praktiken, die Überreaktion auf Kritik und die Prozessfreudigkeit sind beim VPM so ausgeprägt wie bei kaum einer anderen Gruppierung.

Die weltanschauliche Interpretation verstellt den Blick auf die Realität

Der Glaube an die weltanschauliche Bedeutung der wissenschaftlichen Erkenntnisse und die sozialpolitische Wirkung der Gruppe verstellt den Blick auf die sektiererischen Anteile bei der Umsetzung der VPM-Ideen und den Praktiken der Therapiegemeinschaft. Der einzelne kommt sich als unbedeutend und beschränkt vor. Die Gruppe mit den vielen Fachleuten und Akademikern wird zum Über-Ich und bremst die Entwicklung eines gesunden Selbstwertgefühls. Verstärkt wird dieser Prozess durch die zeitlich nicht begrenzten Therapien: Wer über Jahre, teilweise Jahrzehnte («Zürcher Schule» und VPM) hinweg in der Rolle des Therapiebedürftigen verharrt, verliert den Glauben an die Selbstbestimmung. Die Entscheidungskraft wird geschwächt, die Eigenverantwortung delegiert.

In dieser Situation sind Therapiepatienten kaum mehr fähig, eine allfällige psychische Manipulation oder Fehlentwicklung zu erkennen und zu korrigieren. Der verdeckte Zugang zum Unbewussten ist weit geöffnet und die Gefahr der Wesensveränderung durch die Gruppeneinflüsse evident. Mit der zunehmenden Verunsicherung und Entwurzelung wächst das Bedürfnis, sich noch enger an die Gruppe zu binden. Sie erscheint den Betroffenen als die einzige Möglichkeit, Halt zu finden. Dieser Prozess kann einen Teufelskreis in Gang setzen, dem die VPM-Anhänger kaum mehr aus eigener Kraft entrinnen können.

Dieser Teufelskreis ist eine mögliche Erklärung für das schwer verständliche Phänomen, dass sich mehrere hundert Akademiker kritiklos hinter den VPM stellen, die Diffamierungskampagnen mittragen, die irrealen Verfolgungsängste verinnerlichen und die starke Gruppenbindung akzeptieren. Und er erklärt auch, weshalb sich relativ selten VPM-Anhänger von der Bewegung lösen.

Das moralische Empfinden wird zur massgeblichen Instanz

Die blindwütige Prozessiererei und die intoleranten Reaktionen selbst auf sachliche Kritik sind Ausdruck für den hohen Grad an Realitätsverlust. Der VPM und seine Anhänger lassen sich bei ihren Klagen kaum von einer nüchternen Abwägung der juristischen Argumente leiten, sondern erheben ihr moralisches Empfinden zur massgeblichen Instanz. Kritik werten sie als Angriff auf die Gruppe. Der Absolutheitsanspruch führt zu einer Art wissenschaftlicher Unfehlbarkeitsvorstellung, weshalb VPM-Anhänger aus dem Kader und dem inneren Kreis als unanfechtbar erscheinen. Deshalb wollen sie Kritiker mit juristischen Mitteln zur Raison bringen. Dass sie die meisten Verfahren bisher verloren haben, nährt bei ihnen die Befürchtung, dass die Gerichte teilweise bereits von der «Neuen Linken» beeinflusst seien.

Die gruppendynamischen Prozesse und Beeinflussungen sind in den vorangegangenen 22 Kapiteln dieses Buches ausführlich abgehandelt worden. Trotzdem vermögen die komplexen psychologischen und ideologischen Aspekte die vereinnahmende Wirkung des VPM nicht restlos zu erklären. Ein wichtiger Faktor muss bei den potentiellen Anhängern selbst gesucht werden: Ohne ihre innere Bereitschaft, sich von einer Gruppe führen zu lassen und sich an sie zu binden, würden die Abhängigkeitsmechanismen nicht greifen. Die Persönlichkeitsstruktur und die momentane psychische Befindlichkeit zum Zeitpunkt der ersten Kontaktaufnahme spielen eine wichtige Rolle. Wer sich jedoch über eine bestimmte Zeitspanne hinweg auf das Abenteuer VPM eingelassen hat, kann sich den vereinnahmenden Einflüssen kaum mehr entziehen oder widersetzen.

Sich mit den psychischen Voraussetzungen, die zur bedingungslosen Einbindung führen, auseinanderzusetzen, würde den Rahmen dieses Buches sprengen. Im Zusammenhang mit dem VPM taucht aber immer wieder die Frage auf, wie sich intelligente und gebildete Personen auf eine Führungsgestalt fixieren und in ein enges Gruppenkorsett schnüren lassen. Existenzängste, psychische Krisen, Desorientierung, religiöse oder spirituelle Defizite, mangelnde Geborgenheit, Sinnkrisen usw. begünstigen die Suche nach Gruppen, die ideologische Leitplanken, klare Anleitungen und unumstössliche Antworten auf die drängendsten Fragen anbieten. Die Erfahrungen mit anderen vereinnahmenden Gruppierungen zeigen, dass ein hoher Intelligenzquotient und akademische Titel nicht im geringsten davor schützen, den Sirenengesängen von Sekten und Sondergemeinschaften zu erliegen. Tatsächlich sind in erster Linie Persönlichkeitsstruktur, psychische Stabilität und momentane Gemütsverfassung für die Bereitschaft entscheidend.